ジェシカ・ベンジャミン

他者の影

ジェンダーの戦争はなぜ終わらないのか

北村婦美訳

みすず書房

SHADOW OF THE OTHER

Intersubjectivity and Gender in Psychoanalysis

by

Jessica Benjamin

この本を私の友人たちに、愛を込めて捧げる——過去三〇年間の、激動の変化をともに旅してきた仲間たちに——必ずしも私たちの願ったようにはならなかったが、それでも驚くほどの変化であったことには間違いないのだから。

目次

謝　辞

私のすべての患者さんたち、（特に月曜日の朝の）学生たち、そして（ニューヨーク大学ポストドクトラル・プログラムやPsybc.com[訳注1]の）同僚たちに感謝したい。私は彼らから、また彼らとともに何年にもわたって多くのことを学んだ。ルイス・アーロン、フラン・バルトコフスキ、テレサ・ブレナン、ドナ・バッシン、ミュリエル・ディーメン、バージニア・ゴルドナー、ダン・ヒル、ジナ・スタインバーグにも感謝する。彼らは本書に収録されている小論についての私の思索や作業に、コメントやアイデアを寄せ、励ましを与えてくれた。そして私の子どもたちであるジョナとジェイクも、やはり気が散ってしまう原因にはなったけれど、ずっとそばにいて私の心の支えになり希望を与えてくれた。そして、たくさんのことを可能にしてくれたアンディには、一番感謝している。

訳注1　ダン・ヒルやグレン・O・ギャバードが一九九六年に立ち上げた精神保健専門家向けの生涯教育を目的とするオンライン・システム。二〇一五年にはCSAR : The Center for the Study of Affect Regulationと名称を変更した。http://csar.nyc/history-from-psybc-to-csar/（最終閲覧日二〇一八年五月一六日）

はじめに

一九七九年、「第二の性——出版三〇周年」を記念したフェミニズム理論についての大規模な大会の準備に携わっていたころ、私はシモーヌ・ド・ボーヴォワールに会ってインタビューする機会に恵まれた。そのとき私と共にインタビューを担当したマーガレット・シモンズが私に最近、当時はどうだったかと尋ねてきた。シモンズは、ボーヴォワール自身やサルトルのもっとも深遠な哲学的着想のいくつかは、ボーヴォワールの独創だろうという点についてボーヴォワールから直接言質を取ろうとしたのだが当てが外れ、今度は私が身を乗り出して、ボーヴォワールにこう尋ねたのである。「『招かれた女』[訳注1]の中であなたは、フランソワーズの台詞として、グザヴィエールのことでフランソワーズの気に障った一番

訳注1　『第二の性』の著者として有名な、フランス人の作家、哲学者であるシモーヌ・ド・ボーヴォワールの小説（一九四三年初版）。主人公の女性フランソワーズと、その若い友人女性グザヴィエール、そしてフランソワーズのパートナーである男性ピエールの三角関係を中心に展開する。ボーヴォワールのパートナーであった哲学者サルトルと他の女性たちをめぐる、ボーヴォワール自身の体験がモデルになった小説と言われている。

のことは、フランソワーズがグザヴィエールの中のもう一つの意識に直面せねばならなかったことだった、とお書きになりました。これは特にサルトルからきた着想ではないですね?」。これに対してボーヴォワールは、こう答えた。「それを考えたのは私です！ それは絶対にサルトルではありませんでした」。私はさらに言った。「でもそれは彼の著作に、後になって出てくる着想だと思うのですが」。「おや！ そうかもしれませんけれども。とにかく、この他者の意識という問題は、私の問題だったのです」[174・175]。私がシモンズに与えた答えはもちろん、この問題については私も認識していたというものだった。というのもそれは私にとっても、ずっと気になっていた問題だったからだ。私は小説を読んでいてこのくだりに出くわしたときはアンダーラインをひいたし、そのことについて書いたときはこれに言及した。他者の独立した意識ということ、つまり他者はわれわれと根本的には同じような心を持っているが、それはうかがい知れぬほど違うものであり、われわれのコントロールを超えたものであるという事実にわれわれはどう関わればいいのか。この問題は、私の仕事の一貫したテーマだった。このインタビューをした当時、私はそのことについてヘーゲルの主人と奴隷の弁証法[訳注2]についての理解とからめて、また『O嬢の物語』[訳注3]の中のサドマゾヒズム描写と関連づけて書いていた。二つの意識のこの弁証法的な出会いが『愛の拘束』[19]での、また後年の『ライク・サブジェクト、ラブ・オブジェクト』[22―24]での、間主観性についての私の理解の基礎になった。間主観的なものの見方のエッセンスは、「対象のあるところには、主体がなければならない」ということである。「対象の影が自我の上に落ちる」[訳注4]というフロイトの洞察は、同一化という過程の秘密を明らかにした。あいだの空間において、他者から投げかけられている影という理解、それは間主観性を表すにふさわしいメタファーであるように私には思える。

本書に収載した小論群で私は、間主観性とジェンダーの接点についてふたたび取り上げた。私の目的はこれまで同様、精神分析とフェミニズムの関心が重なる領域で作業することである。本書ではこれまでの著作よりも、現代の理論におけるポストモダン的なアプローチによって提起された論点、つまり差異の問題、主体の立場《ポジション》、知の構築といったことを強調した論点に、より焦点を当てた。しかしながら認識の二重課題にかかわる、精神分析にとっての中心的諸問題については、引き続き概念化を試みている。それはすなわち、分析家と患者の両者はいかにして自分の主体性を相手に知らしめ、また他者の主体性を承認《レコグナイズ》するのかという問題である。今日の関係精神分析においてわれわれは、分析家の主観性《サブジェクティビティ》を誤りうるものと位置づけ、また被分析者の主観性を権威を持って知ったり語ったりできるものとしての位置に復帰させるような逆転現象を目にしている。私が意図しているのは、それぞれの主体が他者の持つ差異を認識することのできるような、そうした空間を創出したり見いだすことの難しさについて熟考する

訳注２　『精神現象学』の中で提出されている議論。誰にも依存しない絶対的存在であるはずの主人は、実は自己を確認するために、奴隷に自己を承認してもらわねばならないが、そうすると主人はその前提として、奴隷を自分と同等に自由な判断のできる存在として認めていなければならなくなり、奴隷に依存する存在であることが明らかになってしまうというパラドックスを含む。

訳注３　一九五四年のフランスの小説。職業的にも自立を果たしていたはずの女性が、男性に支配されるマゾヒスティックな性的関係の中にみずから身を投じてゆくさまを描く。

訳注４　フロイトが、メランコリー（重症のうつ病状態）患者には、対象（自分にとっての重要な人物のイメージ）が自我に取り込まれる同一化の現象が起こっていることを記載した、論文「喪とメランコリー」（一九一七）内の有名なフレーズ。解説参照。

ことによって、この逆転を推し進めることだ。

間主観性に対する近年の注目から開けてきた実際的、理論的な可能性は本当に刺激的なもので、臨床的に詳しくは論じられなかったものの、それが本書の背景にもなっている。私が努めたのは、間主観的なものの見方全般の基礎を成していると思われる論点に取り組むことであった。（こうした取り組みの中には、間主観性の主に臨床的な経験に関心を持っている人たちにとっては、相当理論的に思われるかもしれないものもある。とくに三番目の小論はそうだ。理論的背景を説明した二番目の小論から読みはじめた方がわかりやすいと感じる読者もあるかもしれない。）私のこうした努力は、次のような信念に触発されてのものである。すなわち、間主観性の議論によって開けた臨床的経験は、理論の水準に引き上げられる価値がある。そうすればそれは、あまりにもしばしばフロイトだけにしか依拠せずにみずからの精神分析的な観点を築いてきたような、違った種類の理論的立場にも影響を及ぼすようになるに違いない。これは何も、私に言わせれば「古典的な」心内的（intrapsychic）視点にはもう価値がないと言っているわけではない――反対に、心内的な見方と間主観的な見方はお互いに他方に取って代わったり他方をなしで済ませたりはできないのであり、その意味の大半は互いに対比されることによってこそ引き出されるのだと私は今でも強く信じている。しかし私は思うのだが、現在精神分析の内部で交わされている間主観性についての議論は、精神分析外の現代思想にも、かつてなく深いところまで伝えられる機会を持つべきだ。本書は精神分析の議論を、フェミニズム理論や批判理論に関心を抱いている人たちの文脈の中にもたらすとともに、そうしたより広い文脈における理論的関心事を、精神分析の中へともたらすことを目指したものである。

私は本書においても引き続き、精神分析における認識の二重課題に関する自分の見解を展開している。

私の見るところではこの課題の中心をなしているのは、他者との同一化というわれわれの驚くべき能力を、他者の承認を促すために使うのか妨げるために使うのか、またわれわれのあいだに存在する差異を橋渡しするために使うのかぼやかすために使うのかという問題である。あるいはむしろ、その両方をわれわれがどうやって同時に行っているのかということに、私は関心がある。同一化が持つこの二面性は、しばしばある選択肢を提示するように思われるが、それが精神分析を二分する分岐点となっているのである。二つのまったく異なる趨勢があり、それぞれが同一化の一方の面を強調していると言ってよいだろう。精神分析的な思想家たちには、とくにラカンやフェアバーンのように（それぞれまったく違ったやり方ではあるが）、精神的対象としての他者を体内化する性質を主として防衛的、「食人的《カニバリスティック》」（会話の中でのグロトシュタインの発言）それに想像的な側面を持つものとしてとらえる人たち、つまり差異の承認にとっては有害なものとしてとらえる人たちがいる。かと思えばクライン派の分析、米国自我心理学、あるいは自己心理学を支持する人たちは、それぞれ独自のやり方ではあるが同一化や体内化の持つ、構造建設的あるいは機能的な側面を強調する。私はいつもの性分として、それぞれの観点が持つメリットに目を向け、それらのあいだの緊張関係について取り上げたくなる。つまり一方では私は、避けがたく生じてくる同一化を心が創造的に利用する点に目を向けることが重要だと考えている。しかしまた他方では、人が同一化を越え出てもう一方の主体を自己の外部にあるものとして尊重することができるような、間主観的な関係性も強調したいのだ。だから私は、異なる種類の同一化の区別について吟味してみた。距離を取ることによって成り立っている表面上の客観性を打ち砕くような同一化と、われわれをシーソー・ゲームの関係にただ引きずり込んでしまい[126]他者の姿を見えなくしてしまうような同一化である。

相補性という構造は、われわれがその中で同一化を通じてひっきりなしに立場を入れ替えることのできるシーソー・ゲームであるが、心の心内的な理解の根本をなすものである。本書に収められた小論は、一連の相補的構造やそれと似たようなさまざまな対極性《ポラリティ》について論じたもので、われわれがそこにどのように巻き込まれたり、またそこから抜け出したりするのかを示している。主体と対象、能動と受動、観察者と参与者、知る者と知られる者――こうしたリバーシブルな相補性が、精神分析的な関係を構成してきた。間主観的なものの見方は、リバーシブルな相補性を打破し、その根底にある対極性を緊張関係に保っておくことのできる第三のポジションをどう創りだせばよいのかに関心を持っている。その理論的目標にとって欠かせないのは、こうした相補性のジェンダー・コード化の謎を解くことであるが、そうしたコード化は非常に巧みにこうした相補性を、われわれの欲望の中に、こころの中に刻み込んでいるのである。

本書の最初の小論で私は、ヒステリーに関するフロイトの業績前史について論じている――フロイトによる精神分析の発見であり、精神分析の起源《オリジン》（ドイツ語では *Ursprung* で、文字通り「最初の跳躍」を意味する）である。ここにわれわれは精神分析的試みに構造を与えた最初の相補性の形を見ることができるが、それは知っている主体（knowing subject）と知られる対象（object of knowledge）とのあいだの相補的関係であった。こうした構造が、いかに精神分析のプロジェクトがめざす目標を損なってしまいがちかを私は示しているが、そのプロジェクトとは言葉を発することができない主体を発話へと導くためのものであった――精神分析とフェミニズム共通のプロジェクトである。アンナ・O[訳注5]がたどった「最初の」

患者からフェミニズムの創始者へという軌跡に触発され、ヒステリーについてのフロイトによる論考を出発点にして私は、患者との関係についての分析家の意識がどのように発展してきたかを考察している。この小論はわれわれが分析家としてたどる道程という視点から書かれているものの、それは同時に、われわれとそう違わない主体性を認めることを通じて患者の主観的経験に近づくことについてのものでもある。要するに、患者との同一化によって分析家の立場はどのように影響を受けたか、その承認にともなってどのように分析家のスタンスは変化したかを、私は示そうとしたのだ。

こうした考察は、フロイトによって規定された客観主義を打ち壊そうとする近年の努力に触発されたものだが、この客観主義は現代になってもなお、精神分析的な取り組みに相当深くまで浸透していた。[98] 知っている主体としての分析家と、知られる対象としての被分析者という対比は、権利を剝奪された他者から分析家が距離をとっていることを前提としたものであった。客観主義的なスタンスとは、分析家がみずからの主体性をわがものとして認めない態度でもあったが、それは必然的に行き詰まりと矛盾をもたらした。というのも、抑圧されたものの避けがたい回帰が――つまり被分析者との分析家の同一化が――その試みの必然的な、創造的可能性を秘めた部分としてよりもむしろ、分析的態度の危険な瓦解《ブレイクダウン》として現れてきたからである。主体性を目指して分析的関係を組み立て直していくことには、二重の意味があった。分析家の主体性を認めることと、協働し知る主体の立場まで患者を引き上げること

訳注5　ブロイアーとフロイトによる著書『ヒステリー研究』（一八九五）の中でその治療記録が紹介されている、精神分析が生まれるきっかけとなった代表的な女性ヒステリー患者の仮名。のちにユダヤ人女性運動家となった。

である。主体－対象相補性（subject-object complementarity）、つまりその中では観察している主体が自分自身の関与を認めていないような関係性から抜け出すことは、観察と参与の客観主義的な分裂《スプリット》の克服にも役立つ。[6] 精神分析の間主観的な見方には、分析家は参与者であると前提することが必要なだけでなく、真の観察をなす第三のポジションというものを構想する必要がある。この第三のポジションはコミュニカティブな関係性を基礎にして生まれ、それ自体が一つの実体であるような対話を生み出し、同一化のクモの巣[訳注6]の外にある可能性空間《ポテンシャル・スペース》を生み出す。（オグデン[150]は精神分析的な対話を「第三主体 a third」としていたが、私がここで言っている意味は、他者を承認する対話を通して創りだされる内的な心の空間に限った意味である。）二つの主体性によって創りだされる空間を通してわれわれは、たとえ対立物どうしがひっきりなしに逆転することを繰り返しているときにも、われわれの対象との同一化を通じてもたらされたシーソー関係を観察することができる。

思うに精神分析的な関係性における主体性と相互性の再統合は、より大きな規模での間主観的プロジェクトの一部と見る方がよいのだろうし、それには精神分析と同じようにフェミニズムも寄与してきたのだ。なぜなら母親というものが現代の精神分析思想の中で再び思い起こされることによってのみ、間主観的なものの見方の現出が可能になったからである。自他の対話は心の発達の土台をなす基礎だという考え方は[179・183]、早期の母子二者《マターナル・ダイアド》関係やそれが持つ情動的でコミュニカティブな可能性が再評価されるのにともなって発展してきた。古典的な精神分析が父親を強調する中で、生命を維持し産みだすという母親の仕事は当たり前のものとされ思い起こされず、そのため「彼の」生命を創造し維持したはずのものからの、主体の疎外が再生産されてしまった。精神分析的に言えば、母性的《マターナル》な仕事というのはまず何よりも、子どもの心情を思い浮かべ、照らし返し、コンテインするという仕事である――それはまた、分析家の基本的な仕事でもあるのだ。母親の心の仕事は心というものの成立にとって絶対に欠かせないものなのに、母親自身の主体性は思い起こされてこなかったのであるが、この事実が持つ意味合いについてしばらく考えてみたい。

コジェーヴ[120]はヘーゲルの奴隷と主人の弁証法を論じる中で、主人が物《オブジェクト》を楽しく味わうのを助けるための労働を、奴隷は自身楽しみを味わうことなく行ったが、一方主人は楽しみを味わったものの、欲望の対象と直接の接触はしなかったことを示している。このように主体性のこうした二側面――物を加工することと、それに対する欲望を楽しむこと――は分裂《スプリット》していたのであり、どちらの主体も自分自身の欲望をわがものとして所有することができていなかったのだ。これを精神分析的に言い換えてみよう。母親が欲望の主体として自分自身楽しむときにのみ、また（従来的な）男性主体が、欲望を表象し保持するという自分自身の心の仕事をしたときにのみ、この分裂は克服される――つまり第三のポジションが生まれるのである。だから間主観性のためには、それぞれの主体が彼女あるいは彼の欲望をわがものとして認め楽しむとともに、それを実現するための活動《アクティビティ》もまたわがものとして認め楽しむことが必要なのだ。

欲望の関係性についてのこうした間主観的な鋳直しは、能動と受動の二分法にも揺さぶりをかけるが、

訳注6　主体と対象とのあいだでの同一化の行き来が織りなす複雑な軌跡を、張り巡らされたクモの巣にたとえている。第3章参照。

それはフロイトの男性性《マスキュリニティ》、女性性《フェミニニティ》理解のまさに中心をなしていたものである。このテーマは、分析家と患者の二者関係はどのように変わりうるかについての私の議論にとって重要なのみでなく、二番目の小論におけるジェンダーの議論にとっても重要である。ここでも私は主体と対象、能動と受動の相補的関係から生じることになった矛盾や行き詰まりについて、再び明らかにしようと試みている。私はそれをある部分、過去二〇年間のフェミニズム精神分析思想に現れたフロイトをめぐる論争を分析することによって行っている。つまりフロイトに追従するラカン派の見方[140・159]と、フロイトを批判した対象関係論の見方[49]のあいだでの論争だ。簡単に言うと、ラカン派の見方はファルスあるいは父親を出発点とするのに対して、対象関係論の見方は母親を出発点とする。フロイトの追随者にとっては男性性は当然のものとされ、女性性はそうでないもの (its other) として定義される。それに対して修正論者は、母親同一化がまず初めにあり、男性性は非 - 母親として存在するようになったとする。この論争の両派を対比することによって私は、それぞれの立場の「真実」からわれわれはジェンダーの曖昧性へと導かれるということを示している。つまり男性性と女性性は、それぞれ他方の否定を意味するものと受け取ることができるのだ――その反対として、その相補的な他者としてである。このことは、私やその他の関係精神分析の思想家たちが共有している、次のような見方を裏づけている。つまり私たちが現在知っている形でのジェンダーは、正反対の関係にある、相補《あいおぎな》う対称なものとして規定されることによって機能しているものであって、本質を持つ固定された性質というより、二つが連係して動いているものなのだ[63・100・106]。

しかしながらこうした曖昧性や、明確に限定された内容の欠如といったことは、話の一部でしかない。というのも、家父長的な文化が歴史的に特定の内容を、これらのジェンダー・カテゴリーに与えてきたこともまたきわめて明白だからだ。だからフロイトの記述している女性性も、家父長的文化の中でのその真の姿と受け取れるかもしれない。そうした女性性の中身として認識できるものの出所を、特定の心的布置《コンステレーション》へとたどれるようなものとしてである。その布置というのは実は、思うに男児のエディパルな態度ではないだろうか。つまりそこでは母親との同一化は拒絶され、彼自身の赤ちゃん時代と関連づけられている受動性の要素は、女児つまり娘へと投影されているのだ。この投影は娘のポジションを、防衛としてしつらえられた男性の能動性を引き受ける、受動的なコンテイナーとして決定づけている。エディプス期に父親に向き直る中でこの「女性的な受動性《フェミニン・パッシビティ》」を引き受ける娘のポジション、それはフロイトやその追随者たちが強烈に主張していたものであるが、それはまさにわれわれの知っている女性性というものの中身をなしているように思われるのである。能動性と受動性はエディパルなポジションの中でこのようにして分割されてしまい、両方の性質を自己のうちに引き受けた主体になる可能性は閉ざされてしまう。

けれども思うにこの分裂は、エディパルな布置にのみ特有のものであろう。そこでは各ジェンダーのポジションの相互排他性と、反対の性への同一化の拒絶が強調されているからだ。男性性と女性性というエディパルな相補性を特徴づけている防衛的な分裂の克服を思い描くことは、以前の精神分析理論が考えていたほどには難しくない。プレエディパル・ポジションでの両性同一化を取り戻すことによってわれわれは、一方のようになるかあるいはもう一方のようになるかのどちらかしかありえないような、相互排他的なエディパル・ポジションとの釣り合いを取っているのである。こうしてポストエディパルな相補性の中でより早期の両性性を回復することは、一見変えられないかに思える能動と受動、男性性と女性性という対極性《ポラリティ》への挑戦なのだ。

われわれの欲望と意図の原著者性《オーサーシップ》や所有者性《オウナーシップ》ということが、能動性と受動性という型どおりの対立によって閉塞させられている主体性にとって、決め手となる特質なのだということを私はここで提唱したい。「その人自身の欲望」[18・19]について以前に論じたように、欲望の主体になるためには単なる能動性のみでなく、いかに所有者性が必要かを私は示そう。所有者性は、母性的な形での能動性が復権されることにかかっているが、母性的な形での能動性とは、特に興奮といった感情状態の承認でありホールディングである。女性性が伝統的に担わされてきたあり方を理解するためには父親中心の理論が使われるが、[34]われわれの主体性や欲望に対する母親の貢献を定式化するためには母親中心の理論を使っていく。

右記とはまたかなり違った形で、おのれとの関わりを否認されてきたものの引き戻しの問題は、主体性と他者性についての第三の小論における私の最後の探究テーマにもなっているが、この小論はもっとも直接的に承認の問題を扱ったものである。主体というものについての哲学的な追究は、近年のフェミニズム理論においても重要な問題とされてきているが、この小論で私はそれを自己という概念との関係の中に置いてみることが必要ではないかと提唱している。というのも自己は、哲学で言うところの主体に還元できないからだ。この小論を書いたのは、承認についての私の理論の、フェミニズム理論による受けとめられ方への応答《レスポンス》として、私の立場を明確化する必要があったためでもある。[原注1] 自己主張と承認、分離と結びつきのあいだの分裂《スプリッティング》に対する批判を提示しようとした私の試みは、しばしば一方的な擁護として、それもたいてい分離や自己主張ではなく、結びつきや承認の側を擁護するものとして読まれてきた。[138・169・192] 実際には私は問題は分裂に、つまりこうしたもののあいだの緊張関係の瓦解にあると主張したのだ——言い換えればそういう瓦解は、どちらであるにせよ対極性の片方への、一方的な粘着につながりかねないのである。過度な個体化という男性的《マスキュリン》ポジションから生じてくる支配の面を私が強調したことは事実であるが、けれどもそうした態度は明らかに女性的《フェミニン》な服従と表裏の関係にあるものだ。結局分裂に基づくような関係性では、それぞれがお互いを決定づけあっているのである。けれどもウィアーは、私が承認（情動的な調律という意味にしか規定されていない）のために自律性の概念を犠牲にしていると主張し、私が分離を避けがたく支配へと陥ってゆくものと見なしていると主張している。確かに私は、情動的な承認を乳幼児期にとって重要なことと考えているが、しかしその後には自己主張と承認との緊張関係に直面するときがくると考えている。それはつまり独立した意志どうしのぶつかり合いであり、生後二年目の再接近期に始まる葛藤をめぐる交渉《ネゴシエーション》だ。この発達段階に関して私は、男児にとっても女児にとっても、分離した主体性と外的な世界への欲望を象徴する父親が必要であることを強調している。承認という概念はその中に、分離した主体性による自己主張という側面を含んでいなければならないと私は理解している——そうでなければそこには、承認すべき何ものもなくなってしまうだろう。

　そればかりか、対照的な心的性質どうしの分裂が支配の根底にはある、という私の主張は、分離と結びつきのバランスが保たれねばならないという単純な提案として読み取られてしまった[13・41]。『愛の拘束』

原注1　哲学的なレベルで承認を論じる中で、マイヤーズ[138]は自己承認（self-recognition）という観念を、私が提案しているような類いの相互性にとって、なくてはならないものと主張している。彼女は正しいと思うし、そのような自己承認は私が原著者性や所有者性と呼んでいるものの発展型であると思う。

で示した私の結論は――私はその本の中で、承認が瓦解しまた必ず回復されるという不可欠のプロセスを強調したのだが――遅すぎたか、説得力に欠けていたのだろうと感じている。いずれにせよこの小論は、承認と否定の弁証法においては否定の側面も同じくらい重要であることを明確にして、そうした問題を正すことをねらいとしている。

この否定の契機は、差異と他者性の受容という問題にとって決定的なものである。自分がそこに存在するすべてであることを望み、すべてのものを自分へと同化したがる自己や自我の同一性《アイデンティティ》にとっては、自分とは違う他者というものは脅威であるからこそ、批判理論や哲学は同一性の問題に大いに取り組んできたのだ。この小論で私は、承認への可能性を維持しつつも否定的契機を活きたものに保っておくことが、いかに間主観的な関係によっては可能なのかを示そうと試みた。私はまず、対象を心的に破壊しようとする試みが他者の生き残りを通じて無効化されたとき、他者性はどのようにして自己に受容されているのかというウィニコット[訳注7]の問題を根本的に考え直すことから出発した。そうして、対称性は不可欠であることを提唱してこのアイデアをさらに展開させた。つまり自己と他者はどちらも主体性という重荷、すなわち他者の持つ差異を同化するか否認すること（破壊）に向かってしまう性質を、わがものとして引き受けねばならないのだ。われわれは破壊しようとする自身の性質を自覚するだけでなく、他者のために生き残らねばならない。同時にわれわれはまた他者に、主体になる責任、破壊に生き残る責任を引き受けるよう求めねばならない。こうした考え方に至ったのには、自分が破壊的な立場に身を置いてしまうことになるのを避けようとして、罪悪感を抱き他者の自己愛《ナルシシズム》に黙って従ってしまったというみずからの臨床経験を参考にしたところがある。同時に私は、たとえ対象の立場に位置づけられている人たちであっても、主体性の責任は担われねばならないと認識することの社会的な意味についても強調している。というのも彼らは主体の立場を熱望してもいるからだ。

主体性というこの共通の重荷を強調しつつも、同時にまた否定を生き延びて相互承認がなされる可能性を概して信じている私は、差異と共通性の緊張関係のうちの、一方の側に傾いてしまっているかもしれない。それはつまり、承認という問題に直面する中でわれわれはみな共通の人間的困難と闘っているのだ、という考えと、われわれは他者を決して知りえないのであり、知ろうと努力しても差異への尊重を失うことになりがちなのだ、という考えのどちらかを選ぶとしたら、私は前者に傾いているということだ。考える過程にはどうしても対比を通じた動きが必要になるために、そこには常に異なる意見を体内化《インコーポレイト》するか、あるいははねつけるかという問題が生じてくる。私が反対の考えを体内化することに傾き総合に傾いていることを、私は喜んで認めよう。こういった選択については、どんなに気をつけていようとしても、私たちはどちらか一方に傾くものではないだろうか。それにおそらくわれわれがどちらかへと傾くそうした性癖は、何らかの正反対の動きや他者からの何かしらの否定をいつでも呼び起こして、われわれの思考をさらに前へと推し進めてくれるのではないだろうか――われわれのこころを追い立てて。

精神分析の分野を通じた私の仕事が――それはさまざまな考えを体内化しまた批評し、結びつけまた

訳注7　ウィニコット（Donald Woods Winnicott, 一八九六―一九七一）。英国独立派の精神科医、小児科医、精神分析家。小児科医として数多くの母子を観察する中で、子どもの心の発達についての重要概念を数多く発表した。

対比させる心の仕事なのだが――、他の方々《アザーズ》からの否定と承認の、創造的な相互作用の一要素としてはたらき、またそうした相互作用を喚起することになればと願っている。また私がどうしても展望しきれなかった部分については、新たな可能性を引き出してくださる他の方々との討論の中で、今後明らかになるものと信じる。違ったものの見方を持つ他者《アザーズ》とのそのような関わりの中には、スペザーノ[179・180]が指摘したように、いつも「変えられてしまうリスク」がある。このリスクは、対話の持つ相互性を反映している。つまり他者もまたわれわれと同じように、他人を動かし、他人に影響を及ぼし、他人を変えたいという願望を持っているという避けがたい事実を反映しているのだ。同一性への挑戦はいつも双方向的なプロセスになる危険を秘めているし、苦痛なことではあるが精神分析の中では、われわれの「主体」はいつでもわれわれを驚かし、立場を逆転してわれわれに迫り、われわれを変化させる可能性を持っている。かつて頑なさや正統性によってしばしば理論的対話は妨げられ、そうした対話が変化をめざす協働的な取り組みにかなうものになること、それを深めるものになることを阻害されてきた。またそれによって厳粛さが遊び《プレイ》を抑えつけ、権威が協働《コラボレーション》を押し殺してしまうようなやり方での訓練や臨床がつくりだされてしまった。しかし、近年の精神分析界で感じられる討論や議論を歓迎する雰囲気からは、希望を持ってよいのだと感じられる。第三のポジションが生じうるような、われわれが提示する対立意見どうしが舞台上でおのおの自由に演じ合えるような、そうした対話の空間を拡げられるのではないかという希望を。

他者の影

第1章　身体から発話へ、精神分析の最初の跳躍[原注1]

――フロイト、フェミニズム、そして転移の変遷

I

『ヒステリー研究』一〇〇周年記念にあたり来し方を思いかえす中で、先の七五周年を思い起こさずにはいられません――それは、フェミニスト運動再興のときでした。フェミニスト運動、それは少なくとも「お話し療法《トーキング・キュア》」を発明したアンナ・Oにとってもそれと同じくらい重要な運動であり、その出発から精神分析に影のように寄りそっていた運動です。それはまた現代のわれわれが自分自身をどう見るのかについてや、出発点であるあの『ヒステリー研究』の主題について見直しを迫り、かつ実際にその見直しの動きを生じさせた運動でもありました。フェミニスト運動があのような形で再び盛り上がりを見せなければ、私は今日ここに精神分析家として立っていることもなければ、自分が言うべきことがらを言い表せるようになってもいなかったでしょう。ですからある偶然について、ここでお話しすることにも価値があるかもしれません。というのも精神分析七五周年というそのときに、私はそれとは知らずに

アンナ・O（本名ベルタ・パッペンハイム）が一九八〇年代ヒステリー性の病から回復して住んでいた、フランクフルトのレーアバッハ通りの目と鼻の先にたまたま住んでいたのです。

アンナ・Oは、フロイトの先輩医師であり『ヒステリー研究』の共著者であったブロイアー[訳注1]の患者でした。このアンナ・Oの治療を基にして、フロイトはヒステリー症状と、そうした症状を通してしか表現されずにいたある特定の考えや感情とに、結びつきがあることを見いだしました。また彼女がブロイアーに強い愛着を示したことから、驚いた主治医は突然治療を切り上げ、それが今日われわれに伝えられているような形での転移性恋愛の最初の着想をフロイトに与えたのでした。[原注2]

フランクフルトが選ばれたのは、一八九〇年代や一九六〇年代において偶然ではありませんでした。歴史的に独立したリベラルな都市であり金融の中心、かつ一八四八年には国民議会の開催地ともなった

原注1　「起源 Origins」＝ドイツ語では *Ur Sprung* であるが、これは文字通りには「最初の跳躍」である。本稿は一九九五年五月ニューヨーク大学で行われた、『ヒステリー研究』出版一〇〇周年を記念するカンファレンス「精神分析の世紀」で講演した内容である。M・ディーメン、A・ハリスに感謝する。

訳注1　ヨーゼフ・ブロイアー（Josef Breuer, 一八四二―一九二五）。ウィーンの高名な神経科医。のちに袂を分かつが、無名であった当時からフロイトを物心両面で支えた先輩であった。

原注2　ベルタ・パッペンハイムのブロイアーとの治療の物語は込み入ったものである。アピナネシとフォレスター[5]が詳述しているように、フロイトの後年の説明によると、ブロイアーが治療を終わらせたのは患者が（すべての症状が除反応された後であったという）彼を呼び戻して、ブロイアー先生の赤ちゃんがもうすぐ産まれると宣言したときであったらしい。いずれにせよ『ヒステリー研究』の記載とはうらはらに、パッペンハイムは症状を抱えたまま何年も入退院を繰り返していた。当時フロイトが妻マルタと交わした書簡からは、医者あるいは患者が相手に魅力を感じていたことや、またブロイアー夫人の嫉妬にも、彼らがすでに気づいていたことが読み取れる。

フランクフルトは、ナチス政権下のドイツ第三帝国時代までは有力なユダヤ人中産階級の本拠地であり、「レッド・ヘッセン」の社会民主運動の中心地でした。ですからこの地は、かつて新マルクス主義と精神分析の影響を受けた社会理論で有名なフランクフルト社会研究所の本拠地を提供し、また一九六〇年代になっても新たに提供することになったのです。歴史学という「反フェミニスト的職業」（当時私を支えてくれた唯一の先生による表現）に見切りをつけ、私はフランクフルト研究所に残っていた教授たちのもとで哲学と社会理論を学ぶため、フランクフルトへと逃亡を図りました。彼の地に着くや、私は新しい形の幼児期教育を創りだそうとする学生運動に深く関わるようになりました。「反権威主義的な」児童施設を設立した（当地ではベルンフェルト[訳注2]とライヒ[訳注3]の仕事でもっとも知られている）一九二〇年代の精神分析的な教育学を新たにとらえ直して、ドイツ・ファシズムの権威主義的な伝統に代わる有効な選択肢を探ろうとする運動です。しかし同じ頃私は、フェミニズムの新しい波に傾けていた情熱を、最初の分析家とのあいだで容赦なく打ち砕かれつつありました。この男性分析家は反ファシズム的な理念を掲げてきたわりには、怒れる女性たちがペニス羨望や膣オーガズム神話を攻撃する文章を書くなどということは考えたくもない人だったのです。

女性運動が始まると、精神分析とフェミニズムは対話的関係から激しい対立関係へと引き込まれましたが、これは社会的圧迫の存在を認めるのか、それとも内的抑圧への自覚かという対立であったと思われます。反抗という発想は病気という発想にまっこうから対立し、患者を英雄として、あるいは少なくとも「抗議する者」として位置づけ直しました。当然のことながらヒステリーは、フェミニズム批評によって探究された最初の課題であり、ヒステリー者を家父長的な家庭の束縛に対する女性の抗議の先がけとしてとらえ直そうとする発想[25・54・172]は、フェミニズム研究がもっとも初期の頃から提示していたものでもあります。

しかしながらわれわれの探究にとって重要な点は、ベルタ・パッペンハイムが今日のフランクフルトで、その病によってのみ記憶されているのではないということです。初のフェミニズム的なユダヤ女性組織の設立者であるパッペンハイムは、その分身である患者アンナ・Oほどには有名でありません。しかし『女性のためのフランクフルト案内』[107]には彼女の生涯が写真入りで、現代の女性運動の回想録や、保健・金融・芸能といった各分野の女性たちについての記事と並んで紹介されています。一九一二年にベルリンで開催されたドイツ女性会議でのパッペンハイムの演説は、ヘッセン州から最近発行されたドイツにおけるユダヤ女性の歴史についての本に収録されています。[152] そこでパッペンハイムは、ユダヤ女性の置かれた困難な立場について分析しています。彼女らはみずからの宗教的伝統にアクセスする手段を奪われ、ヘブライ語の読み書きを教わることも拒まれて、もっとも身近な組織を運営することもできない状態に置かれている、と。

訳注2　ジークフリート・ベルンフェルト（Siegfried Bernfeld, 一八九二―一九五三）。オーストリア出身の精神分析家、教育者。教育による社会変革を志し、ユダヤ人戦争孤児のための「バウムガルテン児童施設」で精神分析的な知見を応用した教育をめざす実践に携わった。

訳注3　ヴィルヘルム・ライヒ（Wilhelm Reich, 一八九七―一九五七）。オーストリア出身、ドイツ・アメリカで活動した精神分析家。自身ユダヤ系で、ファシズムの起源を性的抑圧に見た『ファシズムの大衆心理』（一九三三）を出版している。

パッペンハイムの話を持ち出したのは、彼女をフェミニストの英雄として祭り上げるためでも、フェミニストの無批判なヒステリー見直し論を真に受けているためでもありません。というのもパッペンハイムの言葉を読むことは、単純な経験ではないからです。ブロイアーの回想録に登場する姿と、ドイツ・ユダヤ女性運動の創始者かつ現代ソーシャル・ワークの先駆者としての姿を併せ持つパッペンハイムは、いったい何者であったのかきわめて同定しがたい人物です。まっすぐな刺繡の縫い目をよく生きた人生や社会に役立った人生のメタファーだといい、社会福祉のために性的な自由を諦めた彼女は、信じがたいほど強靭な超自我に導かれた女性でした。にもかかわらず自身の属する宗教や家族によって割り振られた女性の役割に対する反逆者となり、表現できない怒りや欲望によって麻痺させられた状態をついには返上して、それを自分の身体や発話を通して表現しようと雄々しく戦ったのは、まさにその彼女だったのです。この世界で能動的にみずから力をふるえる立ち位置を獲得することによって、彼女は障害を乗り越えたと言えるでしょう――フロイトの考え方にならうなら、それはヒステリーを克服する典型的な男性的戦略とされるような逆転です。[75]

　受動性を逆転させ女性的な立場《ポジション》を乗り越えるということが、精神分析にとってきわめて重要であり、実のところ決定的ですらあったことがのちに明らかになってゆきます。パッペンハイム自身も、経済的自立や自己表現とならんで母性的ケアという価値の上に女性の能動的立場を打ち立てようとするようなフェミニズムを広め、性的に搾取されない権利とともにこうした権利を擁護するためには、雄弁に戦いました。アピナネシとフォレスター[5]は、アンナ・Oの病んだ状態からパッペンハイムの健康な能動性への変容を「説明しがたい不連続」と呼んでいます。実際、彼女の努力を過去を忘れ患者としてのアイデンティティを拒絶するためのものと見なし、活動家ソーシャルワーカーとしての努力を防衛反応とみなすことはたやすいでしょう。また、分析を行う治療者や援助者の立場と同一化したのだと言うこともできましょう。フロイト自身ものちにそういう同一化を、治療機序として挙げていますから。

歴史上の人物としてパッペンハイムとフロイトは、同じ言説的世界に、つまりドイツ啓蒙主義と、ユダヤ教が世俗化した人間中心主義《ヒューマニズム》の世界に生きていました。ある一点では、女性が置かれた境遇についての彼らの見方は一致していました。つまりパッペンハイムが母性に、平等な自己表現と行為者性《エージェンシー》のひとつの可能性を見ていたのと同様に、フロイトもまた母性という立場を、女性が受動的でなく能動的となりうる立場だとしていたのです。しかし、パッペンハイムの声明[152]を検討してゆくと、両者の見解の相違が明らかになってきます。というのも彼女はユダヤ人コミュニティで女性に男性と同等な立場を与えうる唯一の戒律は、ユダヤ教の中心的教義をなす「汝《なんじ》自身を愛するように隣人を愛せ」という戒律だと言っていますが、まさにその同じ戒律を引き合いに出してフロイト[89]は、宗教の愚かしい単純さや反動形成的な性質を描き出そうとしているからです。パッペンハイムとフロイトの乖離は、愛と女性性にまつわる精神分析とフェミニズムの緊張関係がまさに存在する場を示しています。というのもフロイトにとって愛は、セクシュアリティとかリビドーといったものの条件を解明することによって脱構築すべきものでした——といってもこの試みは矛盾をはらんだもので、女性の隠された欲望を明らかにしようとしつつ、同時にその女性の欲望を受動性に帰そうとするものでしたが。一方パッペンハイムにとって利他主義的な愛は、性的受動性と結びつけられる欲望から解放されるべきものであり、かつ、か弱い**他者**との保護的同一化（あるいは同一化的保護）という名目で行われる搾取からも解放されるべきものでした。

こう言ってよければこれらの立場間の緊張関係は、ヒステリーについて論じていたフェミニストたちをまっぷたつに分断する、不幸な選択を提供するものとなってしまったと言えるでしょう。[25・93・160] つまり、愛の理想型といったものからわれわれを解放しようとしたフロイトの試みを信頼した側と、捨てられた他者の立場にもう一度身を寄せ、そこに価値を見いだそうとした側です。

　フェミニズム思想が揺れ動いてきた歴史的変遷をこうして見てきますと、当然ある問いが浮かんできます。パッペンハイムの軌跡という点からみて、男性治療者の腕の中に飛び込んだその最初の跳躍から逃れ、分析未完了でまだワークスルーされていない恋愛性転移から逃れてきたその中でフェミニズムが打ち立てられたということには、どんな意味があるのでしょう？　しかし私が焦点を当てたいのは精神分析であり、女性性が受動性と重ね合わされる布置の上に分析が築かれたことです。これもまた、性的なものからの逃走、女性のセクシュアリティに直面することからの逃走を映してはいないでしょうか？ですからこの小論も、フロイトがわれわれに残した両価的な遺産に焦点を当てながら、精神分析を問うてゆきたいと思います。その遺産とは宗教的、道徳的束縛からの、高邁な理想からの、救いやあがないへの誘惑からのある種の解放でした――しかし、そこには代償がありました。その代償とは、患者の主体性や欲望を反映しているはずの分析家の主体性や欲望の否認であり、無力なるもの、受動的なるもの、もっと言うなら女性的なる**他者**からの距離でした。フロイトは、自らの抱く客観性とか科学といった観念に合わないこうした存在と同一化するのが苦手だったのです。（もっともフロイト自身の考えに従うなら、そのような同一化は不可避であり、何らかの心内的な仕方でこれに抗しないかぎり防げないはずなのですが。）ですから私はこのように問いたいと思います。精神分析の歴史はどのようにして、受動性から能動性への動きによって特徴づけられることになったのでしょう？　この動きは転移、特に平等ではない人間どうし――つまり医者と患者、男性の権威者と女性の反抗者――のあいだでの転移という問題にとって、どのように根本的に重要なのでしょう？　フロイトがこの動きを定式化したやり方は、能動性とりわけ性的な能動性を女性の属性とすることをめぐる彼のアンビバレンス[109]をどのように反映しており、また精神分析という試みが継続的に意識していなければならないはずの防衛的側面をどのように組み込んでいるのでしょうか？

『ヒステリー研究』から始まった受動 対 能動の問題は――同一化か距離か、共感か客観性かといった他の相補性とともに――精神分析の発展を繰り返し悩ませてきたテーマの中でも、特にジェンダーと関わりの深い問題と見なせましょう。こうしたテーマを解明しようとする努力、フェミニズムと精神分析のあいだに長らく存在してきたものの表面的でもある対立を乗り越えようとする努力は、アンナ・Oとベルタ・パッペンハイムという一見まったく異質な二つの人物像《ペルソナ》のあいだに、より創造的な緊張関係をつくりだそうとする仕事と見ることができるかもしれません。つまり精神分析がフェミニズムに、解放を打ち立てようとする振る舞いは依存と欲望の事実を否認している、そこを厳しく問うべしと求めるとしたら、フェミニズムの方は精神分析に、精神分析が自らにとっての**他者**を、つまりいまだ自分のために弁じることのできない他者を歴史的にどう位置づけてきたのかもう一度再考せよと求めるのです。サルペトリエール病院といえばシャルコーが一般の聴衆を前にして自分のヒステリー患者を次から次へと供覧した場所ですが、そのサルペトリエールの前には精神病者を鎖から解放するピネルの像が建っていることを思い起こしてください。[訳注4]　実際フロイトが当時記しているところによると、この情景はまさにシャルコーが女性患者たちを供覧していたその講堂の壁にも描かれていたというのです。[172] この皮肉こそ、まさにそうした再考を命じはしないでしょうか?

われわれの時代にいたってこの再考は、視点のちがいが結果的に及ぼす重大な影響についての懸念へと発展し、他者のものの見方を何とかして把握しようとすることと同時に、自分自身の見方を分析という批判的フィルターにかけることが必要だとされるようになりました。言うは易く行うは難し。われわれ自身の主観的なものの見方を自覚するとともに、他者の見方を推し量る(あるいはその片鱗を垣間見るだけでも)ために求められる真の過程を把握すること、それが間主観的精神分析をより精緻なものに練り上げようと目下努力中の私たちにとっての最重要課題です。このことが何を意味しているのかは、この小論を終えるまでにある程度明らかにできるでしょう。今のところはこう申し上げておきましょう。他者の見方をつかむということは、精神分析の実践や理論において何度も避けがたく現れる主体《サブジェクト》と対象《オブジェクト》との相補的な対立を、何とかして解消しようと努めることであると。これから説明してゆきますが、フロイトの仕事は『ヒステリー研究』を初めとして、この相補性からくる明らかな制約を何とかして超え出ようとするものでした。それでも彼は科学的合理性とジェンダー・ヒエラルキーが入り混じったもののせいで、例の対立へとしょっちゅう引き戻されていたのです。

何がわれわれをあの相補的関係へと引き戻してしまうのか、それを後知恵ながらしっかりと自覚できればできるほど、われわれはこの物語の中で、今度はベルタの置かれていた立場により同一化する方へと傾いてゆきます。これはひとつには無意識についての理論が教えるように、そういう(相補的関係の中で生じるような)同一化は防ぎようがなく、われわれはただ分裂排除や拒絶や閉め出しを行い、そうして危険な形の相補的関係を作り上げてしまうことしかできないためです（実のところそういう相補的関係においては、即座に考えることなく「ヒステリカル」に行われる同一化か、あるいは拒絶かという選択肢しかありません）が、そればかりではありません。同時にそれは、現代のフェミニズムと精神分析双方の寄与によって、他者の立場を取り入れることの必要性がより理解されるようになったためでもあります。その結果われわれは、唯一の選択肢はこの同一化を発展させることであり、拒絶されたものを（もう一度）認め受け入れることが、患者の立場ばかりでなく分析家の立場をさらに発展させていくためにもっとも重要なことだと認識するようになりました。拒絶を解消するための発展的対話は、女性解放運動にとって大切なことであったように、精神分析にとっても同じくらい大切なことです。これまで黙らされたり排除されてきた者たちは今世紀になって承認（recognition）を求める声を上げるようになりましたが、その承認のために双方の発展的対話がずっと求められてきたのですから。

理性的な発言する主体としての権限を与えられることをすでに当然の権利として主張している者たちに対して、要求の声が上げられるようになるまでの過程は、精神分析とまったく同一のものではありません。それでも精神分析というムーヴメントはこうした試みと、どういう形で同一化を発展させていけばよいかについての自覚的熟慮が求められる点で、符合するところを持っています。新しいアイデンテ

訳注4　サルペトリエール病院は一七世紀パリに建てられた収容施設としての大病院で、ビセートル病院が男性を収容したのに対して女性を収容した。一八から一九世紀には収容者の処遇改善に貢献したピネルや、ヒステリーも研究対象とした神経科医シャルコーの活躍の場となった。

ィティを発見していったさまざまな社会運動を見ればわかるように、承認への要求にはそれなりにやっかいな面も存在します――それはある種の権利付与とか道徳的絶対主義で、それ自身が対抗している権力によって避けがたく生じ、また焚きつけられてしまうのです（第3章参照）。その結果それは逆転しうる相補的関係の中に、いつでも相手を引きずり込んでしまいます。これからお示ししてゆきますが、フロイトが転移という現象を通じて経験した旅は、いろいろな意味でこうした相補的関係の、地図にない驚くべき（しかし奇妙にありふれた）道のたどり方を知ることでもあったのです。

II

精神分析の運動とフェミニズム運動のあいだに私が見いだした類似点をこじつけと思われてもいけませんから、転移の歴史についての検討はしばし置いて、まず精神分析の背景をヨーロッパ思想との関連において見てみましょう。こんにちあるようなわれわれの自意識は、精神分析の歴史を啓蒙思想に発する解放のプロジェクトに負う実践ととらえなければ説明がつきません――そうしてフロイトも、政治的にはまったく懐疑主義的であったにもかかわらず、確かに精神分析を、個人の自由、理性的自律性、独力たることをめざす啓蒙運動を通してしか考えられない活動であり、そうした啓蒙思想ゆえの活動であると見ていたのでした。[訳注5] このプロジェクトはカントが『啓蒙とは何か』で述べたように、監督されることと（ドイツ語では *Unmündigkeit*）からの自由をめざすプロジェクトです。通常は「成年に達した、大人になった」と訳される *mündig* という言葉は、口を表す語から派生した言葉で、自分のために弁じること（speaking for oneself）を意味します（実際パッペンハイム[152]（p.12）はこの語を、一三歳になると男子はみな *Mün-*

digsprechung[訳注6]を与えられるのに女子には与えられない、と指摘する際に用いています）。*mündig* になるというのは「資格を与えられること、ものを言う権利を与えられること」で、「黙らされた」という今日頻用される語の反対語です。ですからこれはヒステリーの受動性である無発話状態（speachlessness）とは正反対のものと解してよいでしょう。権威からの自由というこのプロジェクトには二〇世紀の大半にわたって疑義が呈されてきましたが、それはまさしく――ポスト構造主義やポストモダンの批判によればですが――これまですべての人が包括的に発話の主体となりうるような配慮がまったくなされてこなかったためであり、また発話の主体というものが常に他者を、社会ののけ者《アブジェクト》を、市民権を剥奪された者を、あるいはその発話自体が対象化する者を排除したところで成り立ってきたためでした。しかし排除や対象化へのこうした批判が機能するのも、まさに過去において啓蒙運動が主体性を包括的に認めるべきという要求を明確に打ち出したからに他なりません（ベンジャミン）[24・訳注7]。

さてこの矛盾、すなわち啓蒙思想のカテゴリーを拒絶するか求めるかの矛盾は、精神分析の位置づけに独特の不安定さをもたらしました。というのも啓蒙思想を拒絶した二〇世紀の理論は、自律的でまとまりのある理性的な主体像というのは偽りの見せかけにすぎず、実際は断片化し混沌としたまとまりのない自己のありようを否認しようとするもので、それが積極的に言葉で明確化し意味を作りだそうとす

訳注5　「未成年状態」の意。原著では *Unmundigkeit* となっているが誤りと思われる。
訳注6　「成年に達すること」を意味する語で、*Mündig*（口）＋ *sprechung*（話すこと）から成り立つ。
訳注7　原著では Benjamin, 1994 となっているが 1995 の誤りであると思われる。

るのも結局は防衛のためにすぎないと示すために、まさにフロイトその人を引き合いに出したのです。それでも混沌より意味を、受苦より思考を、分裂《スプリッティング》より統合を、症状より象徴化を、無意識より意識を推奨しようとすることは、精神分析のエッセンスでありつづけています。最後にもう一つ別の問題、精神分析的な関係性にからんで生じてくる問題を挙げておきましょう。すなわち自律性の獲得は、対立しあう相補的関係——つまり主体と対象、心と身体、能動と受動、自律的で理性的なものと「非理性的なもの」——の中に主体を位置づけるような言説《ディスコース》の所産であり、こうした言説は対立するもののうちおとしめられた側を主体から分裂排除することによって歴史的に機能してきたことが明らかになってきました。そしてもちろん女性性は、おとしめられた側に関連づけられてきたわけです。このようにして精神分析はこうした対立を繰り返し再演してきたのであり、よしそれがジェンダー・ヒエラルキーの意味を解きあかす可能性を提供したにせよ、それは事実上ジェンダー・ヒエラルキーをなぞることにすぎませんでした。フロイトが受動性と女性性を関連づける発言をしては、また自分にはよくわからないと否定することを繰り返していたように、精神分析はみずからが分析しようとしたその分裂を再生産していたのです。

ですから、先ほどいったん脇に置いた話に戻るために、アンナ・O／パッペンハイムの同一化について探索することが役に立つでしょう。というのも彼女は初めて、しかももっとも説得力ある形で、あらゆる分析家‐患者ペアがおのおのかつ共に体現しなければならないはずの、あの二重《デュアル》のアイデンティティを具現化したからです。アンナ／ベルタの矛盾、それは無力で断片化した患者対はっきりものが言え弱きを助ける勇敢なフェミニストという分裂したイメージとして現れていますが、あらゆる分析家の中に存在する分裂を反映してもいます。分析家というものは、分析過程に従属する（subject to）存在であるとともに分析過程の主体（subject of）でもあるからです。フロイト自身の発展においてもまた精神分析一般においても、すでに発話する者である**分析家という主体**（the Analyst-Subject）と、いまだ自分のために弁じることのない**患者という他者**（the Patient-Other）とのあいだに出会いを構築することをめぐる問題を見て取ることができます。この苦しむ**他者**は、ものを言える主体からの承認を必要とします。しかしこの承認は、同一化の瞬間が具現化され、そうすることによって**主体**の閉じたアイデンティティが攪乱されることなしには有効となりません。同じように**他者**による発話の獲得も、ものを言える主体との同一化によって初めて進みだすところがあるのですが、それには彼女が自分の**他者**としての「アイデンティティ」を失う危険がともないます。患者が分析家に「なる」必要があるなら、分析家もまた患者に「なる」必要があるわけです。

　こういうわけで分析家と患者のどちらにも、出会いの結果生じてくる同一化にあらがう理由があります。というのもこのように同一化が二重になってしまうと、最終的には知る者と知られる者、能動的な者と無力な者、主体と対象という合理主義的な相補的関係の瓦解につながるからです。この同一化は理論的にはヒエラルキーを見事に転覆するものになりえますが、実際の臨床では「もっとも危険なメソッド」[115]であり、境界の攪乱や神秘化をもたらし、不安やそれに対する古い防衛を呼び覚まします。分析の核心をなすこの暗闇については、追ってお話ししましょう。今のところは、理論的に言って精神分析とフェミニズムはこの避けがたい瓦解を、破壊的でなくむしろ建設的なもくろみをもって誘発しようとしたのだと言っておきましょう――ジェンダー対極性《ポラリティ》のうち自律的で能動的な「男性的《マスキュリン》」サイドの価値を盤石化しようとする力に、反動的にもう片方を持ち上げるのでないやり方で挑戦するためにです。

精神分析の歴史におけるこのパラドキシカルな動きに、私は光を当てたいのです。すなわちこうした対《つい》関係、つまりそれを通じて男性的な主体が成り立っているような対関係を瓦解させる瞬間にも、精神分析のプロジェクトは必然的に、ジェンダー的な意味合いも含めた能動と受動のヒエラルキー的対関係に参与していたのです。このプロジェクト、つまり症状を象徴的な言語表現にまで引き上げようとするプロジェクトを、私はここで身体《ボディ》から発話《スピーチ》への最初の動きと呼び、精神分析という活動が創始された頃のこうしたありようを「最初の跳躍」と表現しています。ドイツ語で「起源《オリジン》」を表す *Ur-Sprung* に掛けた言葉で、*Sprung* は跳躍、*Ur* は「源の《オリジナル》」「第一の《プライマル》」「最初の」「最深の」を意味します。つまり身体から発話へということです。言葉にならないものを言葉に、身体の症状的身ぶりを言語にすることは、明らかにフロイトとブロイアーの仕事から学ぶべき第一の教訓でしょう。

けれどもこう言ってしまってからすぐに私たちが反論しなければならない、あるいは少なくとも問わねばならないのは、「それは誰の発話なのか?」ということです。というのも精神分析というその跳躍の本質は厳密に言えば、催眠をあきらめ患者自身に発話の主体となってもらうような、より協働的な取り組みを選んだフロイトの決断にあったからです——そしてもしフロイトがこの移行を、患者の側から何らかの抵抗があったためだと説明するとしたら、[36] それはおそらく必然だったと正当化するため（あるいは彼の伝記から読み取れるように[5]催眠によって解き放たれた恋愛性転移への怖れを避けるため）でしょうが、やはりフロイトだけに手柄があるのでなく、患者の貢献もあったとするのが妥当でしょう。

催眠をかけられるという受動的な立場を患者が拒絶することによって、まさに協働という価値は発見されたのですが、いったいこれ以外にどのような方法がありえたでしょうか？　たとえその拒絶が、抵抗のように見えたとしてもです。実際、受動性から抜け出そうとすることは抵抗だと見なされました。症状に支配され彼女自身の身体に囚われながら、患者はそれでも意識の服従状態に抗うため、自らを奮い立たせることができるのです。このように精神分析の起源、そしてその決定因となった動きははっきりしていません。

私はここで、精神分析の技法としての発展の中にも、個々人の分析過程においても見られる、ある逆説を強調しようとしています——それは、患者がいちいち抵抗することによって、治療過程は前進するという逆説です。一九世紀の熱力学でたとえるなら、抵抗というものは変化へのエンジンを動かしている燃焼に欠かせない要素だと言えるかもしれません。フロイト自身をみてもこの逆説は、彼が発見した次のようなことの中に例証されています。すなわち、抑圧を行っている主《エージェント》自体が抑圧されているのだということであり、心の世界の「秘密」は抑圧されている内容にあるのではないこと、つまり単に抵抗が隠そうとしているものの中にあるのではなくて、抵抗自体の中にあるのだということです。いわば抵抗そのものが、啓示になっているのです、恋愛性転移の働きについてフロイトが発見したように、また転移の中で起こるどんな行動化《アクティング》[訳注8]についてもそうであるように——しかし、このことはまた後でお話しし

訳注8　精神分析において、患者は幼児期に体験した神経症的な人間関係を、治療場面において語るのではなく治療者を相手にして（転移）、行動上で反復する（反復強迫）。このように言語表現でなく行動に移される現象を行動化といい、治療場面外で起こるものをアクティング・アウト、治療場面内で起こるものをアクティング・インという。

ましょう。

ここまで私は、私の主張したい主な点について論を組み立ててきました。つまりそれは、わずらっている身体が、洞察をはっきり言い表せるもの言う主体への無意識的コミュニケーションの道具となろうとする動きは、啓蒙思想の伝統がこれまでずっと言ってきた能動的な主体への移行ということと合致しているのではないかということです。フロイトも『ヒステリー研究』[36]の中で、抵抗や防衛を乗り越えることについての考え方を彼らしい仕方で述べながら、そのようなことを言っています。

さて、このように長引く抵抗を克服するためには、どのような手段が使えるであろうか。そうした手段は少ない。しかし、普通ある人が他の人に心的影響を及ぼすために用いる手段は、殆どがこういった手段となるのだ……［まず心的抵抗に時間をかけ一歩一歩進め、］その上で作業を始めると、患者の中で知的好奇心が蠢き始めるので、我々はそれを当てにできるようになる。患者（him）を啓蒙することによって、つまり、このような分析を施すことで初めて洞察が得られる心的事象の驚くべき世界について教えることによって、我々は、患者自身を協働者とすることができるようになり、患者が探求者としての客観的関心をもって自身を観察するよう仕向け、そして……抵抗を押し返すことになるのだ。……私たちは……啓蒙者としての役割を、あるいは、より自由な、もしくはより卓越した世界観を教える者ないし唱導者としての役割を……またあるときは、贖罪司祭としての役割を果たし、患者に思いやり……免罪を与えてやる。[訳注9]……というのは、たとえ患者が、ヒステリー症状を引き起こす病因的諸印象を再現し、情動を表出しながらそれについて語り尽くすことによって初めてその症状から解放されるにせよ、治療上の使命は、患者をそういう気にさせる点にのみあるからだ——このことは完全にはっきりと認識しておいた方がよい。その使命がひとたび果たされれば、医者には訂正すべきことも、解消すべきことも残っていない。(p.282-283)

さて、このようにして分析家は患者を自由にするだけで、実のところ彼を(him)協働者にする道を見つけたのでした（注意！　患者が能動的なときフロイトは男性形の代名詞を使いますが、ただ病んでいる状態なら女性形を使っています）。患者は自己省察を通じて抵抗を乗り越える過程で分析家に同一化しますが、それは監督されることと、監督から自由になることの両方の意味合いを持つ、内在化の過程です。彼は探索する中で協働していくのです。対照的に、ブロイアーのアンナ・Oに対する催眠の使用は、病気というメタファーにふさわしい仕方で彼女に医療を施し、ケースマネジメントするあり方と地続きのものという印象を与えますが、この病気というメタファーは、主体と対象、働きかける者と働きかけられる者といった言説の中にいまだ埋め込まれているものです。こうした言説、それは催眠の実践によって支持されているものですけれども、もともと主体性の特色をなしているはずの行為者性や志向性《インテンショナリティ》といった性質を、まさに損なうことによってしか患者の主体性を探索できないようなものなのです。

もちろん受動から能動への移行、症状から発話の主体になることへの移行は、一足飛びに達成された

訳注9　原著にはスタンダード・エディション（ストレイチーの編集によるフロイト全集の英訳版で、S.E.とも表記される）からの引用とあるが、ベンジャミンの引用文ではここが'as a father confessor giving sympathy and absolution'と簡略化されている。

ことではなく、フロイトが時間をかけてたどった過程であり、催眠の断念はその始まりにすぎませんでした。実際、その後フロイトが精神分析の実践をより練り上げていった過程は、分析家を威圧的な権威者の立場からおろし、患者に権利を与えようとする絶え間ない努力であったとみることができます。

しかし、催眠から離れていった事情を伝えるフロイトの報告からは、もう一つの力を現出させるために患者が力を発揮したことも読み取れます。この力、すなわち転移の力はすでに『ヒステリー研究』に垣間見えており、この研究の主眼とされていたはずのことを揺さぶりはじめています。その主眼とは、フロイトによる「一症状、一想起」という公式の発見でした。[訳注10] とにかく最初の事例からすでに、症状だけが扱われるべき対象でないことが明白に表れています。というのもアンナ・Oが暗号化された記憶を提示していたのは身体の中だけではなく、認知や感情の生き直しもまた、同じくらい重要だったのです。こうしたことをのちにフロイトは、言語と対をなす主なものとしての「アクティング」と表現しましたが、これは単に「すること」というだけでなく「劇化すること dramatizing」「表すこと representing」といった意味までも喚起される言葉です。アンナ・Oが、大嫌いな犬がボウルから水を飲んでいたのを思い出すからと水を飲むことを拒んだことがありましたが、これは身体症状でなくアクティングになるわけです。

発話、つまり象徴的な言語表現こそが真の活動だとされるところでは、アクティングは単に何を表現しているかわからないまま表現したり、排泄したり追い払ったりするためのもう一つの表現形式にすぎず、したがって主体性の表れではないと見られてきました。伝達することとアクティングを区別するこの考え方は、今もグリーン[101]など多くの分析家によって支持されています。しかしアクティングを排出と完全な象徴のあいだの一段階とする見方もずっと存在してきており、[74] 昨今また分析家たちの新たな関心を集めつつあります。実際、現代の関係精神分析では、アクティングと相互作用《インタラクティング》は分析の作業が進んでゆくための不可欠の媒体とされています。少なくともアクティングは、無意識と意識の中間の新たな位置を占めつつあるもので、表現を試みようとする別のやり方、しかも同時に顕《あらわ》しつつ抗うような表現方法とは言えるでしょう――ウィニコットが破壊（destruction）について言ったことを換言すれば、それが抵抗とされるのはわれわれがそれを理解できず、それに巻き込まれがちだからにすぎないのです。

フロイトは当初、理解を通じて新たな克服へのチャンスがつかめるという自信を持っていました。というのも、フロイトによると患者は「こうしたことが新たに起きる度に、この思い違いの犠牲になってしまうが……すべての過程はある法則に従っていた」（ブロイアー&フロイト、[36] p.303-304）からです。作業は「法則」に、つまり論理的な法則、圧迫によって生じさせたイメージや映像を通じて症状をとるために定式化したのと同じ法則に従っていました。つまりそのイメージが言葉にされ、完全に説明され、象徴の水準に引き上げられるやいなや、それは消えるというわけです。フロイトは、それと同じように転移のつくりだす錯覚《イリュージョン》も、彼がひとたびその障碍の性質を明確にしてしまえば「溶けてなくなる」ものと考えていました。フロイトはまだその現象の間主観的な側面、つまり無意識的コミュニケーションの双方向性に直面してはおらず、転移は単純に外から観察することができるものと信じていたのです。彼は

訳注10　フロイトは当初、ヒステリーの身体症状の背後にある外傷的記憶を一つ一つ想起させ、その情動的エネルギーを発散させればその症状は消えると単純に信じていた（カタルシスによる除反応）。

その法則を信じて疑いませんでした——法則によれば、行為は言葉に置き換えられ、症状は象徴に置き換えられ、それぞれは秩序だって進むはずでした。

『ヒステリー研究』の最後の部分で、フロイトが催眠なしのときの抵抗と転移について述べている内容には、一八九三年の暫定報告で熱心に述べていたことと比べて、すでに重要な変更が読み取れます。しかし彼らはまだ、症状の消退がおこるのは出来事や感情を言葉にすることによってであるという楽天的な結論を述べています。ひとたび発話活動——つまり言語——が身体活動や転移の活動を置き換えると、すべてのことがそれに続く、と。以前なら患者の抵抗が医師の手の圧迫によって克服されるとされていたところは、[訳注11] いまや患者の抵抗を克服するために、患者自身の意識的な協力を得なければならないとされています。

フロイトが催眠から離れたことは、患者の精神活動をがっちりつかんでいた医師の手が徐々に緩められ、医師による強制やコントロールが徐々に放棄されていくと同時に、被分析者が解放され、その自律性が分析そのものの中で尊重されていく過程の一部でした。すでにわれわれは自律性をめぐる言説における矛盾を垣間見ていますから、フロイトがそれと引き続き戦いつづけたこと、新しい技法もこうした矛盾を取り去ることはなく転移の中へと移しただけであったことにも驚かないでしょう。一〇年以上たって書かれた転移に関する彼の記述の中にもわれわれは、男性医師と女性ヒステリー患者という典型の中に非常にあらわな形で露呈されつづけてきたヒエラルキー的な二項関係《バイナリー》が、新しい形で打ち立てられているのを見いだします。実際のところ転移は、フロイトが爆発性の化学物質といううまい表現でたとえたような仕方で、こうした矛盾を集結させるものです。

「想起、反復、反芻処理」[80]でフロイトは、催眠術や信仰療法といったカリスマ的権威に見切りをつけるために自分がたどってきた道を振り返っています。症状に焦点を当てながらも「抵抗を回避する」ために解釈の使用を始めたこと、続いて除反応[訳注12]のかわりに「被分析者に労力を費やして作業」してもらうことになったこと、そして自由連想への批判はひとまず棚上げし「基本法則を遵守し……こうしてようやく、今日の一貫した技法があみだされることとなり、分析者はこの技法のもと、何か特定の瞬間や特定の問題に照準を合わせることをやめ……被分析者のその時その時の心的表層をつぶさに調べる」ようになり、主に抵抗を認識してそれを患者にも知ってもらうために解釈を用いるようになった等々です。「そうなると、ここに新たな種類の作業分担が生まれ出ることに」なりましたが、そこでは医者が抵抗を明らかにし、患者が素材を出します。しかしフロイトは次のように断言します。「言うまでもなく、こうした技法が目標とするところは、以前と何ら変わるところはない……想起の欠損個所を満たすこと、力動論的には、抑圧抵抗を克服することである」(p.147)

フロイトの語りによると、彼の方法論や目標は、首尾一貫した論理的な仕方で発展していったように聞こえます。にもかかわらず、転移についてのこうした後期の記述と『夢解釈』で示したより早期の定

訳注11　フロイトは精神分析治療を始めた当初、患者の語りをうながすために、額を圧迫する方法をとっていた(前額法)が、のちにこれを放棄して、患者に頭に浮かんだままのことをすべて自由に話すよう求める自由連想法をとるようになった。

訳注12　外傷的な出来事の記憶に結びついた情動が発散されること。精神分析の開始された初期の頃には、主たる治療機序と考えられていた。

式化のあいだには、いくつか重要な相違点があります。特にそれは理性の批判的機能を放棄することについての考え方において目立ちます。『夢解釈』[76]でフロイトはわれわれにこう言っています。

われわれは患者に二つのことを求める。すなわち一方では、心的知覚への注意力を高めること、そして他方では、浮かび上がってくる想念に対して普段行使されている批判力を、ここでは遮断しておくことである。……知覚された思考形成物に対しての批判を取りやめるということについては、われわれはこれを明示的に患者に課さなければならない。それゆえ患者には次のように言うことになる。精神分析の成否は、患者が自分の感覚の中を通過するものすべてを観察し報告することができるかどうかに……懸かっている。患者は、自分の頭に浮かぶ観念に対して完全に公平に振る舞わなくてはならない。(p.101)

フロイトは「随意的な(したがってまた確かに批判的な)作用がいくつかの面で後退する」ことや、いろいろな考えが「自由に」立ちのぼるに任せることの重要性を強調しています(p.102)。そしてここで、ロマン主義とその芸術への影響に特に共鳴していたランク[訳注13]の勧めに従ってシラーを引用しますが、そこでシラーは友人にこう説いています。友人が創造性を発揮できない理由はおそらく、

君の理性が君の想像力の上に揮っている強制にあるように見えます。……流れ来る様々な想念を、理性があたかも門のところで待ち構えていて、あまりにも明瞭な形に整理整頓してしまうとしたら、それは良いことだとは思えないし、心の創造作用にとって不利に働くであろうと思われます。……創造を行っているときの頭の中では、理性は門での監視をゆるめています。だからいろいろな想念がごちゃまぜに

侵入してきます。そしてその後、理性はこの大群を眺め渡して整理するのです。批評家の先生方は、瞬間の、一時的な妄念を、恥じたり恐れたりなさる。しかしそういう妄念は、すべての独自的な創造者に見いだされるのです。……創作がはかどらぬという貴殿の嘆き、それは、貴殿があまりにも早く排除なさり、あまりにも厳密に区分けなさることから来ているのです。(p.103)

「シラーの言う「理性による門での監視をゆるめる」こと」は、そんなに難しくはないとフロイトは言います。そうして二つの心的審級[訳注14]あるいは原動力について論じはじめます。一つは願望で、夢の中に表現され想像力に相当するもの。もう一つは検閲あるいは門で、理性に相当するものです。

このテキストは、精神の自由に関するフロイトの正反対の二理論のうち、第一の理論と考えられるものを表しています。どういうことかというと、最初の提案は、抵抗の原因になっている批判的な心の働きから自由になり、本当の、つまり無意識の考えが浮かび上がるに任せよと提唱しています。一方転移に関する後の記述に表れている第二の理論では、精神を現実原則にそうように方向づけて、それを過去や快楽原則に縛りつけている無意識の考えから解き放つことによる自由を強調しているのです。いわばフロイトにとって理性は、それが美的想像力に対抗するときとそれが本能に対抗するときとで、また葛

訳注13　オットー・ランク（Otto Rank, 一八八四—一九三九）。フロイトの研究に協力し、一時はフロイトの最愛の弟子と呼ばれていた心理学者、精神分析家。

訳注14　フロイトが心的現象を説明するモデルとして提起した心的装置について、その下部構造を言い表すために用いた概念。たとえば心を「自我、超自我、エス」のそれぞれの働きで説明した構造論における「超自我」など。

藤が（特に彼自身の）自己表現に関するときと転移に関するときで、大変異なった位置づけを与えられていたと言えるかもしれません。

さて初めのうちフロイトは、患者が自分の批判的な心の働きを放棄してそれを分析家にゆだね、分析家が論理的で秩序だった精神状態を保ち、夢思考のロジックをその矛盾や手がかりを追いつつ記録していくのがよいと考えていました。ある意味でここでなされている役割分担は、患者に第一の心的審級である想像力を、そして医師に第二の心的審級で分別《ふんべつ》をつかさどる理性を割り振るものです。しかしフロイトはすぐに、意図的な注意というものは患者にとっても分析家にとっても問題含みであることを悟りました。分析家が患者をコントロールした結果、患者に基本的ルールを守らせていたなら得られていたはずの抑圧された素材にアクセスできなくなってしまうのを防ぐためには、分析家の内的、精神的な自由が必要であると気づいたのは、彼が夢解釈についての理論を定式化した後のことです。フロイトはドラの事例での失敗という苦い経験を通して、このことに気がついたものと推察されます。[訳注15]

ドラの事例は、フロイトが自分の夢理論を実証してくれるものと期待した事例であることは知られています。しかしむしろそれは、分析家がロジックや理性を自分の側におこうとすると転移的な困難が生じることを実証するものになってしまいました。もしも抵抗を、フロイトが当初単純にも推奨していたようにアタックしたら、そして継ぎ目なく因果律に従った話をこしらえるために注意の注がれ方をコントロールしようとしたら、どんなに破局的な結果がもたらされるか。ドラの事例はそうしたことについての実地教育であったことが容易に読みとれます。フロイトは、ちょうどフリースにそう書き送ったように、ドラが「手持ちの合鍵のコレクションでスムーズに開く」であろうと期待していたのですが、その期待は裏切られたのです（フロイト[77]、p.427）。

ドラの事例には、ヒステリーの患者を喋らせることについて単純化した理解しかしていない場合に生じてくる問題が詰め込まれていると、非常に多くの論者が指摘してきました。アンナ・Oとは違ってドラ事例とあの無名の女性同性愛の事例[訳注16]にはともに、フロイト自身の意図していたであろう以上に、女性のセクシュアリティを見貫《みつらぬ》こうとするフロイトと抵抗し反抗しようとする女性とが衝突する様子が表れています。ジェーン・ギャロップ[93・訳注17]が言っているように、セクシュアリティという鍵を軽視する者には患者の心のドアを開けられないとフロイト[78]が考えていたとしたら、誰も万能鍵でこじ開けられたくはないのだと彼に知らしめるために、ドラは存在したのでしょう。フロイトが意味の解読や、秘密の暴露や、出来事と症状を継ぎ目のない語り《ナラティブ》で——矛盾や穴なく、あるいは〔穴のかわりに〕その他不完全な知識

訳注15　ドラは治療開始当時一八歳の、フロイトの女性ヒステリー患者。あるとき家族ぐるみで交際のあった妻子ある男性K氏（後出）に性的な接近を受けたが、両親に話しても取り合ってもらえなかったことをきっかけに、多彩な身体症状を呈してフロイトのもとに連れてこられた。フロイトは夢解釈という治療技法を臨床的に応用することに熱中するあまり、治療当時は背後に動いていた転移‐逆転移関係に気づけず中断を招いてしまったが、のちにこの事例での経験をきっかけに転移現象への理解を得たと言われる。

訳注16　「女性同性愛の一事例の心的成因について[85]」で報告された事例。同性愛を示す少女で、一八歳のとき治療を求める両親にともなわれフロイトのもとにやってきたが変化しなかったため、最終的にフロイトは治療を断り女医にかかるよう勧めたという。

訳注17　Jane Gallop, 一九五二—。米国の研究者、批評家。フェミニズム理論、精神分析などを専門とする。なお、原著にはJane Gallop（1985）とあるが1982の誤りであろう。

を表す女性のメタファー[145]を使ってもいいですが——つなぐことを追求して、ついには患者に対する分析的スタンスを損なってしまったありようを、フェミニストも精神分析家も同様に指摘しています。

とにかく転移の認識、そしてドラの特に「辛辣な」抵抗が、フロイトにもう一度みずからの立場を考え直させ、ある種のコントロールを放棄させました。そして自身回顧して述べているように、平等に漂える注意というモデルに移行したわけです。にもかかわらず——ここからがフロイトの「第二の理論」になるのですが——フロイトは理性と想像力との葛藤を、一九一二年から一九一五年の転移に関する諸論文において、新たなレベルで再生産したように思われます。言語と行為との葛藤という古いリフレインは、「知性と本能、認識と放出への渇望」[79]（p.108）の格闘という議論の中にも聞き取れます。けれどもここでまた、行為はなしで済ませられないという問題が生じてきます。というのも「不在の者を殺したり、また人形《ひとがた》のかたちで殺すことはできない」[79・訳注18]（p.108）のですから。無意識に働く強力な力からの翻弄に終止符を打つためには、われわれは許容範囲を広げ、患者にある種の自由を行使するよう促さねばなりません——批判をゆるめることや思考の自由だけでなく、分析状況における「中間領域」や「遊び場《プレイグラウンド》」で実際に生じる、転移中での再演もです（フロイト）[80・訳注19]。

同時に分析家は闇の力の近くにまで、それに屈することなく到達できねばならず、また患者が「彼女の抗しがたい魅力」をいやでも発揮し「愛人の水準にまで彼を引きずり落とすことによって、医師の権威を破壊［傍点原著者］」[83]（p.163）しようとする努力から身を守れなければなりません。そうして「快原理を乗り越え……みずからこの克服をなしとげるために、彼女は……意識的な精神活動の特色たる、より大きな心の自由へと（導かれ）ねばならない［傍点、（　）内原著者］」（p.170）のです。別のところで述べましたが、[23] 逆説的なことに患者の自律性は分析家の権威を受け入れ、それと同一化することから生じてきます。彼女自身が自明のことのように、彼を対象として愛することから同一化へと動き、彼を自我理想の位置に据えるのです。

しかしこれは危険な試みであり、フロイト[83]はこうした爆発的な力を解き放たねばならぬとする自説を正当化せねばなりませんでした。そういう正当化をするにあたって彼がしばしば依拠したのは、想像力の解放ではなく科学であり、客観の言説であり、理性による本能の超克でした。彼は転移の扱いを、実験室で危険な薬品を注意深く取り扱う化学者になぞらえています。もちろんこの比喩の問題点は、化学者は化学薬品そのものではないのに比べ、分析家は転移の燃焼反応を引き起こす力としてまさに働くという点にあります。精神分析医は化学者というよりも、むしろ悪魔的なものと出会ってそれを追い祓わねばならない聖職者に近いのです。実際、精神分析が催眠や信仰療法を退けることができるのは、まさにそこで生ずるのとまったく同じ力が転移でも生じてくるからに他なりません――フロイト[86]がのちに言っているように、恋着から催眠まではほんの一歩です。また、ドイツ語を話す人なら「治す heal」(*heilen*)、「神聖な」(*heilig*)、「救い主」(*heiland*) といった言葉にある関連性に気づかぬはずがありましょうか?

訳注18　この引用部分はベンジャミンによると'No one can be slain in absentia, in effigy'となっているが、スタンダード・エディションでは'it is impossible to destroy anyone in absentia or in effigie'.

訳注19　原著では Freud, 1914 となっているが 1914a の誤り。

III

フロイトの警告が隠しようもなく露呈しているのは、彼が命じているまさにその客観性の不可能さです。先ほど挙げた関連性が示唆するように、精神分析医は転移の中に、すなわち病気そのものの中に巻き込まれることなしには治すことができないのです。これこそカフカの物語『田舎医者』が、分析家たちに伝えていることかもしれません。フロイトに応えて書かれたかのような物語ですが、あるいは、とある医者の見た夢かもしれません。その医者は夜中に遠方の村から呼び出されますが、馬車を引かせる自前の馬がいません。すると不思議なことに彼の納屋に馬たちが現れますが、それとともに馬丁《ばてい》も現れ、医者はどうやら馬と引き替えに女中のローザを置き去りにしてこの馬丁に犯されるがままにしなければならないようです。医者は拒みますが、そのあいだに馬は医者を連れ去ってしまいます。あっという間に村に着くと患者の家族や隣人たちに取り囲まれ、少年を診るように強いられますが、床に伏せっている少年はほとんど病気らしい様子もなく、どうやら仮病のようです。医者はもう帰ろうとしますが、よく見ると本当に病気であることに気づきます。脇腹のところにぱっくりと大きく口を開けたピンクの——いわば薔薇色《ローザ》の——傷口があり、そこに小さな虫（ウジ虫）がいっぱいうごめいていたのです。家族は彼を捕まえて服を引き剝がしベッドに押し込んでしまいます。外では学童の合唱隊が歌います。「服を脱がせろ、服を脱がせろ、そしたら治療が始まるぞ。もし治さぬなら殺してしまえ、たかが医者ふぜい、医者ふぜい」。しかし彼は「まったく落ち着き払って超然と」、彼らを見やるだけです。外套を馬車に引っかけて彼が裸で逃げ出すと、村人たちは勝ち誇って歌いました。「喜べ患者、医者がおまえと添い寝をしたぞ」。彼は逃げながらも、これで医者稼業も完全に終わりだ、ローザも犠牲になり、馬丁は家の中で大暴れしているだろうと悟ったのでした。

フロイトは医者としての役割を脱ぎ捨てず、職務に忠実であれと若い医者たちに警告しましたが、そういうときフロイトが念頭に置いていた危険を、この夢のような物語はいくぶんか呼び起こすのではないでしょうか。服を脱いでしまって裸になることは、権威をはぎ取られることであり、患者のレベルに落とされることです。そして、そのようにして分裂排除された自己の一部――みずからの危険な本能――を、むきだしのまま患者の中に入れることです。不可避なこととして、自分の権威がまさにこうした投影のプロセスから創出された様子に直面することです。服を着ていること、権威を付与されていることはこのプロセスを不可視なままにしておくことであり、それはある意味で役人の、聖職者の、父親の、医師の権威が暴かれぬよう守っているということなのです。[167]

もし患者と医者が会話（実は一つの心の中で二つの声がしている会話）をしても、彼らはまだスペースをめぐって争い（「先生はぼくの死の床にもぐりこんできた」と少年は言います）、承認や哀れみを得ようと争っています（「どうしろと言うんだ？　信じてくれ、私にだってどうしようもないんだ」と医者は答え、「そんな言い訳でがまんしろと言うの？」と少年は文句を言います）。医者は次のような台詞で、彼の傷はほかの人たちには決して手に入らないたぐいのものだとほのめかし少年をなだめます。「多くの人は脇腹をむき出しにしても、森の中で斧を振るう音など聞くことはないし、それを身に近づけたりもしないのだ」。そして医者はそこから素早く逃げ出します。が、時すでに遅し、彼の権威はもう二度と回復しません。

彼らの会話の対称性が意味するように、ここでの行為のレベルは恋愛性転移のように、分析家の権威をまず求めておいて、しかるのち危険にさらすような相補性を反映しています。こういう形の相補性について把握するためには、推理小説のジャンルで有名なある区別を例にとって説明する方がよいでしょう。[196]『ヒステリー研究』でのフロイトは、まだホームズのような様子でいます。つまり「冷静沈着ですべてを超越した」捜査官で、合鍵の束と、人の話の穴を見逃さない鷹のような目をもち、下手人が参りましたと降参するであろう遺漏のない筋書きを組み立てようとしているのです。彼女はもはや一切反論することはできず、自分が確かに欲望を抱いていたことを認めるに違いない、と。他方では、マーロウやスペードのようなフィルム・ノワール系の探偵もいます。彼らはストーリーに絡んで巻き込まれますが、最終的には罪を負うべき人にちゃんと罪を負わせます。しかし、巻き添えになり捕まるのを拒んでも、ちょうど田舎医者と同じように無傷ではいられません――実際のところ、元のままでは決していられないのです。これをフロイトがドラとのあいだで経験しなければならなかった事態の推移として見ることもできるかもしれません。つまり、境界ではっきり区切られた正反対の者どうしであるような相補性から、「相手を理解するには、その相手と同じような部分を持っている必要がある」[訳注20]的なリバーシブルな相補性、患者とベッドに入らせるような相補性への推移です。

若い女性であるドラは、対象としての地位におとしめられることに抵抗していましたが、フロイトはそうした受動的で無力な立場との同一化を受け入れることが困難でした。その困難がフロイトを、パワー・ゲームのリバーシブルな相補性へと導きました。[160]（もっと深いところに触れておくと、フロイトはドラがK夫人の美しい白い身体の方を好ましく思い自分を拒絶したことに気づいて、セクシュアリティと女性性についての自説を揺るがされたと感じたのではないかとローズは論じています。すなわちそのことによって、ドラであれ誰であれ、同じ対象に愛と同一化の両方を向けることができるという、もっと複雑な布置があるらしいことが見えてきたのです。これは異性愛的なジェンダー相補性[訳注21]の枠組みそのものを攪乱しかねないことであり、実際フロイトが抗っていた女性同一化へと彼を引きずって（*drag*）いく可能性があることがらでした。）彼はドラの抵抗に対して、K氏と同一化することによってのみでなく、本当は何が起こっているのか自分は知っていると権威を笠に着て立証しようとしたことによって、相補的な他者となりました。彼の語りでもっとも衝撃的な点の一つは、彼自身が本文の中で述べている見解――人はいつも自分自身がしていることについて他人を責めるものだという見解――が、まさに彼自身の顚末にそのまま当てはまっていることです。つまり、フロイトは復讐することとしか考えていないと言ってドラを責めますが、まさにそうして責める中でドラを躊躇なく、同じくらい復讐的に扱っていることは明らかです。科学は無力な対象（ちょうどフロイトが事例発表した無名の「女性同性愛者」のように[106]）を前にして権威的立場から言葉を発するけれども、そうしたレトリカルな立場を模倣してなされたフロイトの完璧な解釈を、ドラは冷たく拒絶して抵抗しました。こうした彼女の抵抗に挑発されて、フロイトは彼がまとっていた中立性の衣《ころも》をかなぐり捨て、自分の権威を誇示してしまったのです。

考えたり語ったりするよりも行動に走る患者は、分析家を相補的な同一化へと引きずり込み、表象す

訳注20　原文は 'It takes one to know one'。一般には「自分がそうだから人のこともそう思うんだ」「あなたに言われたくない」「お互い様でしょう」といった意味の言い回し。

訳注21　原著では complentarity とあるがおそらく complementarity の誤り。

ることからも共感からも引き離してしまいます。患者の立場への同一化に抗う分析家は、相補的な関係のあり方に荷担してしまい、知らず知らず行動を促してしまいます。すると患者の行動は痛々しいまでに、知ることや助けることによって相手をコントロールし安心を得ようとする分析家の行動の反転鏡像のようになってしまいます。ラッカーが明らかにしたように、逆転移での相補的あり方は、同一化的なあり方によって抑えることが可能です。[156][訳注22] 分断された両方の側に身を置ける分析家の能力によって抑えることができるのです。患者の立場に融和的に同一化したポジションをとることによって、分析家は患者のことを考えるすべを得るのです。もし分析家が自分自身の自我の中で患者に同一化しないと、つまり「他者に属するものを自分自身のものとして認識」(p.134) しないと、分析家は患者のわるい対象かよい対象と同一化してしまい、分裂した相補的関係(する人とされる人、復讐に燃える者と犠牲にされる者など)を招いてしまいます。

自分自身の自我の中で同一化する、とはどういう意味なのでしょう? それはある意味でヒステリー的同一化の反対を意味します。ヒステリー的同一化とはつまり、自己を他者の上に「マッピング」[142]することを含む、フロイトが『夢解釈』で書き、のちに集団感染[86]の現象として分類した、他者と自己の媒介なしの同化です。このようなヒステリー的同一化は——それはある種の患者たちとの関係で喚起される不可避な感情の一部かもしれず、私たちは自分自身を役割で覆い隠すことによってしか、それを免れられないこともありますが——、表象することによって媒介されそのため最終的にはわれわれと患者双方にとって知の有用な源泉となる、そうした同一化とは区別できるものです。厳密な言葉で言い換えるなら、不可避的に生じ思考を欠いた同一化の行為 (act of identification) ではなく、同一化を表象する行為

(act of representing identification) こそが、自由の瞬間を創りだすのです。[原注3]

実際の臨床ではわれわれは、次のような二種類の同一化も区別します。すなわち、患者の抱えている多種多様で互いに葛藤関係にある複数の立場とちゃんと接触を保てている同一化と、分裂した相補的関係という形で現れてきて、そういう葛藤の片方をわれわれも担わされるような同一化です。ドラの事例にみるように「敵どうしは互いに似るものだ」という言い回しが妥当するのはおそらく、患者が自分自身の中の悪い対象とも同一化しているからでしょう。「私があなたにもなりうるし、あなたが私にもなりうる」という無意識のロジックにしたがって、相補的関係においては売り言葉に買い言葉、「俺はゴムでおまえは糊だ」[訳注23]的な、対称的なレスポンスが生じることがあります。こうして相補的な逆転移はち

訳注22　アルゼンチンの精神分析家ハインリッヒ・ラッカーは、同一化（あるいは逆転移）を補足的（complementary．本書では訳語を統一するため「相補的」と訳してある）なものと融和的（concordant）なものに分類した。ごく簡単に言うと、転移－逆転移関係における過去の人間関係の再演が起こる際、後者では治療者が患者側に同一化する形をとり、前者では治療者が患者の相手側に同一化する形をとる。

原注3　この違いは、無意識的表象と外傷（特に、実際に起きた出来事についての外傷）との関係についての重要な問題とも関わってくる。外傷的出来事は解離される、つまり分裂排除されカプセル化されるため、具象的で象徴化されない状態、比喩的にとらえられない状態に留まっている。そのためそのような経験をもとにした同一化は象徴性を欠き直接的で、「私がこれなら、あなたはこれ。あなたがあれなら、私はあれ」という具合の、原始的な逆転原理に従うところがある。この原理はケースメント[47]がマテ－ブランコの考え、つまり無意識界のロジックには対称性がふくまれるとする考えに触れつつ論じたものだが、実際にも無意識はしばしばこの原理にそった単純化をするものである。けれどもこの原理はすべての無意識的思考に当てはまると言うより、いまだ象徴化されていなかったり外傷的であったりする経験にまつわる思考に当てはまると考えた方がよいかもしれない。

ようどカフカの夢物語のように、どちらの側も含むような、内的な対話を再創造します。患者が分析家を「理解される側でなく理解する側、求める側でなく求められる側の人」[108]として、あるいは主人として、ラカンの「当然ものごとに精通しているはずの主体 subject supposed to know」として体験するかぎり、分析家はパワー・ゲームにどんどん引きずり込まれていくでしょう。そのような場合、分析家は全知であるかのように装わされていますが、そこには分析家を自分の自我理想に仕立ててしまおうとする患者の発想の中にある基底欠損《ベーシック・フォールト》が露呈しているのです。

というのも、この自我理想という分析的理解の仕方自体がすでに、多かれ少なかれ一方を発話しない受動的な者、知らない者、貧しく哀れむべき者などとしておとしめる、分裂した相補的構造からきたものだからです。ある特殊な方法に身を浸すことによって、つまり逆転移の中で溺れてしまうのでなくむしろその中で泳ぐ仕方を身につけることによって、この相補的なパワー・ゲームから抜けだすことの意味、それが今世紀ここ数十年間で取り組まれてきた精神分析の課題であったと言ってよいでしょう。患者は分析的権威者の理想的側面と同一化できるとフロイトは考えていましたが、そこには「拒絶する権威者」の反応も同じくらいありうることを、彼は片時であれ忘れていません。つまり患者は、分析家のとる癒やし手《ヒーラー》という役割（これに対してもフロイトは警告を発していました）によって知に備わる権力という隠された次元が呼び覚まされるがゆえに、分析家を攻撃することもあるわけです。知に備わる権力は必ず、二項対立の関係にある相手を支配してしまうというお定まりの筋書きで、非理性を打ち負かしてしまうのですから。

催眠や暗示と、患者の主体性を解放することを目的とする分析とのあいだに線引きすることによって、フロイトは二項対立を扱うための決定的なパラダイムを確立しました。分析家を自我理想とするような考え方についてこれから見てゆく中でわかるように、そのような単純な対比は、われわれの臨床の中で避けがたく起こってくる矛盾を覆い隠したり曖昧にしてしまいがちです。分析家のとる距離や客観性イコール患者の自由だとする考え方をフロイトは導入しましたが、それは精神分析に正統性を与える役には立ったものの、患者との作業においてはあまり役に立ちませんでした。そのよい例がリビエールで、彼女が陰性治療反応について省察したことは、ジョーンズやフロイトとの実体験によるものでした[訳注24]。それがフロイトにインスピレーションを与え、この現象についての彼独自の主張のもととなったようです[121]。注目すべき小論でA・クリス[121]は、フロイト[87]がこれに取り組もうとするにあたって生じてきたジレンマを指摘していますが、それは『自我とエス』で、陰性治療反応について触れた脚注に見られるものです。フロイトは、無意識的罪悪感から自己愛的な防衛に至った患者との仕事が成功に終わるかどうかは「患

訳注23　I'm rubber you're glue. 悪口を言われたときなどに言い返す際の言い回し。「おまえの発した言葉は俺（ゴム）で跳ね返って、おまえ（糊）にくっつく」、つまり「その言葉、そっくり返してやる」「それはおまえのことだろ」という意味。

訳注24　ジョアン・リビエール（Joan Riviere, 一八八三—一九六二）。英国の精神分析家。アーネスト・ジョーンズやフロイトの精神分析を受けた。治療の行き詰まり現象である陰性治療反応についての研究で有名。

者が分析家を自我理想の位置に据えるのを、分析家のパーソナリティが許容できるかどうかにかかっているが、それはまた患者に対して予言者、救い主、そして救済者の役割を演じたくさせる誘惑をも含んでいる」と述べています[87] (p.50)。

この発言は、無意識的罪悪感に対応した患者の批判的態度の表面下に深く侵入するために、もっと支持的になろうとするフロイトの決断について伝えているものとクリスは考えています（リビエール自身はこの罪悪感を、喪失した批判的な対象に対する抑うつ的な愛と結びついたものと見ていました）。言い換えれば支持的なスタンスは、攻撃的な対象がスクリーン上に現れて患者か分析家がその対象の役を演じるよう駆り立てられるときに、不可避的に生じる相補的関係を避けることを目的としたものということです。この目的のためには、治療的な動きは融和や同一化的あり方を達成すること、つまり通常共感と呼ばれているものを達成することであり、また攻撃する側になることも、攻撃される側になることも避けるということになるでしょう。しかし、フロイトはこう反論します。そうした動きによって患者は、分析家は今や批判的対象から守ってくれる救い主となったと感じるようになり、今度はそれを愛するようになってしまうだろうと。いったいどうすべきなのでしょうか？　そのすぐ後の文でフロイトは、分析家のパーソナリティは陰性治療反応に対抗するために役割を果たせるだろうという自分自身の主張に反して、こう述べています。「精神分析のルールは、どうであれそれに類したような仕方で自分のパーソナリティを用いる医者の対極にある」。いかにも彼らしいことに、彼は「患者の自我に選択する自由を」与えるという目的に再びわれわれの注意を向けさせ、「病的な反応ができないようにすることでなく、これこそが分析の目的《ゴール》なのである」と述べるのです（フロイト[87], p.50, 傍点原著者）。

特筆すべきことに、フロイトは現在われわれが古典的ルールと考えているものに言及する中で、分析家の逆転移的な救済者空想と、分析家を救い主とする患者の転移的な空想を区別していません。そうした逆転移は、分析家自身の救われたい欲望が否認され、かよわく無力な患者に投影されたものを反映しています。理想化を刺激するのは、救われたい願望とのこの無意識の同一化であり、それは時に、まさにブロイアーとアンナのあいだで生じた力動のような、恋愛性転移のエナクトメントをも刺激します。しかしこの欲望に抗う反応、すなわち超自我からの禁欲の要求もまた別の困難へとつながります。というのも禁欲している分析家、パーソナリティの内に生じてくる誇大性と救済《リデンプション》〔願望〕に抗っている分析家に注がれる理想化もまた、べらぼうな自我理想をつくりだすからです[訳注25]——それに、患者はその理想と同一化することになるのだから、分析家がまた違った形の「救済者」にうつるというようなことはありえないと、本当にそう考えていいのでしょうか？　キリスト教における聖人の歴史を見れば、そういう考えは相当あやしく思えてきます。こうした筋書きからは、反《アンチ》-性愛的《エロティック》なエナクトメントが生じてくるのです。つまり患者は、分析家の個人的感情を交えない権威的態度に困難を覚え、そのようなルールへのこだわりを、もったいぶっていて彼女のニードに対し批判的であると経験し、そうして分析家のことを罪悪感をあおる対象ととらえるようになるでしょう。個人的な応答を差し控えることが本当に分析家を、特に彼自身に対してより高ぶらず、[137]神のようでなくするものか、われわれは問わねばならないでしょう——患者にとっては、もちろん彼は神であると映るに違いありません。ほかでもないこの罪人〔つ

訳注25　原文の with inpersonality は、within personality の誤りとみられる。

まり患者である彼女〕に対してだけ、彼女の求める救済を拒む神に。

フロイトは、決して交わることのない二つの対照的な条件を提示しました。客観性を保ち禁欲的であること 対 みずからの主観を用いること、救済者や癒やし手になる誘惑に負けてしまうこと 対 患者に自由を与えることとです。けれどもこうしたコントラストは、分析家の患者との同一化という決定的なポイントを外していたせいで、フロイトを行き詰まらせてしまいました——懲罰的なシナリオを避けるために自分のパーソナリティを用いたくても、そうすると救済者を演じたい願望から身を守る防衛を失ってしまうのです——結局、彼はこれを分析によってでなく、ルールに訴えることによって解決しました。この客観性というパラダイムは、主観性や理想化とないまぜになって、分析家の無意識的願望を分析しそこねました。分析のルールについてのこうした見解は、相補的な転移に陥った人たちへのガイドとして何十年も権勢をふるいながら、それが解決を与えると主張する問題を、むしろ作りだしつづけてきたのです。

V

客観的な知の所有者という立場を主張しながら、客観主義的な認識論に対するポストモダンからの異議申し立ての影響も受けていることは、臨床上実際的ではありません。まさにそのために現代の精神分析的思想には根本的な修正がほどこされることになったのであり、それが時に間主観性理論と呼ばれているものです。[原注4] 分析の中立性という考え方はだんだん異議を申し立てられるようになったり[157]、再定義にさらされるようになっています。[96] 間主観的な精神分析家が考える自由とは——それは分析家の自由ですが——、分析家自身の情緒的な反応や主観性を、自覚した上で用いることです。もちろん、こうした立場を取っている現代の分析家でも、患者に対して支持的態度をとる程度、自身のプロセスを自己開示する程度、理想化転移を展開するに任せる程度はまちまちです。分析家は逆転移の中で、患者の抱える問題と分析家の気質との巡り合わせから生じうるあらゆるポジションを経験しますが、それだけでなくこうした逆転移のいくらかを避けがたく露呈してしまうものだという主張が、多くの学派の分析家からなされるようになりました。[7] その場合問題になってくるのは、そうした露呈が意図的に、分析家のコントロール下で行われるものなのか、それとも分析家が避けようとしても「無意識に」生じるものなのかということでしょう。

主観性《サブジェクティビティ》と客観性《オブジェクティビティ》という対極性《ポラリティ》を是認するのではなくむしろみずからの主観性を用いるとはどういうことか、それを再び考え直すことが現代の分析の大切な目標です。[98・143] われわれは暗示と客観的距離をとることのあいだにある空間を定式化しようとしていますが、それは分析家の患者に対する情緒的応答《レスポンス》ということも含めての定式化であり、また相補的転移に巻き込まれての行為のみならず、そこから脱出する手段についても考慮に入れた定式化です。その過程で、あらゆる発話は行為としてのインパクトをもち、あらゆる行為は見方によれば「情報」を伝えていると気づくなら、発話と行為の区別は必然的に崩

原注4　ここではそのような修正について要約することはしないが、そこには関係精神分析、社会構築主義、パースペクティヴィズムといった広い分野からの、さまざまな精神分析家たちによる議論が含まれている。良質な総説を求めるならアーロン[6]を参照のこと。

れ去ることになります。[6・102] 言い換えれば、分析家のものの見方を客観的に導かれた知識として特権化するのをやめると、分析家は二つの主観《サブジェクト》のあいだの相互交流に参加しているのだと認めることになるのです。間主観的な二重行為性——それは他者の主観性と自分自身の主観性を認めることですが——が意味すること、それは患者が客体化されることが減り、分析家はより「従《サブジェクティブ》う」主体《サブジェクト》になるということです。

そのように認めると、精神構造すなわち象徴について、また分析状況における間主観性について、いずれも違った理解をする必要が生じます——それぞれの理解がもう一方の理解を促進するのです。その両者の原則を特徴づけるのは、相補的関係を危険な選択に走らせる対立関係へと変形するかわりに、弁証法的な緊張関係へと、耐えうるパラドックスへと変容させるという考え方です。心には生来分裂《スプリット》する性質があるので、対関係というものはある程度避けられません。なぜなら実際、それが考えるはたらきを可能にしてもいるのですから。それを緊張関係に保っておき、分裂を乗り越える力量こそが重要なのです。対関係をとおして必ず生じてくるこの動きこそ、理論においても臨床においても、われわれが心に留めておかねばならないものでありましょう。

同様にわれわれは、分裂した相補的関係は転移の中で不可避的に何度も繰り返し現れるということを受け入れ、それをわれわれの心の中でどう解決し直していけばよいのか考え、それぞれに分離して存在する主体という感覚を回復することによってそれを修正《モディファイ》するべきでしょう。上記のようなことは距離を取ることによってや、従来型の客観的態度によってはほとんど達成されません。むしろ、同一化が妄想的態勢《パラノイド・ポジション》への取り込まれを打破するための目に見える努力となるように、一方の人が他方の気持ちを知ろうとすることによって達成されるものです。この場合同一化は、感情の流れやその処理を可能にするチャネルとして（自己心理学の用語で言うなら、共感的自己省察を通じて）[188]機能しています。こういう流れが生じるようなコンディションをつくるには、またこうしたチャネルを確立するには、分析家は目下生じている相補的状況（その中で自分がなしている行為も含めて）の性質について考え表象すると同時に、みずからの反応を通じて表象化されてくる患者からの無意識的コミュニケーションに同一化することができなくてはなりません。[178]

もし相補的あり方が、表象された同一化によって補われなければ、面倒で扱いづらい状況になってゆきます。また分析家は、考えることができないと感じるでしょう。象徴化する力は、分析家が避けがたく相補的状況に巻き込まれながらも、それを迂回したり解消したりする同一化的な反応を用いることによって、その中で生き残る能力から生じます。分析家はいつも、第三のポジションという対話的空間を創りだすために、患者のあり方と自分自身のあり方の両方を表象化しようと奮闘しています。たとえこの表象がよくて他者の意味するところの近似値であったり、悪くすると誤りであったとしても、第三の地平をもたらすために必要な二つの地平を創りだし、二面からの観点を創りだす助けにはなるでしょう。それは自他のあいだに、緊張関係あるいは空間《スペース》を確保します。そしてそれは、協働的な思考への誘いとして、患者へと拡張されうるのです。この意図は患者に感じ取られうるのであり、すると内容は正され得ます。もし私が、誤った認識の方がまだましな危険だと言い切ったとしても、それは客観性という理想を棄てて分析家の主観性を認める方を取ったことからくる論理的帰結でしょう。ひとたび主観性ということを受け入れたとすると、われわれは同一化を基盤とする知、すなわち心の中でフィルターに掛ける知り方の領域に足を踏み入れたことになります。端的に言えば、われわれは認識しようとする際にどうしてもついてくる避けがたい誤認識を許容しなければならないのです。この避けがたさに対して、知ろうとする努力や認識しようとする努力を放棄する反応をしてしまうのは、客観的な知という原則をまたもや唯一価値あるものとして据え直すことにしかならないでしょう。

VI

客観的に知っていると主張する主体の優位を脱構築して、個人の主観性の方を支持しようとする精神分析の努力は、従来的な対関係を攪乱し、またそれがジェンダー・ヒエラルキーの中に記号化されているありようを攪乱しようとする近年のフェミニストの努力に通じるものがあります。いつまでも繰り返される相補性、特に二元的ヒエラルキーに内在的にそなわっている理想化を解消するための展望をどう描けばよいかという問いは、双方に共通するものです。意義深い重なりが見られるのは、母性のはたらきや母親転移についての再評価においてで、精神分析もフェミニズムもこの点に、ここ数十年取り組んできました。母性の能動性の名誉回復をはかる中で、どちらの運動でも母親を理想化する傾向が若干みられましたが、これは私も指摘したように、パッペンハイムのフェミニズム中にもみられるものです。そのような理想化は単に二項対立のロジックを再生産し、かつて価値下げされていたものを持ち上げただけにすぎないかもしれませんが、その一方でこれらの運動により母性のメタファーはより深く掘り下げて探索されるようになりました。これから見てゆくように、このことによって能動性と受動性、身体と発話といった問題に、これまでとは違った仕方でアプローチすることが可能になったのです。

たとえば、象徴機能について精神分析がどのように関心の焦点を移していったかを考える際、（私はそれを端的に「身体から発話へ」と表現しましたが）その道筋を逆にたどってみることも可能になりました。早期の母子相互作用について近年数多くなされている研究はある意味で、発話から身体へ、知覚やエネルギーや情動発生のより原初的な次元へと、さかのぼることと見なせます。[35] 身体を容器《コンテイナー》としてとらえなおす研究には、フロイトが身体をエネルギー・システムとして、緊張と発散の場として、症状という象徴を通じて情動を解放するものとしてとらえた理解を、違った形で反復している面があります。ここで私が言っているのは最近の研究のこと、つまりわれわれがいかに分析空間を母親の身体的容器《ボディ・コンテイナー》の延長として用いているかについての研究のことです。母親の身体的容器は自己を抱えたり自己にまとまりを与えて、象徴的な思考を初めて可能にするのです。あまり広くは論じられていませんが重要な、呼吸というメタファーもそこには含まれます。これは東洋思想に影響を受けた分析家たちによって論じられてきた[67・171]もので、精神が緊張に圧倒されてしまわないように、身体が緊張を抱えてくれる様子が論じられています。

精神分析過程の持つこうした側面が詳しく論じられるようになったのは、多くの人が行為することを通じてしか情動を表せないことが観察されたためでした。つまり彼らは分析家を「使用する」ことができなかった[194・訳注26]、すなわち関係の持つ間主観的特質を利用することができなかったのです。フロイトは無意

訳注26　赤ん坊は、最初万能的に心に抱いている母親像を攻撃するが、実際の母親が赤ん坊を拒絶したり罰で報復することをせず「ほどよい」応答を続けることによって「生き残る」と、赤ん坊は自分の万能的な空想には影響されない母親という外的存在に気づくことができるようになる。これをウィニコットは、「対象と関係すること」から「対象の使用」への移行と表現した。「解説」および第3章参照。

識的象徴を解釈する方法について詳しく論じましたが、今や象徴的能力がはぐくまれる条件を理論化することが必要となってきています。もはや夢見ることや一次過程は当然のものというより、達成されるべきものとしてとらえるべきなのでしょう。この点に関してフロイトを超える決定的な一歩を踏み出したビオン[28]は、考えること（thinking）に焦点を当てています。それは象徴的現実をさまざまな形に練り上げる能力ですが、ビオンはそれを達成であるとし、感情に耐えうる思考と、他者の中に不快な感情をただ排出してしまうこととを区別しました。[訳注27]ビオンが、コンテイナーとして考えることを支える母性のはたらきを定式化した一方、ウィニコット[194]はそれを、あいだの空間や象徴的遊びを可能にする条件といった文脈で定式化しました。運動による放出や身体症状を通じてしか身体の緊張を処理することができない人は、発話や象徴能力を欠いているというより、そうしたものの条件であるはずの関係性を欠いている人として説明しうるのです。

主体をはぐくむこうした関係性は、他者によるある種の活動にかかっています。精神分析の発達理論は、さまざまなメタファーを探究してきました——コンテインメント、[訳注28]ホールディング、[訳注29]承認、情動調律など[訳注30]です——これらは、身体的自己感を形成するためであったり、自己と非自己的環境を認識したりそれについて考えたりするために、言葉をかえて言えば情動に圧倒されるのでなくそれを自分のものとして持っておける自分自身のコンテイナーになるために必要な、母性の活動を表したものでした。母親は、緊張した内的状況を主体が消化し、それに耐えられるよう助ける外界の他者としてはたらきます。彼女がとる最初の形は具体的な身体的他者ですが、それは抱擁《ホールディング》や呼吸によって子どもをコンテインしたり、お乳を与えることで刺激を与えたりなだめたりする存在です。しかしながらこうした具体的体験には、のちに発話に取り入れられる形態的要素[11]——つまりタイミング、動力学《キネティックス》、遠さや近さといったもの——があり、したがってそれはすでに、引き続き生じてくる隠喩的《メタファー》表象のもとになっています。具象的な体験が隠喩的な体験に発展できるかどうかは、身体的制御の達成や、主体間で交わされる承認の性質といった条件で決まり、それを通じて身体は、隠喩的水準で精神的なもののコンテイナーとなるのです。したがって、母親の身体が文化的、理論的ひな形となっているこのコンテイナー身体は——ラカン理論でのように——表象不能の前象徴だと片づけられてはならないのであり、実際は隠喩的次元に達してい

訳注27　英国の精神分析家ウィルフレッド・R・ビオン（Wilfred Ruprecht Bion, 一八九七—一九七九）によれば、赤ん坊は、いまだ消化されず自分ではその意味もわからないため考えられないでいるナマの感覚データ（ベータ要素）を精神から排泄するが、母親はそれを受け入れ（つまりコンテインし）消化し考えられるもの（アルファ要素）にして赤ん坊に返してやる。すると赤ん坊はそれを自分の中に抱えられ、その感情に耐えうるようになり、それがさらに赤ん坊の思考の材料になって、抽象思考の機能が発達していくという。

訳注28　containment. ビオン由来の概念。母子関係において赤ん坊が空想の中で、欲求不満に満ちて攻撃的な自分の部分を分裂排除し母親の中に投げ入れると、母親はこれを受け入れ（つまりコンテインし）その意味をもの想い（reverie）によって理解して、赤ん坊が理解できるものに消化して返す。すると赤ん坊はこれを意味のある体験として取り入れ、自分の心に保持しておけるようになり、やがてそれが赤ん坊の記憶や思考の材料として活用されていくという。受け入れる側をコンテイナー、受け入れられるものをコンテインドという。これは分析家の行っている心の仕事のモデルでもある。

訳注29　holding.「抱っこ」や「抱えること」とも訳される、精神分析家ウィニコットの概念。母親が依存する赤ん坊を抱きかかえ一貫して支えること。またこの母子関係をモデルとして、分析家が患者を治療環境や支持的対応で支えること。

訳注30　affect attunement. 乳幼児精神医学者ダニエル・スターンの用語で、母親が子どもの情動状態を共有するやり方の一つ。たとえば生後九カ月の子があるおもちゃにとても興奮して「アー！」と喜びの声を上げつつ母親を見ると、母親も喜びを体で表すように上半身でダンスのような動きをしてみせるなど。

るもので、情緒生活における化学反応のもととしてある程度意識の中ではたらきつづけるものと見なされねばならないのです。[原注5]

要約すると、早期の二身体間体験は、表象が間主観的に現れてくるために必須のものと見なければならないということです。特に、表象は移行空間が発展してくることを通じてもたらされるのですが、それには「誰か他の人がいるところで一人でいる alone-with-other」[訳注31]という空想《ファンタジー》上の体験だけでなく、対話による交流も含まれます。移行空間あるいは可能性空間[訳注32]は、分析家と患者のあいだで重要なものとしばしば言われてきました。しかしこれも、もの想いにおいてだけでなく、もの想いと二者間対話との行き来の中で観察されるべきものです。言語は移行空間[101]の後継者です。というのもわれわれは言語というものを、ラカン派の言うように個人を象徴的構造に屈服させるものというより、主体が世界に働きかけたり世界と相互交流するための媒体として、より関係的な意味で見ているからです。ですからそれは、内と外とのあいだで繰り返される、収斂と拡散の空間をなしているわけです。言語を主体間で交わされる発話と考えるとき、身体から発話への移行という理解の仕方は修正されねばなりません。発話はもはや、話すようエンパワーされた主体の活動を表すのではなく、承認してくれる他者との関係によって与えられた可能性を表します。あるいはまた、発話はその主体の所有物であるというより、二つの主体間での承認によって条件づけられているものだと言ってもよいでしょう。コミュニケーションとしての発話は、その場に参画している者たちの精神的制御が潜在的には及ばない対話の空間を生じさせるのですから、それは媒介の場であり「第三項」(the "third term")なのです。[原注6] とりわけ重要なのは、間主観性についてのこうした理解が、分析における二者関係や母子二者関係《マターナル・ダイアド》への注目から生まれてきたことです。

対話の構造の中では、同一化が発展してくることができます。象徴的表現の仲立ちによって、同一化は分化の失敗でなく、他者の立場を理解するための基盤になることができます。こうした象徴的発達を生む余地のある分離は、単に外側にいる他者（万能な自己に限界を与える存在を表す抽象概念）によって設定された境界によって可能となるのではなく、むしろ情動を思い浮かべることができ、そうすることで母子分離の痛みを消化してやれる母性の主体性によって可能になるのです。ファーストが示している[70]ように、対話を通じて喪失、分離、攻撃性といった否定的なもの全般を消化していくことによって、こうした母性の主体性は子どものクロス・アイデンティフィケーションの対象となってゆきます。

原注5　ここで、この問題に関して精神分析的フェミニストのあいだで論争になっていることについて手短に言及しておきたい。ヒステリーは母親とのプレエディパルな関係性への回帰を表しているのだから女性は特権的に母親的身体にアクセス可能なのだという考え方があるが、これは「女性的なるものは外、という発想にもとづいた言説」であり、言語をはなれた身体との直接的関係という発想であって、ローズ[160]により批判されている。けれどもこの論争で使われている表現は、私には少し不適切に感じられる。私が言いたいのは、発話の前駆体、メタファー的・象徴的思考の基盤、表象化やコミュニケーションのための発話能力の基盤へと順に進んでゆくような身体的統合がおこる際の、関係的な条件が欠けていたことの症候として、われわれはヒステリーを見ているということである。この考え方によれば、ヒステリーは母性的なるものへの「回帰」ではないことになる。というのもわれわれは母性的なるものが表象の外に存在するとも、エディパルなものからさかのぼることによってしか接近できないものだとも考えていないからだ。

訳注31　精神分析家ウィニコットの重要概念。彼は、一人でいられる能力が育つことは一つの達成であるが、それはもっとも幼い赤ん坊の時代に誰か重要な他者がいるところで一人でいた経験に基づいているという。

訳注32　potential space. ウィニコットの重要概念。正確な定義づけは難しいが、乳児と母親のあいだ、個人の内界と外界のあいだ、空想と現実のあいだに広がる仮説的な体験領域とされる。

表象したり考えたりといった母親の心の仕事（仕事というのはエネルギーの変換をさす一九世紀の比喩表現ですが、ちょうどラディック[164]の「母性的思考 *maternal thinking*」という語が適切に思われるように、まさに適切な用語に思われます）について熟考することによって、世界を能動的に表象する者としての主体、というアルキメデス的な主体概念の転換がもたらされます。われわれは、フロイトがそもそも主体性獲得の条件としていたことを考え直し、精神分析理論の中で非常に大きな役割を演じてきたあの能動と受動との分裂というものをワークスルーするとはどういうことなのかを、より綿密に考えていくことができるのです。表象し、そうすることによって身体的、情緒的刺激それに緊張を制御し消化する——それは実際こころにとって、もっとも重要な仕事であり能動性ですが——能力は、それでもまだ受動的服従とはまったく正反対のものに思われるかもしれません。けれどもこの能力は、母性的思考から派生するものとした方が、うまく理解されるでしょう。母親がなす心の仕事には、ふつう受動と理解されるであろう要素——取り入れること——と、能動と理解されるであろう要素——返すことや排出すること——を兼ね備えた応答が含まれています。他者の心的素材を消化しそれを主体間の表現において統合してゆくこと——承認——は、母性的主体がその作業の中で、能動と受動を融和させることなのです。

概念的には、承認を能動性とみるこの考え方は、分裂した相補性を超越する基盤になる可能性を持っています。そうした相補性においては、（伝統的には女性という）他者が、主体の権力になすすべなく服従しているとまではいかなくても、それでも男性の能動的活動を照らし返し《ミラー》てあげたり男性のやり場のない緊張をコンテインしてあげたりするために、いまだ受動的な立ち位置に追いやられていたのでした。照らし返し《ミラーリング》やコンテインメントを提供することは、実際上女性の主体性に妥協を強い、彼女の考える能力を阻害してしまうかもしれません。[35] それに対して間主観的な概念である承認においては、二つの能動的な主体は入れ替わりつつ代わるがわる表現したりまたそれを受け取ったりしながら、分離を許容する相互性、また分離を前提としてなりたつ相互性を、ともに創りだすかもしれません。こうした投げかけや受け止めがなされる場があいだの空間であり対話であって、それが「第三項」となるのです。

歴史的に、同一化の経路《チャネル》がジェンダーの水準で閉ざされていたために、また母子二者関係の持つ間主観的な可能性が不十分にしか理論化されなかったために、精神分析理論は相補性についてのこうした批判を、象徴の水準にまで本当に高めることができずにいました。この不十分さは本質的に、主体としての母親との同一化を思い浮かべられないこと——理論上も、実生活でも——と関係しています。主体としての母親とは、つまり自身が性的欲望の主体であり、自身が一人の人間として認識されるべき存在としての母親ということです。それに加えて、ここには女性という主体の内で生じている分裂も関係しています。それによって彼女は二つに分割されて、女性のセクシュアリティという対象のポジションをと

原注6　他所で論じたことだが、[24] ラカンの言う二者関係に割って入る第三項、象徴的な父親あるいはファルスといったものの代わりに、母子二者間の対話を据えることが可能である。これは大変意義深いことである、というのも〔ジュリエット・〕ミッチェルのようなラカン派のフェミニストはこの点を、家父長制の形をとる以外に「二者関係の罠」[139] から逃れるすべはないととらえているからだ。すでにより広範に論じたことではあるが、[19] 間主観的な空間というものは、第三のもの（a third）を創りだす対話という文脈で理解できるはずである。ちょうどダンスというものが、踊っている人そのものから成るのでは決してなく、踊る人たちによって協働して創りだされるものであるように。分析の第三主体《アナリティック・サード》というオグデン[150]〔原著では Ogden（1995）となっているが 1994 の誤り〕の発想は、共同で創りだされるが独立してもいる二つの主体のあいだの関係性というこの考え方を、もっともはっきりした形で表している。

るか、産みだすという母親的能動性のポジションをとるかするのです。母親の心の仕事も主体性の一つであるということを精神分析が理論化できないかぎり、単に子どもの能動性にとっての鏡である以上の母親、子どもの経験をオーガナイズするだけの人ではない能動的な母親というものを、きちんと記述することはできないでしょう。つまり能動的な女性性という発想を、持つことができないのです。こうした区別が主体と対象というパラダイムを基盤として反映しているかぎり、精神分析は分析関係において能動－受動の二項関係《バイナリー》にとらえられたままとなってしまうでしょう。

二つの主体による平等な共同参画をフェミニストが求めた時代に、精神分析の世界で間主観的なものの見方が生じてきたことは、はたして偶然でしょうか？　母子二者関係の中にはすでに相互承認への可能性が存在していますが、それをジェンダー・ヒエラルキーがいかに見えにくくし、表象することから遠ざけていたかを、フェミニスト理論はさまざまな仕方で論じてきました。分裂した相補性は、行為や情動を間主観的に表象することを通じて変えられるのに、このようにしてその手段は見えにくくされていたのです。

VII

この話のむすびとして、母親同一化を思い浮かべることが禁じられてしまうと、いかに能動－受動の相補性が精神分析に永続的悪影響を与えてしまうかを、手短に説明したいと思います。子どもが母親との相補的な関係を――母親をコントロール下のコンテイナーにしてその中に能動的に排出したり、母親をコントロールしたりすることによって――逆転しようとするのは、精神生活の重要な（そしてまたおそらく避けがたい）ひとコマと言えるでしょう。けれどもここで実に問題なのは、この逆転がまさしく代表的な、男らしい能動性《マスキュリン・アクティビティ》であるとして制度化されてしまうことです。私は他のフェミニスト思想家たち（チョドロウ[50・51・訳注33]を参照）と歩調を合わせる形で、この逆転はエディプス期に固定化されるという理論を立てましたが、このとき男児は母親との同一化を拒絶してしまうがゆえに、母親と関係を保っていく手段を失ってしまうのです[19・24]。それが今度は逆に状況を性愛化して、より危険なものにしてしまいます。というのも、少なくとも彼の心の中では、その欲望が自分自身のものでなく彼女から発されているかのように感じられるからです――彼が自分の感情のコンテイナーである彼女と同一化できないせいで、こうした傾向はすますますひどくなります。男児は母親がコンテインするほどにはコンテインしようとせず、むしろ刺激される受動側になる経験を投影し、分裂排除します――この無力さを女性の側に置き、それを女性的なあり方《フェミニン・ポジション》と定義づけるのです。同時に男児は、ねたましく感じていた母親の能動性を父親の方へと置き換え、その父親と同一化します。母親の能動性を直接的に、一種の力《パワー》として、適切にとらえることは生じません。

ですからエディプス期の変化の中で、元来無力な赤ん坊である体験や過度な刺激を受けたエディパルな子どもの体験を反映したものであったはずの受動性という性質は、フェミニン・ポジションへと移されます。こうしてそれは、「女性的受動性」ということにされるのです。このあり方《ポジション》が、娘という人物像の構造的基盤になります。女児のセクシュアリティが父親に対して受動的な位置におかれている、フ

訳注33　原著では Chodorow, 1979 とあるが、おそらく 1989 の誤りであろう。

ロイトのエディプス理論にも反映されているように。この「女らしさ《フェミニン》」という表象、これは実は依存し無力な男児自身のあり方の変形なのですが、こうした表象が創りだされたことはまさに、エディプス期の娘はもともと能動的な母親に同一化しているが父親の受け身的な対象へと移行する、という彼の発想に表れています[24]（ホーナイ[111]が主張したように、女性のエディプス・コンプレックスについて唱えられた説は全体として、エディプス期の男児の発想をそのままなぞったものと見なせましょう）。

『ヒステリー研究』は娘ポジション、つまり能動性をあきらめて受動性の中に埋没した状態がどのようにしてヒステリーの無発話状態、すなわち *Unmündigkeit*[訳注34] につながってゆくかを伝える寓話と言ってよいでしょう。女性のアグレッションに課された文化的な禁止——防衛のために能動性を発揮することは、受動性をくつがえすよく知られた手段ですが、こうした手段をどんな形であれ取らせないようにすること——とあいまって、このポジションはヒステリーを娘特有の病気にしました[172]。娘の受動的なポジション——母親から父親への向き直り——の中の何が、彼女の病気の形を決定づけてしまうのでしょう、その症状が性的な受動性や搾取や性的虐待に、直接関係がない場合にさえ？

患者が身も細るような束縛の中で暮らしていることにフロイトは気づき、かつ共感を寄せていましたが、にもかかわらずエディプス・コンプレックスでは娘を性的に受け身な立場に置く理論を立てており、驚くほど対照的です。多くの書き手（たとえばスプレングネザー[181]を参照）が疑問を呈している点ですが、フロイトが母性的なものと同一化するのを阻んだものは、一体何だったのでしょう？　フロイトはなぜ、ドラはK氏の強引な誘惑を楽しんだはずだと、そこまで声高に主張したのでしょう？[25]　フロイトはなぜ、女性的なものに関しては、分裂した相補性の立場を取ったのでしょう？　フロイトについて憶測することがここでの目的ではありませんので、彼が唱えた女性的受動性という論について、ありうる説明だけしておくことにいたしましょう。その説明をすると、女性性の成り立ちについてのある説についてもお伝えすることになるのですが、その説というのはブレナン[34]が若干異なった観点から組み立てたものと、重要な点でかなり重複しているものです。私の主張の要点は、受動性へのエディパルな転換は、女児がペニスを希求する結果ではなく、受動的な対象を求める父親の希求（女性性という文化的規範を生じさせる希求）に従う結果として理解されるべきだということです。

男児が抱くみずからの受動性への拒否感が、母親による侮辱（彼女は彼を拒絶し、置き去りにし、じらして苦しめます）とあいまって、娘の受動性を夢想する父親のファンタジーを燃え立たせるものと考えてみましょう。その上でフロイトが、『ヒステリー研究』と同時期に書かれた論文「防衛‐神経精神症再論」[75]の中で、男性が防衛的で攻撃的な能動性を強迫的に用いるとき、その背後には抑圧された女性的な受動性が隠れている、と主張したときの彼の発想について考えてみましょう。言い換えれば、無力感を乗り越えるにはある種の能動性が必要だということであり、そしてこの種の防衛的能動性が、男性的ポジションを構成しているということなのです。[53]もし父‐娘インセストがこの防衛をもっとも劣悪な形でカプセル化したものだとすると、それはもっと一般的な両性間の相補的関係性によって可能にされているものなのです。つまりそうした関係では娘は、分裂排除された受動的対象を体現する機能をはたしているのみでなく、失われた母性的コンテイナー、つまり父親がその中に手に負えない緊張を排出除去してしまえ

訳注34　原著では *Unmundigkeit* となっているが本来の独語では *Unmündigkeit*。

るコンテイナーとしても機能するのです。受動性を体現すること、手に負えない緊張が投影されてきたときこれをコンテインすること、その二重の機能が女性性というものを形作っています。なおかつこうした女性性は、究極的な形では母親でなく、娘に集中しています。この娘ポジションというものの成り立ち、それは男性のエディプス期変化の産物（それが遡及的、事後的（*nachtraeglich*）に父親の中にあらわれたもの）として見ることができますが、これこそがヒステリーと女性性をつなぐ等式を解明する鍵かもしれません。

同時にこうした成り立ちから、なぜフェミニストたちが能動的な統御力《マスタリー》の方を選び愛を拒絶することがあるのか、またなぜヒステリー者がセックスを拒否するのかが示唆されます。というのも娘ポジションには、耐えがたいほどの受動的立場を（ちょうど以前は母親の望む存在になろうとしたように、彼の望む存在になるために）受け入れることが必然的に伴うからです。ここで触れておいた方がよいと思いますが、アンナとドラはどちらも父親を長いあいだ看病していて、父親にすがり父親と同一化し、その症状を体内化したのでした。彼女たちは他者にとってのコンテイナーにはなりましたが、自分自身をコンテインすることはできなかった（つまり自分自身のための母性的コンテイナーを持つことはできなかった）のです。

能動‐受動というジェンダー相補性はエディパルな枠組みであり、単に女性的受動性との同一化を拒むだけでなく、実はそもそもそれを作りだしているものである。またそれは、母親の能動性を否定するような、反転《ネガ》の形で形成されている。そのような理解を、ここまでのところで提示させていただきました。この動きから生じてくる男性的な主体性は、コンテインする母親との同一化の不在と、母親を性的主体として思い浮かべることの失敗とを反映するものになっています。イリガライ[113・訳注35]は、母親とのつながりと分離をともに表しているはずの臍《へそ》を表象しそこねた文化的失敗こそが、ファルスにもともと表象してもいないもの（再結合／分離）を表象させてしまい、そこから防衛を作りだしてしまったと論じています。母親の喪失を表すはずの臍という傷痕の象徴的重要性を塞ぐためのファルスの使用は、実は防衛しようとしているものをむしろ露呈することになっています。ファルスの使用が防衛しているもの、それは象徴化できないほど圧倒的な心的体験なのです。母親を表象できないことが根底にあって、そこからフロイトの著作に繰り返し現れる能動と受動をめぐる混乱が生じたのであり、特に人びとを間違った方向に導くような、ファルスと能動性を同等視する態度（たとえば「ファリック・マザー」という表現でのような）が生じたのです。もしも母親の能動性と、父親に対する娘の愛とのあいだの分裂が越えられたなら、そしてそこにそもそも何かしら残るものがあるとしたら、何が女性性を構成することになるのでしょう？　女性のエディパルな異性愛を、精神分析はどう理解するのでしょう、そうした愛がもしこの分裂によって構成されるのでなく、したがってもはや受動性と同等視できなくなるのだとしたら？　けれどもこうした問題は、今後の考察にゆだねるしかありません。

能動‐受動の相補性、その支配を乗り越えたところでは、何が回復され表象されるのか、現時点ではそれをお示しするだけで十分かもしれません。ジェンダー化された対関係についての違った立ち位置《ポジション》を理論化し、エディパルなあり方から生じる相補性とは異なるたぐいの相補性を定式化するにはどうすればよいかを、私はすでに他所で論じています。[23]エディパルなあり方から生じる相補性、それは「持つ」

訳注35　リュス・イリガライ（Luce Irigaray, 一九三〇―）。ベルギー出身の哲学者、言語学者。

と「持たない」、「ファルス」と「無ファルス」の相補性です。こうしたエディパルな二極化を超えることは、ひょっとすると相補性のかたちを変化させることを意味するかもしれません――それはおそらく、異なる複数のポジションへの同一化を維持しつづけることが、逆転移における相補性を変化させるのとも呼応した動きなのでしょう。

エディプス期の子どもはジェンダー対極性が持つ相互排他性を、「もし向こうの持っているものを持とうとしたら、こちらが持っているものは失うことになる」という意味に理解しています。それに対してポストエディパルな相補性では、対立しあう欲望間や同一化間に生じる緊張を、持ちこたえられるようになります。実際それぞれのポジションが持つ不完全性を受け入れることで、むしろ多重なポジションが可能になるのですが、これはすべてのポジションに同時に同一化するのでは必ずしもなく、それらの可能性を認識しているということです。この認識がより完全な象徴化を可能にしますが、それは移行領域で機能し、能動と受動[8・73]といった対関係を分裂するのではなく、むしろ橋渡しするような象徴化です。こういう立場から見ると本当の能動性は、受動性を拒絶するという防衛的な形はとらないと考えられます。能動‐受動の分裂をもとに受動的対象に向かう能動性《アクティビティ》は、単なる行為《アクション》でしかありません。それは立ち現れる可能性を持った他者への、間主観的な空間を欠いています。そのような空間はこれまで見てきたように、象徴的活動《アクティビティ》にぜひとも必要な条件です。言い換えれば、主体が行う表象活動の条件はいつも、もう一人別の主体（それは必ずしも現実の他者である必要はなく、外的世界にほかならないものであってもよいのですが）の表象なのです。特徴としてそのような能動性《アクティビティ》は、その他者に対する受容性を引きうけることができ、他者から自己に与えられたインパクトに応答した承認を返すことができて、したがって二つの主体が現実に参与していることを認めることができます。もちろんあらゆる精神分析的関係は、行為と能動性の、分裂した相補性と相互性のあいだの行きつ戻りつをワークスルーしなければならないのであり、だからわれわれは間主観的な発話に到達する道を探そうと、繰り返し身を捧げ努力しているわけです。

　受動性の防衛的な拒絶が、ずっと精神分析の重荷となってきた理想的征服というイメージの構築を助けてきたのであれば、そのかぎりにおいて精神分析はみずからを治癒させるために、エディパルな相補性を越えてゆかねばなりません。ポストエディパルな相補性の特徴は、それが対立的というよりむしろ逆説的関係にある複数の定式化を抱えておける点です。これこそが、差異を否認することもスプリットすることもせず、それを拮抗しつつも調和可能な逆説的あり方のまま抱えておける第三のポジションを生みだすのです。これは、対立物どうしの絶え間ない立場の逆転を許容することのできるポジションであり、両方に引かれる引力から網《ネット》を編むことによってそれを可能にしています。それは精神分析の最初の跳躍を可能にする網であり、その跳躍は確実なる知と、考えなしの行為とのあいだの空間へ向かっての跳躍であり、その空間はそれ自体思考であるような、負の能力《ネガティブ・ケイパビリティ》の空間なのです。

　このようにして、何であれ特定の一ポジションへの参画から解き放たれる《ディスインベステッド》ことは、フロイトが定式化しようと奮闘した精神の自由というゴールに近づくことでもあります。そのような自由をイメージするためだけにも、われわれ自身の参画《インベストメント》を意識することが必要なことをフロイトは知っていました。われわれがそこに付け加えたのはおそらく、われわれの生や思考を組織化している分裂した相補的関係性に自分たちが避けがたく参与していることへの気づきによってのみ、それが可能になるのだという点でしょう。ですから、相補的関係の失われた片割れを再統合することは、その分裂を考え抜くために、常に必要なステップなのです。ここまで私はアンナ／ベルタの姿を、フロイトの姿にならべてお示ししてきました。それはわれわれの想像力が、誰であれ、何であれ相補的な他者の姿を借りて現れるものをいつでも包み込めるように、そうして分析する者とされる者の逆転を、新しい目で見直せるようにするためです。そのような逆転は、こうした他者との対話による出会いを特徴づけるものであり、精神分析的な試みの核心です。そこでは他者の行為《アクション》に対するわれわれ自身の反応《リアクション》が引き出され、その他者の痛み、激情、対立によってわれわれは、おのれ自身に対して避けがたく露わにされてこう告げられるのです。もういちど考えよ！　と。

第２章　「内容の不確かな構築物」
――エディパルな相補性を超える、ジェンダーと主体

人間の性生活の領域を見てもすぐに気づくことですが、男性の振る舞いを能動、女性の振る舞いを受動ということで片付けてしまうのは、きわめて不十分と言わざるをえません。母親は、子どもに対してあらゆる意味で能動的です。……女性性を、受動的な目的の方を好むものとして心理学的に性格づけられるのではないかとお考えになるかもしれません。むろんこれは、受動性というものと同じではありません。受動的な目標を達成するためには、大きな能動性が不可欠だろうからです。……攻撃性を抑え込むことは、女性に体質的に与えられたものであると同時に、社会的に課されたものなのでして、これが強いマゾヒズム的な心のうごめきを作り出す温床となっています……このマゾヒズム的な心のうごめきが、内部に向け変えられた破壊的傾向をエロスによって拘束しているのです。ですからマゾヒズムは、よく言われるように、真に女性的でもあるのです。

――フロイト、一九三三年

個人としての人間はみな両性的な素質をもち、遺伝的交配によって男性的、女性的両特徴をみずからのうちに統合しているのだから、純粋な男性性や女性性とは、内容の不確かな理論的構築物にとどまるのだ。

――フロイト、一九二五年

ジェンダー・カテゴリーの現象学

私はこの文章を、女性の受動性についてフロイトが発した有名なコメントで始めたい。そこに含まれる矛盾をもう一度吟味することによって、何か新しいものが得られるのではないかと思うからである。けれどもこのフロイトの発言には、もうすでに非常に多くの批評的検討が加えられてきたから、それは無駄なことに思われるかもしれない。それでもそれは少なくとも、ジェンダーのもっとも重要な問題を明らかにすることに役立つはずだと私は信じている。最近われわれは――ここでわれわれと言っているのはごく文字通りの意味で、私と同世代のフェミニストや精神分析家や、これら二つのアプローチを組み合わせて研究を進めている理論家たちのことだが――次のような問いかけによってジェンダーの問題に取り組もうとすると、フロイトが経験したのと同じような戸惑いを経験せざるをえなくなってきた。その問いかけとはこうである。男性性《マスキュリニティ》、女性性《フェミニニティ》とは何なのだろう？　もし問いを立てることは答えを出すことと同じくらい難しいのだとわかったとしたら、われわれはそれだけでもある種の問題と答えを除外したことになり、それだけでもずいぶん前進したことになる。つまり、ジェンダー・カテゴリーというものの逆説的なありようを受け入れたことになるのだ。というのもジェンダー・カテゴリーは、われわれの経験に合致すると同時に矛盾するからであり、現実から生じてきているように思えると同時に、刻々と移り変わる空想《ファンタジー》から湧き出しているようにも思えるからである。

精神分析がもともと行っていたジェンダーやセクシュアリティの治療、その基盤となっていた想定に対するもっとも戦闘的な批判は、ポストモダン／ポスト構造主義のフェミニズム思想の中から生じてきた（討論についてはブライドッチ[33]、バトラー[40]、フス[92]、ハラウェイ[105]、ニコルソン[147]を参照）。ジェンダーに関する非常に最近の精神分析の仕事は[23・63・64・97・100・106・144]、こうした批判から影響を受けたと述べている。モイ[146・訳注1]や、とくにバトラー[40・41・訳注2]などのフランス〔思想〕への批評によって練り上げられてきたポスト構造主義的な立場には、男性が権力を持つべきだとする主張を正当化するのに利用されてきたような、セクシュアリティやジェンダーの生物学的で歴史を超えた普遍的基盤といったものへの拒否がみられるばかりではない。性同一性《ジェンダー・アイデンティティ》を一貫した、継ぎ目のない、具体的な実体とみなす考え方に対する異議もまたみられるのである――たとえそうした考え方が、自然化された女性的《フェミニン》アイデンティティや女性が持つある特殊な差異に、フェミニストたちが訴える形をとっているような場合でもだ。（バトラーはフランスの書き手たちを念頭に置いていたが、当然「もうひとつの声 a different voice」[99・訳注3]、「女性の知識習得法 women's ways of knowing」[12・訳注4]、それに女性の関係的自己（woman's relational self）[114]といったアメリカで使われている言い回しも念頭にあっただろう）。というのも、女性の同一性《アイデンティティ》に加えられるそのような固定化はどんなものであれ、男性‐女性という二項対立の中に女性

訳注1　トリル・モイ（Toril Moi, 一九五三―）。ノルウェイ生まれ、米国在住のフェミニズム理論研究者。

訳注2　ジュディス・バトラー（Judith Butler, 一九五六―）。米国の哲学者、ジェンダー理論家。代表作『ジェンダー・トラブル』は、男女の区別が自然な身体的差異に根づいているという、一般に信じられてきた前提を覆したといわれる。

訳注3　『もうひとつの声』は、キャロル・ギリガン（Carol Gilligan, 一九三七―）、米国の心理学者、倫理学者による著書。女性には男性とは異なる道徳観の発達のしかたがあると論じ、ケアの倫理学の誕生に大きな影響を果たしたといわれる。

訳注4　メアリー・フィールド・ベレンキー（Mary Field Belenky）らによる、女性の認知能力の発達の特徴についての研究。

を再び閉じ込めるのに荷担し、ヒエラルキー的なジェンダー・カテゴリーを自然によって生みだされた所与のものとして再固定してしまうからである。脱構築主義思想そのものも、女性の立場というものを批判の基盤として利用することの効果についての検証に、やはりさらされることになった。ローズ[161]は、男性的《マスキュリン》な**主体**を女性という排除された他者の立場から尋問しても、女性の「型にはまった他者としての立ち位置」をまたもや固定化し、「女性と、真理の裏面との、不動の同一化」を永続化させるだけだと主張している。

　こうした批判についてここで紹介したのは、「自然か文化か」「社会的なものか生物学的なものか」といった論争においてどちらかに与するよりも、こうした対立自体が人工的な構築の産物であることをわかっておいた方がよいと考えたためである[34・35]。ポストモダン・フェミニストの立場はこのように、女性の持つ女性的《フェミニン》な差異を強調する立場とも違うし、ボーヴォワールが運動初期の頃に女性的なものの「内在性」を、男性支配の産物として拒否した立場とも違う[40・41]。それが焦点を当てているのは単に、主体である男性に対する女性の**他者**としての立場ということではなく、「男性という主体－女性という対象」の相補性を作りだしている二元的《バイナリー》ロジックなのだ（イリガライ[112・113]においてのように）。しかし一方で、もし女性と男性という対比と、その中で女性の置かれた否定的位置から出発しなければ、そもそもわれわれがジェンダー・カテゴリーを問うことになった基盤まで突き崩してしまうことになる。

　ジェンダー相補性に対する批判は、必然的な逆説に行きつく。それは女性性と男性性という対立するカテゴリーを転覆しながら、同時にそれが「実在であるかのような見かけ」（ベンジャミン[21]による、マルクスからの引用）として機能しつつ体験を避けがたくオーガナイズしていることを、認めもするのである[63]。

ハリス[106・訳注5]が表現したように、ジェンダーは「具体化されたものでもなければ、単に感じ取れるか取れないかのところにあってすぐに霧消してしまうものでもない。むしろどんな人の経験においても、ジェンダーはどちらの位置も占めうる。ジェンダーはある文脈では、肉太で具体的なもののようだが……別の瞬間にはジェンダーは穴だらけで、実質のないものに思える」(p.212)。それと密接に関連した発言の中でディーメン[63・訳注6]は、このとらえがたさは「方法論や理論の欠陥とみなされるべきではない。むしろそれは、ジェンダーとは何であるかを示すしるしなのだ」(p.349)と主張した。

結局、二元的なものとしてジェンダーの解体と再生が繰り返されていくことが――少なくともわれわれの文化圏ではだが――その〔つまりジェンダーの〕一義的定義ということになろう。けれども、もしそうした考え方をもっともラディカルなところまで突き詰めたとしたら、性差の問題はなしですませられることになるのだろうか? それはどうやら違うようだ。むしろ、ジェンダーはわれわれの中で同一性のように永続的で一貫したものとして働いているのではないとすると、問いの立ち方が変わってくる。すなわち同一性という概念が多様性[7]にとって替わる、あるいはもっと穏やかな言い方をすれば、同一性という概念が多様性という概念でバランスをとられているのだという見方をしたら、何が起こるだろうか? そうして、人びとは移り変わり矛盾しあう性同一化《ジェンダー・アイデンティフィケーション》をする(つまり、ある瞬間には私は母親

訳注5　アドリエンヌ・ハリス(Adrienne A. Harris)。米国のフェミニズム、精神分析研究者。ベンジャミンと同じニューヨーク大学ポスト・ドクトラル・プログラムに在籍。

訳注6　ミュリエル・ディーメン(Muriel Dimen)。米国の心理学、ジェンダー論研究者。ベンジャミンと同じニューヨーク大学ポスト・ドクトラル・プログラムに在籍。

に償いをしてやる娘であるが、次の瞬間には父親の野心的な息子であったりする）のだと理解したら？　多様性という考え方は、一つの器官（ファルス）に対して異なった関係性に置かれた二つの性、という精神分析のもともとの枠組みを、ひっくり返してしまうのではないだろうか？

　これは重要な問いである。というのもフェミニスト精神分析の思想家たちの中には、いまだにこの男根的《ファリック》な枠組みを持ちつづけている人もいるからである。フロイト（たとえばフロイト[88]）は去勢コンプレックス——ファルスがあるかないか——を中心とした性差の考え方を持っていたが、そこから始まった区別は、ラカン派のフェミニストが思想の中核としてきたものであった（もっともそれは、「ファルスを持つか、ファルスになるか」という修正された形ではあったが[140・159]）。心的現実としての性差や異性愛を説明できるのは、またわれわれを自然なるものの領域から引き上げてくれるのはその立場しかないのであり、それは説明を要しないことだと彼らは主張したのである。果たしてそうだろうか？　あるいはそのような説明を追い求めること自体が、問題含みなのではないだろうか？　そういった点を、この小論では論じてゆきたい。

　しかし手始めに、先だって述べた逆説に着目してみよう。二元的なジェンダー・カテゴリーは、深い心的経験を説明するためには分析的に必要であるが、しかしそれが基盤にあるどんなリアリティを指しているのかは不明瞭なままである。つまりそれは単一の、他から明確に区別される同一性やあり方《ポジション》として規定される必要がないのだ。というのもゴルドナー[100]によると、ジェンダーは必然的に確定できないもので、精神分析に「認識論的な逆説」を提示するからである。われわれは「ジェンダーを、その真実性が（実は偽りであるのだが）思考のよりどころとなり続けるような、そうした超越的な分析的カテゴリーであると考えた方がよい。というのも実際それ〔すなわちジェンダー〕は、それを脱構築するためにわれわれが用いるような分析的カテゴリー群を、まさに構築するのだから……」(p.256)。ジェンダーというこの逆説的な「偽りの真実」を用いるにあたってわれわれは、男性的‐女性的という二項対立を、上位の論理と理解しておく方がよいと私は考える。つまりいかなる具体的な関係性、具体的な定義や性質をも超えたものということだ。というのも具体的な関係性というものは、必然的にジェンダーの抽象的な対極性《ポラリティ》を（それを用い、かつ表現していながら）改変し、打ち砕いてしまうものであるからだ。心的現実では、関係性の現象面はそのような対立の図式に照らして活用変化させられたり位置づけられたり、あるいはそこからの隔たりで特徴づけられたりする。ジェンダーというものがそうした形でわれわれの目に映るような関係性を構築《コンストラクト》したり脱構築《デコンストラクト》するためにこうしたカテゴリーを用いつづけるには、一種の再構成《リコンストラクション》も必要であると私は主張したい。再構成というのは、もともと精神分析で用いられていたような意味合いでの再構成である。つまり、それらの起源を心的コンプレックスの中に、その個人の――文化的に位置づけられた個人の――精神性的発達史の中に求めるような解釈のしかたである。

冒頭の引用からわかるように、ジェンダー・カテゴリーを構築したり脱構築したりといった行きつ戻りつは、フロイトの仕事の中にすでに見受けられる。もっともそれは自覚的なものではなかった。だから彼は男性性と女性性を定義づけるために、能動と受動という構築のしかたを、繰り返し用いたり退けたりした。フロイトの中にあるこの決定的な矛盾を再構成的に解釈しようとすると、エディプス・コンプレックスとの関連における、主体‐対象相補性の検討へと導かれる。この検討によって、異性愛的構造というものをより深く分析することが可能になるが、この構造は精神分析に非常に長く受け入れられてきたもので、主体《サブジェクト》として想定された男性にとっての対象《オブジェクト》の位置に、女性を位置づけるものである。

主体‐対象ロジックから生じる心的帰結

まず、主体という言葉をわれわれはどう見るか、それを検討することから始めよう。この言葉は広範にわたる論争を避けがたく思い出させる言葉であるが、それについてはここでは取り上げない。ここでわれわれが本当に関心を寄せているのは、主体性《サブジェクティビティ》という概念である。[原注1] 私の見るところでは、主体性という概念の中に言外に含まれているものは行為者性《エージェンシー》――フロイトが何度も繰り返し男性的なものと関連づけた能動性――という発想のみではなく、そこには原著者性《オーサーシップ》も含まれている。[19] ここでわれわれは、反対物である受動性とペアにされた能動性というものと、原著者性あるいは所有者性《オウナーシップ》を含む能動性との、重要な違いに注意しておいた方がよいだろう。この違いの重要性は、主体性について現代の理論家たちが交わす議論の中で明らかになる。現代のクライン派理論や自己心理学などきわめて広範な学派の思想家たちが、私が原著者性と呼ぶもの[19]を特徴とする、間主観的に構想された自己にたどりついているのだ――原著者性とは、意図性《インテンショナリティ》について熟考して、他者の状態や気持ちや意図についての気づきを与えてくれるような、所有者性の状態である。たとえばオグデン[148・訳注7]は、抑うつ的な自己感である「私《アイ》」と、妄想分裂的な感覚である「それ性 itness」すなわち「感情が起こっている」というナマの経験とを対比している。主体性という言葉によってわれわれは、経験や感情とその意味や目的とをつなぎ、同時にそれに文脈を与え、自己と対象とのあいだに空間を創りだしている、意識の連続性のことを意味しているように思われる。それからまたスターン[183・訳注8]は、主観的自己とは内的な経験を持っている感覚であり、他の人もそれを持っていて、それを共有できる可能性があることを知っている状態のことではないかと言う。ここで内部性とか空間とかが引き合いに出された時点ですでにわれわれは、受動性と対置された能動性というものに回収できない何かを、直感的に感じ取ることができるだろう。

私の主張を手短にまとめたい。精神分析は、もともとの主体‐対象パラダイムから間主観的パラダイムへ移行したが、それにつれてわれわれが能動性という言葉に付与する意味も微妙に変化している。つまりわれわれは能動性を、対極的な相補性の文脈でなく、二人の能動的なパートナー同士がつくる対称的な関係の文脈で思い描くようになったのである。そしてこのことによって、言葉の位置づけまで変わることになった。すなわち男性性と女性性とは、それがどれほど中身の定まらない内容の不確かなものであるとはいっても、お互い以前のような形での位置関係、すなわちお互い重なり合うことなくかっち

原注1　これらの発言は、レオン・ホフマン[109]の論文へのコメントとしてまとめたものである。その論文でホフマンは、フロイトが女性性について問題含みの想定しかできなかった核心的な理由は、女性の主体性を認識できなかったためであると主張している。ホフマンは主体性を、考えや行動を決定したり制御したりする独立した行為者《エージェント》として、自己をとらえる能力と定義づけた。ホフマンによれば女性の主体性の統合は、フロイトが女性性の考察の中でほとんど顧みなかったような、女性の心的生活の面にまで及ばなければならない。たとえば攻撃性や性的欲望、そしてとりわけ能動的なあり方をとる権利といった面である。

訳注7　トーマス・H・オグデン（Thomas H. Ogden, 一九四六―）。米国西海岸の精神分析家。

訳注8　ダニエル・N・スターン（Daniel N. Stern, 一九三四―二〇一二）。米国の乳幼児精神医学者。実際の母子を観察する新しい手法を導入して、乳幼児の主観的世界や自己感の発達を客観的に描き出したことで有名。

りと区分けされた関係ではなくなったのである。常に一人の主体しかおらず二人はありえない主体‐対象パラダイムの中では、一方が獲得すれば他方は手放さねばならない。そのような形をとる構造では、**他者**たとえば女性は、関係を逆転させ男性を対象の位置に落とすことによってしか主体になることができないが、それはとても受け入れられないことであったろう。ある意味主体‐対象パラダイムの枠内では、主体性という考え方は女性にまで敷衍されえないが、それは主体という位置づけを敷衍することは不可能で、関係の逆転しか可能でないからである。そのような構造の中では、能動性が女性性から引き算されるか、受動的な役割が男性性に割り振られるしか仕方がないのだ。

　能動‐受動という対極性《ポラリティ》は、フロイト著作に登場するこうした形態的原則として、もっとも際だった例であった。それはフロイトがジェンダーの中核とみなした構造であるが、彼はそれに何度も言及しながら、同時に反問してもいる。（これは、女性も主体となりうることをフロイトが理解したことがなかったという意味ではない。フロイトの用語法では、女児は受け身の役割も果たしつつ、父親を対象として扱うことになっている。しかしながら、彼女は形の上では主体であるが、彼女の女性性は男性的な能動性に応じる受動的な受け手として設定されているのである。）明らかに能動‐受動という対概念は、ジェンダーという概念がそうであるように、それ自身へと戻ってくるところがあるのだ。それは瓦解《ブレイクダウン》しやすいのである。母子関係で能動的と言えるのはどちらなのだろう——授乳する母親の側か、お乳を吸う赤ん坊の側か——とフロイト[91]がいぶかっているように。それでもそれは、何度も繰り返し打ち立てられる。フロイトがさらに続けて、クリトリスの放棄は「ファルス段階の能動性を取り払い、女性性へのスムーズな移行の素地を作るのです」(p.128) と述べたり、「この人形遊びはそもそも、女の子の女性性をあらわしているのではなく、能動性によって受動性を代替させるために自分を母親と同一化しようとするためのものだったのです」(p.128) と述べたりするときのようにだ。この能動性こそ、彼女が女性的ポジションをとるためには、あきらめなければならないものである。[原注2] だから女性性イコール受動性という等式に疑念を抱いても、フロイトはすぐにまたその等式を立て直すのだ。女児を真に女性的にするのは母親との同一化ではなく、愛の対象としての父親へのエディパルな向き直り[訳注9]なのだと主張して。

さて男性的ポジションと女性的ポジションが、エディプス期に確立される主体‐対象相補性にその基盤を持つことを、詳しく見てゆきたい。一九一四年の小論「ナルシシズムの導入にむけて」に登場する、フロイトによる愛の分類学を考察してみよう。そこでは、女性性についてののちの問題含みの発言と同じように、ジェンダーをめぐる曲がりくねったロジックが、至るところで解きほぐされてはまたもつれしている。ご存じのように、ここでフロイトは「対象選択のタイプの点で……男女の性」のあいだに「根本的な違い」(p.88) があることを主張している。彼は自己愛《ナルシシズム》と対照的なものとして、依託型の対象

原注2 「女性性」の小論の中で、女児の受動性がたどるとされている成り行きは、フロイトが[82]「欲動と欲動運命」の中でサド‐マゾヒズムについて解明しているくだりでのそれと、逆ではあるものの同様の動きであることに注意してほしい——つまりそこでは〔サド‐マゾヒズム論では〕、一次サディズム(実際には攻撃性であるが)が内へと向け変えられマゾヒズムとなり、それからもう一度外へと戻って意図的なサディズムとなるとされる。一方この場合には〔能動‐受動論では〕、母親に世話されているときの一次的な受動性が、彼女自身がされたことを自己や他者に対してなすために能動的な立場へと反転され、しかるのちもう一度、父親との関係での受動性へと反転している。

訳注9 フロイトの女性発達論では、女児は最初「小さな男性」のように母親を愛しているが、発達上のある時期(エディプス期)に至ると自分にペニスがないことに気づいて、父親を愛するようになるという。詳しくは「補論」を参照。

愛（自我本能に依託する――つまり、食べさせてくれ、世話してくれ、守ってくれる人を愛する）というものを定義している。そのような対象愛は、女性を愛する男性にのみ特有なものである。女性は、といっても美しい女性はだが――ここで彼は「女性を蔑視するつもりは毛頭ない」と念を押している――愛されることだけを望んでいるようだという。実際、彼女らは男性の「性的過大評価」の対象となるが、それは自分自身そういう自己愛を断念した人は、子どもっぽい「自己満足の状態と近づきがたさ」（p.88）を持ちつづけている人に惹かれるからである。でも、それなら対象愛は、断念された自己愛から生じることにならないであろうか？

そういうことであれば、女性は母親に溺愛されている子ども、あるいは子どもを愛することで自分たちの自己愛を代理的に満たす両親によって愛されている「赤ん坊陛下」（このくだりの最後に登場するフロイトの有名な表現）の立ち位置をとると考えてよいことになる。言い換えれば、受け身な愛の対象である女性は実際、自己愛的《ナルシスティック》な子ども、つまり自己満足していて無頓着で依存や依託《アナクリシス》を無邪気にも自覚していない、そういった子どものようなものだ――言い添えねばならないが、もちろんそれは母親に愛されているからである。奇妙なことに、女性ら自身は一般に、自分の愛を自分の子どもたちだけに向けるようにみえる――自らの男性的な自己（それは彼女らがなりたいと思うような成人男性によって表わされる）への理想愛（ideal love）と恋に落ちて、「ナルシシズムから対象愛へと向かう成長の一歩」を踏み出すのでないかぎりは（p.90）。

ここでフロイトは、女性の能動的な愛の基盤は同性愛的な同一化であることを明らかに認めているが、しかしまたしてもこの愛は、女性的であるということにはされない。あらゆる恋愛がいかにその人の理想の投影を、つまりわれわれの自我が実現できない部分の投影を反映しているかをフロイトは次々と描いてみせるので、両方の性とも他方の性に、自分の失われた理想である男性的あるいは女性的な自己をみて関わっているのかもしれないと思えてくる。けれどもこの気づきは、二つの主体性の対称性を立証するのみでなく、男性が愛する場合にも女性と同一化していることを明らかにしてもいるようである。つまり愛する男性に自分の「ボーイッシュな性質」を投影する女性のように、男性も女性に、自分の女性的自己を投影しているかもしれないのだ。

自己愛と愛の基本的な構造的関係をフロイトは、自分の面倒を見てくれる女性を愛する男児と、この男児を自己愛的に溺愛する女性、という母‐息子カップルの基本形を立てることで表現した。しかしこの表現からは、山ほど矛盾が出てくる。愛する者と愛される者の二者ということで愛が表現され、決してお互いに愛し愛されているのではないため、男児は母親を愛しているようには見えず、ただ依託的に愛しているようにしか思えない。それに大人になったとき、彼は本当に依託的に愛するようになるのだろうか？　むしろ母親の自己愛を主客転倒するのではないだろうか、自分が一方的に溺愛する自己充足的な美女の中に自分の幼児的自己をみて、母親が自分を愛したように？　フロイトが「自己愛から対象愛へと向かう一歩」と呼んだものは、依託とは——すなわち自分に食べさせてくれたり、自分を守ってくれたりする人を愛することとは——ほとんど関係がないように思われる。むしろそれは溺愛される子どもの役割に女性を置く形で、自己愛を逆転させた形である。自己愛的な女性に対する男性の過大評価の愛というものは、自分の幼児的自己を体現している人に対する男性の同性愛というフロイトの説明と、ほとんど違わないように思える。ただ同性愛の場合には、男性が母親の自己愛と同一化していることを、フロイトが認識できている点が違うだけである。もしフロイトが明らかに矛盾したことに、男性の異性愛的形式での愛を完全に依託的な愛であり、自己愛的ではない愛だと言っているとしたら、それは女性に男性が同一化することについて彼が常に盲点を抱えていたためではないだろうか？

基本形カップルにおける主体－対象構造からは、さらに問題が生じてくる。ここでの主体とは誰なのだろう？　愛されている男児なのか、それとも能動的に彼を愛している母親なのか？　子どもが母親の能動的な養育の対象でしかないのではなく、子どもも能動的に愛し、お互い相互的に愛しあうような、依託的な愛つまり依存の可能性をフロイトの記述は無視している。母親が事実男児の理想となっていたり、同様に男児がまた母親の理想となっていたりする相互的な愛の可能性を見逃しているのだ。さらにここでもまた、自己充足した女性という彼の観念は、自己充足しいかなる他者も必要としない（プレエディパルな）乳房－母《ブレスト・マザー》のイメージを反映している。男性だけが女性を必要とし、このニードが彼の愛となるのだ。ここにある問題が生じていることがわかると思うのだが、それはフロイトが主体はただ一人、能動的に愛するのはただ一人であり二人はありえないというロジックに囚われているために生じる問題なのである。これでゆくと相補的関係の逆転しか可能にならず、相互性への変容は不可能になる。このロジックには本質的に、成人男性のために能動的ポジションを確保しておく必要性が結びついている。受動性は、彼に愛される側が引き受けるのである。おそらく女性との同一化が脅威になったのは、フロイトの頭の中ではどんなに否定したとしても女性的なものと受動性が終始避けがたく結びついていたために、女性との同一化というものが必然的に、主客転倒した相補的関係としてしか定義づけられなかったことによるのではないだろうか。

この心的な布置を、日常語で表現するのは難しい。相補性という形のロジックは（それはどうしても逆転しがちなものなのだが）受動性を阻止し、それを女性的なるものの中に置くという特定の目的とつながったものだと言っておけばおそらく十分だろう。一方で、女性の攻撃性は内向きで受け身的だという主張は、主体 - 対象相補性という構造に本来的に備わる逆転可能性への恐れを示している。もし女性が性的にアグレッシブであると男性は、貪欲で強奪的であるといわれるその激情の対象にされてしまうかもしれない。男性であれ女性であれ、そういう可能性を背負い込むのはご免である。攻撃性とセクシュアリティの必然的融合という観点からみると、女性の攻撃性はマゾヒズムの形をとるはずであり、それはこの相補性のロジックでいくと女性的であるということになる。他方で、おそらく相補性という形そのものが、もっとも深層にある恐れを表しているのであろう。それは、最初に出会う他者である母親が、貪欲で危険で暴力的であるかもしれないという恐れである。その恐れを中心にして形成されたポジションにおいては、幼児的自己は他者に対しての妄想的な構えから抜けられず、母親が主体としてあるということは自分たちの主体性が脅かされることでしかないと思い込んでしまう。主体に対するまた別のスタンスの取り方、つまりクラインの抑うつポジション[訳注10]や、間主観性の文脈で語られているようなそれが発想できることが、こうしたゼロサム的関係から抜け出すためには必要なのである。[24] つまり象徴とモノ

訳注10　英国の精神分析家メラニー・クラインによる乳幼児の情緒発達にまつわる概念。基本的には妄想分裂ポジションから抑うつポジションへと発達するが、成人後も心に残り、前進後退のゆらぎを続けている。前者では対象をモノ的にしか感じられないが、後者ではまとまりを持つ一人の人間として認識できるようになり、自分が攻撃して傷つけた対象に対する償いを心から求める情緒が現れはじめる。

のあいだに介在する空間を獲得でき、自らの行為や意味に所有者感覚をもてる主体、それゆえにする人とされる人が織りなすこのサイクルを回避できる主体だ。しかしフロイトの女性性と男性性についての観念、自己愛と対象愛についての観念は、完全に一対**他**のロジックに染まりきっているように思える。それは従属させられ除外された他者を相手に展開されるような主体のありようが、かつての歴史では普遍的だったことを証明している。

性差の問題

ここで、一九七〇年代のミッチェル[139・訳注11]とチョドロウ[49・訳注12]それぞれの決定的な発言以降、対象関係論とラカン派のフェミニスト思想家を二分した問題を取り上げておかねばならない。それは、ジェンダー分割の分析はファルスに対する構造的関係の文脈でなされるべきか、それとも母親に対する対象関係の文脈でなされるべきなのかという問題である[34]。私は、最終的にはこの論争を超えるべきだと提唱したい。というのも、エディパル・ポジションの再構成的な分析が、性差の構築についての別の視点を提供すると信じるからである（もっとも、それはより中心化されていない説明になるであろうが）。またさらに、主体‐対象相補性が主体‐主体関係（間主観性）の視点から批判できるのと同じように、エディパル・ポジションをポストエディパルなオーバーインクルーシブネス回復の視点から批判することも可能なのである[訳注13]。以降の節で説明してゆくが、エディパルなジェンダー相補性は、性的な主体性をつくりだす唯一の心的構造ではないのである。実際その支配は、われわれがより猥雑で多様な現実の中で見聞きするような、他の心的構造を抑圧することによって成り立っている。そういう他の心的構造は、われわれの関係性を形作り、創造性に寄与するとともに二元的システムを転覆する能力にも貢献してくれるようなものなのであるが。しかしまずは、論争の中身を確認していこう。

対象関係論の批判者たちは、女性においてプレエディパルな成り立ちを強調することが女性のセクシュアリティや攻撃性を根こぎにすることにつながってきたと主張してきたが、実際にはこの傾向は、女性のエディパルな状況についてのフロイト自身の解説に端を発している。そこでは女性性から、母親のようになりたいという嫉妬にかられた願望も、父親への能動的な欲望も（ホーナイ[110]参照）排除されているのである。去勢による自己愛的な傷つきとその埋め合わせ、父親への受動的な願望だけが真に女性的というわけだ。フロイトの立場から受け継がれたのは、ジェンダー分割に沿う形での、エディパルとプレエディパルの分裂《スプリッティング》である。しばしばこれらのポジションは、分析家の中の父性的な（男根的な《ファリック》）スタンスと、母性的な（ホールディングの）スタンスとに対応している。おそらくこの分裂はその始まりを、フ

訳注11　ジュリエット・ミッチェル（Juliet Mitchell, 一九四〇―）。英国の精神分析家、ラカン派のフェミニスト。『精神分析と女の解放』[139]でフェミニズム理論にフロイト精神分析を導入した。第3章に登場する男性分析家スティーブン・ミッチェルとは別人。

訳注12　ナンシー・ジュリア・チョドロウ（Nancy Julia Chodorow, 一九四四―）。米国のフェミニストの社会学者、精神分析家。『母親業の再生産』[49]はフェミニズム精神分析の古典。

訳注13　「オーバーインクルーシブネス」とは幼少期のある時期まで、男児女児が互いに異性が持つとされる属性と同性が持つとされる属性を、併せ持つことができると素朴に信じている状態のこと。著者の前著『ライク・サブジェクト、ラブ・オブジェクト』にも、ファスト[68]に由来する概念として詳しく紹介されている。

ロイトが女性性について抱えていた二重の困難までたどることができるだろう。それは、男児による母親とのプレエディパルな同一化を認識する困難と、ペニス羨望による自己愛的な傷つきに媒介されなくても父親への能動的な欲望をみずから抱け、能動的な主体になれる女児の能力を認識する困難である。よく知られているように、女性的ポジションの自己愛は、愛されたいという女性の願望のみにあるのではない。性差を説明するときにフロイトが軸としたのは、去勢という概念、つまり女性はペニスを持っていないという認識であった。これがそれぞれの性に違ったふうに作用して、性差を生みだすのである。たとえば男児は、自分の自己愛的な所有物〔すなわちペニス〕を守ろうとして、母親に対するエディパルな願望をあきらめる。いっぽう女児は自分の欠陥に気づいて母親に背を向け、ペニス=赤ん坊というあの有名な等式によって自分にペニスをくれる父親に向き直る。しかしながらフロイトは、女性性と彼が呼んだものへの回りくどい経路が、厄介で失敗につながりやすいもので、女児を「男性性コンプレックス」の中に迷わせたままにすることを認めていたのである。つまり女児は母親とのプレエディパルな関係性をあきらめることも、男性のポジションと同一化することもできず、ペニスを羨望しつづけるのだ。

この仮説は性差と性的支配を説明するものであるとして、ラカン派フェミニストの立場からミッチェル[139]によって支持された。しかし、女児は母親との連続性の感覚をもち、そこから分離するために父親を利用するのだと主張するチョドロウ[49]によって批判された。チョドロウによると、母親は娘と無意識に同一化する一方で、息子を相補的な他者として位置づける。それが、女児の方が分離のプレエディパルな問題で悩みがちになり、男児が性差を分離の足がかりにしがちになる傾向のもとになるという。こうしてチョドロウは女性の母親業《マザリング》を、母親の相補的他者としての男児と、母親の鏡像としての女児という、それぞれの立場を説明するための重要な出発点とするのである。分離の問題こそが心的現実を理解するより重要な手がかりとなり、女性の自己感は欠陥としてよりも、むしろ母親対象との連続性としてとらえられるようになる。

ミッチェル[140]、それに彼女のラカン派としての見解を共有するアダムズ[2]やローズ[159]によると、チョドロウの対象関係論的立場の問題は、ジェンダー相補性の既成概念に寄りかかっていて性差の起源を説明せず、むしろそれを前提としてしまっている点にあるという。この見方によるとチョドロウは、すでに与えられている差異を母親がどのように受け渡すかを説明しているだけなのだという。性差はもはや主体を確立するための基点とは見なされず、女性が全世界的に母親役を担っているという社会的事実が、心的な関係性に取って代わって〔説明に用いられてしまって〕いる。同一性は社会的役割との同一化を基礎にしていると見なされており、無意識の非一貫性や、欲望ひいてはセクシュアリティが生じてくるために不在のはたす基本的役割が無視されている。異性愛を説明するのでなく、むしろ当然の前提としてしまっている。去勢コンプレックスという心的現実を顧慮していない。去勢コンプレックスという段階が置き去りにされてしまうと、あたかも同一化が性差の原因のように見えてしまう。結局のところ同一化は、すでに存在する差異に引き続いて起こることしかできないのに、と。アダムズ[2]によると、ジェンダー発達についてのチョドロウの説や、育児を分担すればジェンダー・システムを覆せるかもしれないという彼女の結論は「これまで伝統的に理解されてきた形での男性性や女性性を捨て去ってしまうこと」を意味しており、「性差についての精神分析的な説明は完全に崩壊している」(p.50)という。

こうしたチョドロウ理解は不正確であり、（フロイトやラカン流の）こうした説明こそ崩壊せざるをえないが、そうした崩壊の理由には、チョドロウ理解の不正確さという理由以外のものがあると私は思う。もちろんそれに代わる説明にも、またそれなりの難はあるのだろうが。〔まず〕次のようなミッチェルの発言を、その性質に反して読む〔つまり彼女のもともとの主旨とは別の意味合いを読み取る〕ことも可能である。それは、対象関係論が早期の母性的関係を強調したことは「性の区別の問題を主体の形成とは結びつきのない、どこか副次的なものとして」置き去りにしてしまったのであり、「これは父親を無視して母親へと向き直ったことの代償である」（p.22）という彼女の発言だ。あらゆる逆転について言えることだが、それは当座、払うに値する代償だったのだと私は言いたい。もしプレエディパルなものへの焦点づけが母親との早期の関係性を視野に入れさせたのなら、そしてもしそのことが父親から離れることにつながったのだとしたら、それは確実に今、正されつつある。すでに示したように、早期の分離‐個体化への着目に父親を包含することはまったく可能なのである。[17・18・20] おそらく主体の形成を良いと悪い、愛着と喪失、自他の分化といった軸に沿って強調するためには（少し列挙するだけでもクライン、フェアバーン、ウィニコット、ボウルビィ、マーラー、スターンといったさまざまな論者に見られるように）、去勢コンプレックスの枠から出てみることが必要だったし、また去勢コンプレックスに基づいて性差の構造に焦点を当てることから離れてみる必要があったのだろう。こうした軸はわれわれのジェンダー化された自己感と同等、あるいはそれ以上に、基本的なものかもしれない（もっともそれに影響されたり、逆に影響を与えているかもしれないが）。臨床的には、ジェンダーへのこのアプローチは非常に実り多いものとなりつつある。たとえばコアテス[56]は、プレエディパルな男児が母親の抑うつ的な引きこもりへのメランコリックな反応として、いかに自分の性同一性を女性的なものへとシフトさせるかについての理解を提示している。同一化の重視が、ジェンダー、分離そして喪失といったものの相互作用を理解する基盤を提供したのである。

だから、こうした説明が「(家庭において)そこに頼るべき誰がいるか」(アダムズの表現)[2]という社会的事実に部分的に頼っていることは事実としても、このポジションを構造的に支えているのは社会的同一化ばかりでなく、分離-個体化の理論なのである。喪失と分離、同一化愛と対象愛の軸に沿うなら、心的現実は非常に重要なものでありつづける。こうした軸は、社会的なものにのみ依存しているような心的現実を定式化するものでは決してないのであり、その意味ではジェンダーの問題を追究していると言えるのだ。しかし、まさにそれが情動体験に多様で脱中心的なやり方で焦点をあてるがゆえに、その追究はジェンダーの中心的な説明方法を採用しないかもしれない。また、初期の対象関係論が男性性と女性性の無条件的なカテゴリー分けに寄りかかってしまっていた一方で、すでに述べてきたように関係精神分析の分析家たちの最近の仕事は、そうしたことに挑戦しようとしてきた。後にも見てゆくように、プレエディパルな経験に焦点づけることによって、エディパルなものとはまた別の配置《コンフィギュレーション》に依拠した心的なジェンダーの体験、という発想が生まれたのである。

けれどもここで少し、ミッチェルの批判に表れている、母親中心の理論と父親中心の理論という対比について考えてみよう。あえて問いたいのだが、母親と父親という対比は、女児のエディパルな向き直りというフロイトの考え方から始まったのではなかったか? フロイトは、幼女の母親へのプレエディパルな愛着を強調したものの、この愛着を男性的(彼女は「小さな男性」なのだ)なものだと、したがって本質的に異性愛的な、男根的な、男性的なるものだと主張しつづけた（しかしながら皮肉なことに、その対象である母親もまた、女性的なるものではないのだが）。彼女の（エディパルな）女性性は、母親と似ているという彼女の感覚からきたものではありえない、なぜなら、そうするとそれは結局のところ能動的なポジションとの同一化を含むことになってしまうからと、彼はそう主張したのである。だから、幼女の人形遊びは去勢コンプレックス以前からある彼女の女性性をあらわす印だというみずからの見解[90]――これは後世フロイトのあらゆる反対者たちが、ますます強く唱えるようになった見解であるが――にも反して、女性性は父親やファルスとの関係においてのみ規定されねばならぬ[91]ということになってしまった。そうなると当然、よりによってこれがどうして女性的なものということになるのかという疑問が生じてくる――フロイトも[91]、それについては自分自身同じくらいわからないのだと白状していて、しまいには聴衆に対して女性性の謎ということを持ち出し、詩人に尋ねるように勧めさえしているのである。

フロイト自身の確信のなさや、女性性と受動性についての所見を述べていても結局は困惑に行き着いてしまうことは、逆説的なものとしてのジェンダーという考え方、つまり男性性と女性性の区分は恒常的なものというよりも矛盾をはらみ移り変わるものであるという説[106]の、正しさを証明するものとしてとらえられるだろう。しかし、この説について解説したディーメン[63]に対する応答の中でミッチェル[141]は、そのような逆説は現象上、経験上のものにすぎず、フロイトが打ち立てた「性差の意味がどのように心の中で確立されるかについての理論」構造の存在論的地位に影響を与えないと主張した（p.354）。私も、ここでわれわれが二つの異なる認識論的立場から問題に取り組んでいると考える点では彼女と同意見だ。一つは性差の心的起源について中心のある存在論を求める立場であるが、そこでは主体は、単一の主たる分割によって形成されるものとされる。もう一つは心的なものについて脱中心化された現象学を求める立場であるが、そこでは主体は、一貫性はないものの普遍的に存在する二元性との、移り変わる多様な同一化を通じて現れ出るとされる。私の見るところではラカン派の立場は、分裂《スプリット》した主体とまとまりのない無意識を強調しているにもかかわらず、[159] 理論の中にそれが主体から引き算したはずの、同一性についての二元的ロジックそのものを復活させていると思われる。つまり、もし法が「脱中心化し分割」するとしても、[140] それでも法は一つなのである。

しかしながら私はミッチェルやローズが同定した問題について、その解決について彼女らが提示した方法には異議があるものの、問題の存在は確かに認めている。ミッチェル[139・140]は、フロイトに対する初期の反対論が性差を当然のものととらえ、それを自然に帰してしまったことを説得力を持って論じている。チョドロウもミッチェルに同意し、ペニス羨望の問題についてフロイトに異を唱えたホーナイ[訳注14]やクラインのような人たちは正常自然なものとしての異性愛を想定しており、クラインの場合は解剖学的構造に基盤を持つと想定していたことを指摘した。つまり両者とも心的現実を通り越して、生物学的現実や社会的現実に理論を基礎づけてしまったのである。また子どもが母親と持つ関係から語り起こす理論は、異性愛的な相補性のシステムを、説明するというより前提としてしまっているだけだというのもその通りであろう。けれども、それは避けうることなのだろうか？　性差をうまく説明してしまえるようなア

訳注14　カレン・ホーナイ（Karen Horney，一八八五―一九五二）。精神分析家。ドイツ出身でのちに米国に移住。もっとも早い時期にフロイトの女性論に正面から反論した。

ルキメデスの点[訳注15]を前提として立てることは、必要なのだろうか、またそもそも可能なのだろうか？　この前提の上に立って主張すれば、それは心的現実を見据えてきたことの保証になるのだろうか、あるいは社会的、生物学的な領域に別の形で無自覚なまま依存することによって、また別の盲点を作りだしてしまうことにならないのだろうか？　中心となる構造化原理をどうしても求めてしまうそのような傾向は、保留にされたり、もっと言うなら分析されなくてよいのだろうか？

同じくらい問題のある依存が、ミッチェル[140]による去勢をもとにした性差の説明にも伏在しているのではないか。問題は、「男児と女児を明確に区別する印」というものが、ミッチェル自身が思っているほどには所与の社会的、生物学的現実から切り離されていないかもしれないということである。ミッチェルは「もし去勢が他の分離とそう変わらないものに過ぎないなら……何が二つの性を区別するであろうか？」（p.19）と問うている。しかしここで彼女は、男児と女児のあいだを分かつ区別すなわち「印」は何から成るのだろうかと、その内容の不確かさにはたとゆきづまる。ミッチェルは、「女児に特異的な何か」を見つけなければならない、というフロイトの主張へと立ち戻ることで答えを探そうとする。その何かとは、「女児が母親への愛着をやめてしまうこと……去勢コンプレックス」（フロイト[91]、p.124）を説明する何かである。われわれが探している区別とはだから、愛の対象の切り替えから成り立っていることになる。つまり母親から父親へのこの移行が、「男性的な段階から女性的なそれ」への移りゆきを定義づけているのである。ミッチェルは、主体を構成している性分化は女児のエディパルな向き直りから成っているという考え方や、性差イコール異性愛という考え方を受け入れているように見える。実際彼女[141]はのちに大変あからさまに「セクシュアリティは、ジェンダー化された他者が自分とは違うことに気づかせ、それによって彼女なり彼なりが子をなす目的のため他者として用いられるようにするプロセスである」（p.355）と述べているのである。言い換えれば人は、相補的な反対物、すなわち他者にとっての**他者**の役割を引き受けることを通じてジェンダー化されるというわけだ。こうして女性性の謎と性差の問題とは、同じ答えを持つことになる。すなわち、女性性は父親を愛することから成り立つのであり、性差はすなわち異性愛的指向である、と。

さて、性差についてのこうした理解は、まさにフロイト[85]が繰り返し異を唱えてきた当のものであることをわれわれは知っている。「同性愛を取り扱う文献では、通例、……対象選択の問題と、……性的特徴と性的姿勢の問題が、十分厳密に区別されているとは言えない。まるで一方の点での決定が、必然的に他方のそれに直結するとでもいわんばかりだ」と述べているようにである。しかし、こうした多義性を主張した瞬間にフロイトが、またもやジェンダーの内容を云々する語り口に入り込んでしまうのをわれわれは目撃する。というのも彼は、このように続けるからである。「性格面で女性的特徴が目立って優勢で、恋愛では女性のように振る舞う男性……でも、異性愛的であることがありうるのだ[原注3]」（p.170）。またもやわれわれは、こうした女性的な特性とか振る舞いは何から構成されているのだろうと自問せざるを得ない。多分チョドロウが示唆するように女性性とは、母子二者関係における（われわれがマザリングと関連づけるような、交流や共感や他者のニードに応じてあげることの作法が息づいているような）母親役割と

訳注15　そこから出発してすべての事象を説明し尽くせるような、基準となる点のこと。支点さえ与えられれば「てこの原理」で地球をも動かしてみせると言ったと伝えられるアルキメデスにちなむ。

の、あの同一化かもしれない。もしそうでないなら、「差異の印」とは何であろう？　受動性という発想に逆戻りするのか？　もしくはそれは実際のところ、娘がするような仕方で父親を愛することから成っているのであろうか？

　ここで働いている奇妙な前提について考えてみよう。性差の問いを生じさせるのは、いつも女性のセクシュアリティだけだ。フロイトの説でもミッチェルの説でも、男児の異性愛的指向には説明を要しないかのようである。実際それは彼らの去勢コンプレックスの前提としてすでにそこに与えられており、要点は主としてその性的欲望の放棄にある。男児の母親への愛はあらかじめそこにあって、ただおのずから始動するだけだ。つまり彼の母親との関係は実際上、「自然な」出発点なのである。性差についてのこうした見方は、異性愛についても母親によるマザリングについても、やはり社会的、生物学的な事実を前提としてそれにある程度寄りかかっているはずで、そういう前提にそこまで寄りかかっていないというのは理解しがたい。男児の異性愛的構造がいかにして存在に至るかを、フロイトの去勢コンプレックス説が説明したとは思えない。フロイトの去勢コンプレックス説はただ、少女にとって異性愛的構造は「自然」ではないのに、また少女はそれに抵抗すらしてもおかしくないのに、どうして最終的には少女はそれに従うことになるのかを説明しただけである。〔フロイトの説明でゆくと〕むしろ異性愛的構造が去勢コンプレックスを生じさせることになって、去勢コンプレックスの結果が異性愛構造ということにはならなくなってしまう。異性愛的指向、これは性差の内容と称されているものだが、それについてはまったく説明されたことにならない。

　異性愛という社会体制から出発して、そこから異性愛的な心の働きを導き出し、しかも去勢の考え方を取り入れたままでいることはもちろん可能である。ルビン[163・訳注16]はそれをもっとも説得力ある仕方で行った。つまり、男性による女性の交換を保証する役割を果たすものとしてファルスを位置づけたのである。幼女は、自分には交換のためのファルスがないので母親を所有できないと発見するがゆえに、母親への自分の愛を断念する、と彼女は論じた。ルビンにとってこの説明は、ミッチェル流の理解のように「生物学的な不備」からくるあきらめに言及したものではなく、社会体制への服従に言及したものだ。つまりあらかじめ存在する同性愛のタブー、そして女性はファルスに対してのみ交換できるというルールが、女児に失望を強いるものなのである。また当然のことながら、異性愛構造が規範的な自然の産物だという立場に異を唱え、それを社会的に与えられたものとみる人たちは——ストラー[186・訳注17]やチョドロウ[52・訳注18]といった

原注3　チョドロウ[52]はジェンダーと対象選択の違いを描き出すために、適切にもこのくだりを引用している。ミッチェルが議論の対象としている違いである。チョドロウが覆したのはまさしくこの混同、つまり対象選択と、男性同一化や女性同一化との混同であった。プレエディパルな違いが、エディパルな異性愛的対象選択より先にあることを示したのである。しかしもちろん肝心な点は、フロイトがこの立場を取りつづけられなかったことである。つまり彼は女児の女性性を説明しようとすると、それを彼女の異性愛的指向と混同してしまうのだ。これもまた、母親との女児の同一化を女性性と見なすことに対する、フロイトの激しい拒否のせいなのだろうか？

訳注16　ガイル・ルビン（Gayle S. Rubin, 一九四九—）。米国の文化人類学者。女性の人身売買的交換を示唆するタイトルを冠した *The Traffic in Women: Notes on the 'Political Economy' of Sex* などのジェンダー・ポリティクス研究で有名。

訳注17　ロバート・J・ストラー（Robert Jesse Stoller, 一九二四—一九九一）。米国の精神分析家、精神科医。性同一性研究の第一人者。

訳注18（二カ所）　原著ではChodorow（1992）となっているが、1994の誤りと思われる。

対象関係論の精神分析家たちであるが——、男児による異性愛の継承に関しても疑問を呈した。まずストラー[186]が、男児の母親に対する早期の関係は異性愛的というより同一化的であり、男児の異性愛はまず脱同一化と分離の複雑なプロセスがあったのちに、はじめて発達しうると論じた。チョドロウ[49]は、母親の無意識的空想が、男児を自分の相補的他者、愛の対象と見なすことによって、この脱同一化の達成をいかに助けるかを示そうとした。ここでは男児は、母親との異性愛的関係からではなく、母親との原初的な同一化から抜け出ねばならないとされているわけである。

さて、ここでの男児についての語りは、女児による男性性の断念についてフロイトが展開したのと同じロジックを男児にも適用しつつ、同じ調子で進んでいるのではないだろうか。ここでの主要な問題は、男児はいかにして母親を愛の対象とするようになり、みずからの「女性性コンプレックス」を断念するか、ということであろう[52・68・128]。この場合は男性性が、女性性と同じくらい謎ということになる[原注4]。実際、男児は最初自分を非-母親と定義づけているが、のちにエディパルな力が働く中で、母親の方を非-男性であり最初思ったような一般普遍的な人間でないものと定義づけるようになるとチョドロウは示唆している[50]。フロイトが前提としたものは逆転され、同一化が一義的な絆《きずな》として強調されて、対象愛はそれに続くものとされるのだ。しかしながらこの逆転が示しているのは、二元的ロジックである。このロジックは乗り越えられないままに、母性的関係的仮説と父親／ファルス仮説、どちらのポジションがとられても、中核的位置を保っているのだ。（これこそチョドロウ[52・訳注18]が近年、二元性よりもさまざまに分岐した多様なポジションを擁護するようになってきた理由に違いない。）逆転した形においても、対象愛と同一化はいまだ相互排他的な関係でありつづけている。この場合、性の区分は内容を持たず、Xは非Yであり、Yは非Xであるというような相互否定の原理でしかない。フロイトの去勢コンプレックス理論もその反対論も、いずれもエディプス・コンプレックスが、異性愛的要請との直面であることを示しているのだ。異性愛的要請、それはなることと持つこと、同一化と対象愛は分裂されていなければならぬという命令である。

ラカンにとっても同一化と対象愛のこの分裂は、男児がどのように主体となるかを理解するための要《かなめ》でありつづけたが、しかし論の展開のされ方は少々違う。想像上の万能な母親からの分離というものは実際上、対象関係論などにおけるそれと似た位置を占めている。つまり分離は男性の欲望の、また異性愛的な主体の、前提条件となっているのである。去勢はこのように、自然なものと前提されている異性愛的欲望の禁止を単に意味するのではなく、むしろ去勢の結果生ずる母親への欲望を意味している――去勢といっても、それは母親の去勢なのだが。万能空想という想像界から立ち現れるために男児は、母親は必ずしも自足し完成されているのではなくファルスを持たず（あるいはクラインの見方でいえば、自身の体内に父親のペニスを持たず）、彼女を完成させるためには他の誰かを必要とするの[125]だということを知らねばならない――つまり母親が「女性的」なるものにならねばならないのである。ファルスに対する

原注4　以前の著作で私は、この脱同一化についても強調していたが、のちになってそれはエディパルな現象であり、ファスト[68]が主張するように、それに先だって母親およびその再生産能力との非常に強固な同一化があることを認識するようになった。思うにチョドロウは母親とのこの同一化が、父性的《パターナル》な、また男性的なオリエンテーションによって通常完全に抑圧されるものとあまりにも安易に仮定しすぎている。男児のマザリングの能力を、男児の母親に対するオーバーインクルーシブな同一化に基礎づけるのではなくである。それはエディパルなものと並行して存在しつづけることが可能であり、かつ実際しばしば存在しつづけるのだが。

母親の欲望に象徴される、母親の欠乏と彼自身の欠乏を、彼は同時に認識せねばならない。彼女になる（ファルスになる）ことと、彼女を持つ（彼女と再結合するファルスを持つ）ことを、両方兼ねることはできないのである。だから、性差の問題に対する端的な答えはこうなるであろう。すなわち、それは選択の必要性のみから成っている。エディプス・コンプレックスはおのおのの子どもに、一方のものになって他方を持つこと、一方に同一化し他方を愛することを選択する必要性を課すのである。

これは性差についての説得力ある理解だ。内容の限定を求めないのである。（もっとも、次のような疑問は何度も呈されているが。すなわち、ここで言われているファルスというのは本当はペニスのことで、解剖学的運命の焼き直しではないのか、と。しかし「この件はここまでにして、追及しないでおこう」。）それでゆくと、フロイトのはまった落とし穴を避けられるのだろうか？　その場合、女性性の問題はどうなるのだろう？　なることと持つことが分割されているというエディプス的図式の単純さを、われわれは問い直してもよいかもしれない。この手の分割（による説明）が、フロイトによる愛の分類学においてどのように瓦解していたかを思い起こすことによってである。差異が相補的な形で設定されると、女性性は非‐Yの位置に置かれることになるのをわれわれは見た。だからローズは、[159]女性は空っぽの集合体であり、言語は女性的なるものをその負の語句に、その他者に、何であれ本質《エッセンス》を欠いたものにするという考えを示した。けれどもなぜ女性的なものが、またしても女性的なものだけが、負《ネガティブ》とされるのだろう？　なぜ女性性についての検討だけが、「内容を持つものとしてのセクシュアリティの範疇を完全に崩壊させること」につながるのであろうか？

結局、母親同一化から出発した逆転の発想も、われわれが（女性の場合と）ちょうど同じくらい容易に、男性性を母性的なものの負《ネガティブ》であり非‐母親であり、「空っぽの集合体」であると思いなしてしまうかを示すことになった。性差を対称的なものとして見た方が、より妥当ではないだろうか。つまり、それぞれのポジションを他方の否定として見るのである。すなわちそれぞれのポジションはお互いに、他方が象徴していると主張する内容物の否定になっているが、「私はあなたではない」という主張だけはどちらも否定していない、そんなものとして。しかしそれは主体 対 主体のロジックであり、間主観的観点であろう。ここでのロジックは主体 対 対象というポジションのそれであり、一方が敗れ去らねばならないようなものである。だからセクシュアリティは内容があるように見えなければならないのだ、つまりこの非対称さを正当化できるような特定の定義づけがである。周知のようにその正当化が、差異を意味するファルスの特別な機能なのだ。

ローズは、男性性と女性性をともに揺るがす対称的な逆転が、なぜ許容できないのかを説明している。ここでわれわれは、ラカン派のロジックをもう少し考えてみなければならない。つまりどのようにしてわれわれが、象徴的な水準で機能できる主体になるかについてである。これは、閉じたイメージの世界からわれわれを引っ張り出し他の主体たちのいる世界へと連れ出すようにして、われわれの精神的体験を表象するための決定的な能力のことを言っている。ファルスを通じてではなく、母親とのプレエディパルな同一化を通じて女性性を定義し、ラカン（そしてフロイトにもまた当てはまるのだが）の主張を単にひっくり返すだけの形でラカンに反論しようとしても、女性を象徴的なものの外に置くだけになるとローズは言っている。女性を女性との関連で定義し、女児の能動的な女性性を母親からくるものとしたところで、それは父親とそのファルスをまるごと切り捨ててしまって、女児を終わりのない二者関係の融合の中に投げ込むことになってしまう。そのようなフェミニスト理論は、前象徴的な母性的秩序を擁護し、そのあげく象徴化と分離には確かにファルスが必要だという再確認に奉仕する結果に終わるのがおちだと。

けれども、それは本当だろうか？　シャスゲ - スミルゲル[48]からチョドロウ[49]を経て私にも至っている議論の道筋をたどってみると、分離 - 個体化の葛藤は女児を父親との関係探求へと突き動かすのに十分であると理解できるし、実際この分離への衝動はどのみち彼女を象徴的なものへと進ませることがわかる。私はまた、この文脈における父親は、そもそも母親によって創造された間主観的な空間の象徴として用いられているとも主張してきた。外なる他者との始原的な対話をもとにして、考えたり表象したりする内的過程の基盤ができる。母親の対話的能力は、子どもが彼女自身の主体性を認識できるように促す。つまり、彼女は子ども自身の主体性を表象し照らし返してやることによって、象徴能力を引き出すのである。考えるというこの母親の能動的活動なくしては、父親やペニスが象徴的なものとなることはなく、差異を強める具体的なモノとしてイメージされることになってしまう。だからファルスでなく母親から出発することは、必ずしも前象徴的な母性的秩序を擁護することに終わるのではないし、欠損した場合はこうなるから象徴化と分離にはやはりファルスが必要なのだと証明することにもならない。[24]

いずれにせよローズの言っている母親は、女性的な母親——去勢された母親、完成されるためにはファルスや父親を必要とする母親——ではなく、ファリック・マザーに他ならないであろう。ここでの決定的な想定は、母親は分裂していなければならないということである。つまり彼女の女性性は、ファリック・マザーの否定を通じて形成されねばならないのだ。シャスゲ - スミルゲル[48]が説明するように、去勢された女性という考えは、子どもが無意識に抱いている母親イメージの否定として、子どもがどうしようもなく母親に依存していた頃に彼女に付与されたプレエディパルな万能性を否定するものとして機能する。

この立場に含まれるやや疑わしい前提は、母親がもう一人の他者を欲望しているはずだという考えでもないし、子どもは彼自身あるいは彼女自身が母親の欲望の対象ではないと認識せねばならぬという考えでもない。むしろ、去勢されたものと見ることによってしか母親のことを「全《まった》きにあらざるもの not-all」と考えられない点である。[24] この去勢は彼女の欲望を、自分自身では何も（器官も欲望も）持たず、だから赤ん坊／ペニスを得るため父親に向かわねばならなかったエディプス期の少女に由来するものとしている。しかし「去勢された」母親は、誰かを欲望するということができない――自分自身の器官を持っていて初めてそうできる。終わりのないサイクルの中で、娘は母親に背を向け同一化の対象にすらしなくなり、そうして今度は自分自身が持たざる者、受け身の者、男性の愛を受ける者としてしかその欲望を表されることのない母親になるのである。ここでもう一度、両性の非対称さに目を向けてみよう。男児は、最終的には母親のような誰かを持てるようになり、またフロイトが『自我とエス』で主張したように、父親のようになってもよい（「おまえは、私のようになってもよい You may be like me」）。一方女児は母親に背を向けたまま、エディパルな母親との新しい水準での同一化に移行することはない。彼女は母親になるべく努めることから、母親のようになることへと移行しないのである。彼女〔女児〕の父親への愛は、母親が父親や彼女〔女児〕へ向ける愛が表している能動的な女性性との同一化によってではなく、ファルスによってのみ媒介される。結局母親との三角関係はないままで、彼女が自分の象徴的主体性を犠牲にしないではそこへ戻れないような二者関係のみである。だからフロイト（および彼に追随するミッチェル）は彼女に、母親への「愛着を終わりに」させ、旧来の二者関係を反復するような父親との新たな二者関係へ向かわせたのだ。

日常の観察では（フロイトもしばしばこの日常の観察に依拠していたものだが）、女児は母親への愛着を終わりにせず、実際には母親との同一化を保つことが観察される。チョドロウや他の対象関係論の思想家たち[68・149]は、たとえ女児が父親を愛の対象とするときでも、彼女には母親への愛を（フロイトが考えたように）否定する必要がないことを認識している強みを持っている。逆にそのような突然の幻滅は対象の分裂をもたらし、そのせいで外的な全体対象を愛することはできにくくなり[149]、父親への愛はまったく防衛的性格を帯びたものとなって、「母親を撃退する」ようなものになるだろう（シャスゲ－スミルゲル[48]にあるように）。女児も男児と同じように、母親をライバルとして見たり同一化の対象である愛する人として見たりする両価的なあり方をふくむ、エディパルな関係性をつくるものと考える方が、はるかに妥当である（ホーナイやクラインもこのような見方であった）。ファスト[68]が指摘しているように、彼女は母親との同一化を、母親そのものになっているという融合した感覚から、さまざまなやり方で母親のように、またそれ以外の女性たちのようになるという、より分化した感覚へと発展させていくことができるのである。

なぜ女児の母親への同一化を除外して父親への対象愛を強調し、彼女の女性性を、あるいは性差の謎を、それに依存するものとしなければならないのだろうか？　男性性と女性性の両方をあえて相互に問い直して、最終的にジェンダーの不確かさを受け入れるに至るよりもむしろ、ラカン派の見解は、特定のジェンダー内容を基盤にした異性愛を具体的な存在と考えるところにわれわれを引き戻してしまう。

男児と女児はそれぞれどのようにして母親との原初的同一化から、自分とは違う誰かを愛するという感覚へ移行するのかを問うよりもむしろ、[52]女性性の不能さへとわれわれを引き戻すだけのように思える。それに、この話にはまだ何かあると私は思うのだ。チョドロウの描き出した女児の女性性のイメージは、プレエディパルな母親との連続性から生じ、母親との男性的な分離や境界とは正反対とされるものであるが、それはそれぞれのポジションが持つ性的内容、とりわけフロイトによる能動性／受動性の二元性を射程に入れるまで拡大される必要がある。女性的ポジションは母親的《マターナル》ポジションとまったく同一のものではなく、女性性は父親やファルスに対してある特定の関係をとることで成り立っているというフロイトの主張は、重要だがしかし不完全な洞察を示していた——つまりそこにも真実はあるのだが、それがすべてではないのである。それは家父長制を説明する、効果的な物語にすぎない。それは男性の支配を、実際以上に継ぎ目ないものとして描き出し、あたかもエディパルな主体‐対象相補性の完全な支配がすべてであるかのように、またあたかもこの物語の背後には何もないかのように描き出している。そこに別の真実がないなら、このロジックが脱構築されることは不可能だろう。われわれの生きている現実のこれほど多くが、この相補性のロジックに矛盾することもありえないだろうし、またジェンダーがこれほど矛盾して、これほど不完全にしか把握できていないように思えることもないであろうし、これほど否定から成り立っているように見えることもないであろう。それはあたかも、一つの「空っぽの集合体」が、もう一つの「空っぽの集合体」に向かい合っているかのようである。

　この物語の「背後」には何かがあると、私は提唱したいのだ。実はその何かは、まったく発想を転換して、母親から始まる理論を指向することによって姿を現す——それは男性性と女性性という目に映る現実の、背後にある過程である。このジェンダリングの過程は、実は同性の親との単なる同一化という、過去へ過去へとキリのない還元を繰り返すことに頼る考え方より、もっと複雑なものだ。実はその手がかりは、女性性は能動的母親との同一化の後にそれとは対照的なものとして現れる、というフロイトの主張にある。もし女性性が、母親との同一化によって成り立つのではないとしたら——というのも同一化は、性差の認識に先だって生じるものだから——、ではどうして女性性と母親同一化は対立しあい、引き裂かれたものなのかという疑問が当然生じてくる。

　母性的なるものと女性的なるものとのあいだにある、奇妙な対立についての説明を、私は提示したい。それはまた、女性性と受動性がなぜ繰り返しイコールで結ばれつづけてきたのかという点についても光を当てるだろう。前章で論じたように、女性的な受け身の娘という観念は、ホーナイ[111]も見て取ったように、フロイトによる女性の去勢理論、つまりエディプス期の男児の発想の投影のようなところがある。言い換えればフロイトの理論は、エディプス期の男児が能動性を持つ権利を主張するために、赤ん坊的な／受け身の／独り立ちしないポジションに女性の方を置くことによって自分の方ではそういうポジションを拒絶する、その際の動きを再演しているのだ。こうして実際母親が持っている能動性とは正反対に、これがいわゆる女性的なポジションになる。思い出してほしいのだがフロイト[81]にとって、愛される女性的な対象というものは、結局男性を反転させることによって創りだされていた。そこでは男性は女性を、彼が赤ん坊の頃そうであったような、自己愛的《ナルシスティック》な溺愛の対象にする。そして彼は、なおさら意図せずにではあるが、母親の役割を演ずるのである。

　ここでわれわれが考えているのは、エディパルな母親である。つまり養うだけではなくて、たとえば屈辱を与えたり脅かしたり、過度な刺激を与えたりというように、満たされず、十分にコンテインされないこともしばしばあるような興奮を子どもの中に引き起こす母親である。端的に言うなら、もし受け身的に経験されるならばこうした刺激は、彼女の無力な対象にされてしまった感覚を引き起こすかもしれないのである。「防衛 - 神経精神症」についての初期の論文〔すなわち「防衛 - 神経精神症再論」〕においてフロイト[75]は、防衛的な能動性を発揮しようとする強迫的あり方は、さもなければ体験させられるかもしれない過度な刺激を受けさせられる女性的な受動性を抑圧するための、男性的方法だという考えをはっきり述べている。[53] そもそも母親のコンテイン機能は、なすすべなく過度な刺激を浴びせられることから実際に子どもを守らねばならないものである。子どもの心の状態を思い浮かべ、彼をより安全な象徴の世界へと引き入れることができる彼女の能力は、彼の感情を耐えられるものにし、彼女を危険な対象としてでなく主体として見ることを可能にする。けれどももしその男児が、その機能を同一化を通じて体内化することを妨げられていたり、欲望を自分のものとして受け入れられるようになるにはあまりにも手一杯だったりしたら、その子はどうするだろうか? 防衛的な能動性を採用せねばならなくなるのである。自分自身のコンテイナーになることができないので、そのかわり防衛的に能動性を使って、コンテインしてくれる対象の中へと排出せざるをえなくなるのだ。こうした意味では、男性的な防衛にともなうのは分離でも境界でもなく、駆り立てられるようにして結ばれる他者との関係である。これは原著者性や所有者性を欠いた能動性だ――だから、もう一人の主体のための空間を許容できる真の主体性をも欠くことになる。

このような駆り立てられての能動性は、女性的な受動性と対をなしている。同様の趣旨の議論でブレナン[35]が論じたように、男性的な形をとった能動的支配は、その人が厄介払いしたいと思っている、無力な受け身の立場にともなう感情を引き受けてくれるような、女性的な対象を必要とする[原注5]。こうした感情を引き受けることはすなわち、男性の放出のための、排泄される感情のためのコンテイナーになることを含む――それは、彼女自身の欲望というものを持たない対象である。求められるこの対象こそが、能動性をあきらめ受動性へと向き直って、父親のペニス／赤ん坊のための器となるエディパルな娘として描かれているものなのだ。言い換えれば、それは母親よりも受動的でコントロールしやすいコンテイナーである――もっともそれゆえに、潜在的により刺激的な存在でもあって、近親姦の際には文字通りその中へと放出される存在となるのであるが。

これで女性性がどうして母親の能動性のネガ（あるいはマザリングの倒錯かもしれない）になるのかが理解できたと思う。シャスゲ＝スミルゲル[48]によると、女性性というこの構築物は、母親の途方もない力を前にして感じる無力感への反応として、エディプス期の子どもたちに男女を問わず共有されているものであるという。去勢された「女性的」ポジションは、無意識の中の母親イマーゴが持つ万能的ポジションの正確なネガになっている。私の見るところでは、母親的な対象は分裂されている。つまり吸収するもの、もてなすもの、受容するものとしての女性性は、ファリック・マザーからのコントロールへの対抗策として組み立てられているのだ。実際、女性性のこの分裂排除、母親の力の無効化は、母親とのプレエディパルな関係性の中で発達する（とチョドロウが見ている）関係性の能力に、対抗するために使われているのかもしれない。つまりそれは二者関係の中で、母親側よりも赤ん坊の側を強調しようとしているのかもしれないのだ。こうして女性的ポジションは、母親から分離し、母親の力《パワー》を父親へと移すために、娘が採用するポジションとなる。彼女がそれを父親に直接従ってなすにせよ、女性性の文化的表現にあこがれてなすにせよ、彼女はいまや父親との同一化をあきらめて、母性的ホールディングとして吸収したものを、受け身の受容性へと鋳直してしまう。臨床的なレベルでは、女児はそれまですでに母親のコンテイナーとして、母親をもてなす対象としてずっと機能させられてきて、そのポジションから逃れるために、より窮屈な「不自由」から自分のセクシュアリティを自由にするために父親を使おうとしているのかもしれない点に注意しておくべきだろう。また文化的なレベルでは、女性性というこの性的な形態――男性の欲望の対象――は、ちょうど女児が分離を求めているときに、彼女のニーズに合致した形で、彼女に男性の世界へと入っていく道を提供するのだと言えるかもしれない。女性性の文化的形態は男児と女児の両方にとって、母親的なものに対する反逆を助けるものではあるが、それでもそれは概してエディプス期の男児の不安に沿うかたちで、男性が文化を構築した結果のように見受けられる。

ラカン派の記述を読むと、そこでも女性的なるものは、エディプス期の男児が母親を分割する行為によってまずつくられていると言うことができる。象徴界に入った男児が母親との同一化を打ち破るとき、彼が脱同一化するのは正確には、女性的な母親とである。一方で、想像界の水準では彼女は男根的なま

原注5　ブレナン[35]は、他者を「女性的」ポジションに縛りつけることによって主体がエネルギーを得るという、エネルギー交換のアイデアを展開している。娘、あるいは娘ポジションにある者は、父親の「刷り込み」を受け、望まれない不安を受容し、自己を維持させるための「生きた関心」を提供するように使われるという。こうしたアイデンティティの固定は多様性を抑制してしまうものの、どちらの性も男性的ポジションをとることができるとブレナンは見ている。

ま留まり女性的ではなく男性的で、彼は性的な面で主導権を握りたがり指図がましく能動的なパートナーとしての彼女と、同一化を保ちつづけるのである。女性的なるものは、まずこの母親を分割する行為によってつくられる。この見方でいくと定義上女児は、母親の部分のうち男児にとられた以外の部分に同一化することによってのみ女性的となることになる。しかも彼女は、こうした意味で女性的になることによってのみ、母親から分離できる。すなわち母親の母親（これもまた娘が好きなポジションだ）になったりすることによってではなく、娘になることによってのみである。

この意味での女性性は男性性に対する負《ネガティブ》なるものでありながらも、はっきり限定された内容を持っている。それは男児による、母親的なるもののエディパルな拒絶と、母子二者関係を娘の中へと置き換えることによって定義づけられるのである。だから、父親へのエディパルな向き直り（これによって女児は、父親のエディパルな願望に沿う形で、母親同一化から自分自身を区別するのであるが）こそ、「真に」女性的なるものなのである。これが、母親の能動性と女性的なものの受動性というフロイトの対比の意味や、性差が女児の異性愛的指向とイコールで結ばれることの意味を説き明かす、ジェンダーの真実（とはいえ「偽りの」ではあるが）である。けれどもまた別のものも、この真実を裏書きしている。つまりこうした形の性差の構築は、受動性と無力さへの恐れにもよっているのだ。[48] 女性性の「内容」とは、望まれない、原初的な恐れを引き起こすこの経験をコンテインし、そこから刺激的な誘惑を、すなわちいまやファルスがそれに対して働きかけコントロールし組織化できるような何ものかを、つくりだすことである。こうした意味で女性性は（非常に多義的に能動的、かつパワフルな）母性とは違って、主体に対する対象のポジションである。私が示そうとしてきたことは、女性性というこの構築物——そしてそれと対をなす、受動性への抵抗としての男性性——は、性差がとる不可避的な形ではなくて、男性のエディパルなポジションの心的構築物なのであり、それがジェンダー分割に意味を刻印してきたのだということである。

エディパルな相補性とプレエディパルな包括性《インクルーシビティ》、あるいは、同一化と対象愛の現象学

フロイト版のエディプス・コンプレックスにおける男性性と女性性というエディパルな構築物が、いかに主体‐対象相補性の典型となっているかを示してきた。相互排他性の原理は、そこに明確な定義づけがあろうがなかろうが人はXになってYを持つか、あるいはYになってXを持つことができるという原理であるが、これが根本的な秩序化原理となっているように思われる。それはエディパルなポジションの原理、異性愛の原理であり、いたるところに明瞭に存在している。しかし、この原理は遺漏のないものではない。それは多様性やジェンダーの曖昧性によって絶えずくつがえされ、前述のようなパラドックスを生んでいるのである。フロイト自身が指摘したように、性的な主体性を形成し終えた多くの個人が、この原理に従っていない。つまり男性的でありながら男性を愛したり、女性的でありながら女性を愛したりということがありうるのである。同一化と対象選択は、必ずしも逆の関係になっていない。

実際われわれが「ナルシシズムの導入にむけて」を読んでみてわかったように、対象愛における理想化は、非常に特殊な形の同一化の変形を表しているように思われる。対象愛と同一化の区別は、女性性と男性性の区別と同じくらいとらえどころのないものでありうるし、性愛を生みだす差異は、性差の中

身と同じくらいとらえどころのないものでありうる。対象愛は、女性性と同じくらい大きな謎かもしれない。ジェンダー相補性についてのわれわれの現象学を追究するにあたってわれわれは、同一化と対象愛の分裂がエディパルな形成の中でいかに働いているかを考えてゆくことになるだろうし、またおそらくはこうした謎にも光を当てることになるだろう。

前もって言っておくと、私は次のようなことを示唆していくつもりである。プレエディパルな流れを統合するポストエディパルなものの見方が、プレエディパルとエディパルとの対立関係を越えて、いかに違った形の相補性を与えてくれ、相互排他性のロジックを攪乱するか。それはXイコール非Y、Yイコール非Xというロジックを廃止することはないものの、YやXといったこうした同一性が(A＝5x＋2y－xといった)もっと複雑な等式へと再結合されうること、またそうすることによってジェンダー多様性を生みだしうることを認識している。女性性と男性性、それはおのおのを「あなたではないものnot-you」として創造するものであるが、それらはその内容と恒常性とをさらに問われるような仕方で再結合される。これはすでに述べたようなパラドックスを生みだす。つまり人は異性愛になることもあれば同性愛になることもあるし、Yを愛しながらかつYであったり、Xを愛しながらかつXであったりすることもできる――これは究極的には次のような問いにつながるパラドックスである。すなわち、女性を愛しながら「女性的」に振る舞う男性が異性愛とされるのに、別の男性を愛しながら彼の反対のように振る舞う男性が異性愛とされないのはなぜなのか? もし間主観的なものの見方が、主体‐対象関係を越える道を、したがって能動性と受動性の違った関係性の道を開くなら、それは排他的で分極化した同一性というあのロジックを克服する道を指し示すかもしれない。私は他の論者たちとともに(とくにアーロン[6]、バッシン[8])、この克服はプレエディパルなオーバーインクルーシブネスの回復、それもエディパルな分割を廃止せず、逆にしばしばそれを超えるか保留するようなそれに根ざしていると論じたことがある。[20,23]

過去数十年を特徴づけていた、ジェンダー分化についてのいくつかの対象関係論的な考え方を振り返ることから始めよう。前述したようにストラーの仕事は、フロイトの見解とは逆のことを提案した。つまり、すべての子どもはまず母親との同一化から出発するという考え方を示したのである。しかしながらその同一化と並行して、自分が男性か女性のいずれかに属していることの認識が早くから存在するとストラーは仮定し、それを中核性同一性《コア・ジェンダー・アイデンティティ》と呼んだ。[185]この運動覚的な概念、つまり他者からの扱われ方に基づいた身体自我感覚の概念は、名義的性同一性（*nominal* gender identity）と言った方が思い浮かべやすいかもしれない観念である——子どもはそれが名前によって組織化《オーガナイズ》するのにしたがって、それによって組織化されるわけである。一つこの概念の難点とは、この概念が考え出された時代にはまだ、スターン[183]やビービー[11]によってすでに提唱されているような前言語的、前象徴的表象についての理論が何もなかったことである。最早期のジェンダー感覚は、ひょっとすると何か前表象的なものを介して伝染のように伝えられるのかもしれないと、ストラー[186]は推測せねばならなかった。今日の理論では、早期の同一化という考え方を表象に基礎づけることが可能になり、早期の同一化をのちの同一化と比較することがより容易になっている。もっとも、より具体的な感覚運動図式に基づいてではあるが。

中核性同一性概念の最初の定式化が抱えていたもう一つの困難は、次のような事実から生じてきた。すなわちストラーは、その〔中核性同一性の〕完成とエディプス期とのあいだの期間を埋めないまま、いわば前エディプス期を飛ばして、その概念を発展させてしまったのである。前エディプス期はこれまで解明されたかぎりでは、まず何より母親からの脱同一化のプロセスによって占められているものと考えられるという考え方が、グリーンソン[103]によって提唱された。したがってこのモデルは次のようなものになった（少なくとも男児の場合はであるが）。すなわち中核性同一性を確立し、母親から脱同一化し、エディプス期に入る、と。明らかに、前エディプス期についてわれわれが考えていることは、いまやこの定式化よりもはるかに拡がっている。パーソンとオヴェセイ[153]はこのモデルを補足し、分離‐個体化期にはどちらの性の子どもも母親から脱同一化し、性役割同一性《ジェンダー・ロール・アイデンティティ》を固めねばならない、と示唆してその欠陥を補った。この見方では男児と女児を、分離のプロセスにおいてより対称的なものとして見ていたが、しかし男児の分離の困難はより目につく標識を残しがちであると説明していた。

　オーバーインクルーシブで両性的な同一化についてのファスト[68・69]の定式化や、私自身の見解に基づいた、私の示唆[23]は次のようなものだ。男児も女児もこのときには、一次的な親から脱同一化しない。確かに彼らはより分離し、第二の人物――それはステレオタイプ的には、より一次的でない、より出入りの激しい方の親だが、しばしば手近にいて愛着の対象になっている、別の大人のこともある――を、個体化を支えてもらうために用いようとはする。したがって伝統的な家族では、どちらの性別の子どもも再接近期のあいだ、母親と父親をそれぞれ「よいものの源」と「欲望の主体」として区別している。アベリン[1]が指摘したようにそういうよちよち歩きの子ども《トドラー》は、自分を魅了する引力が対象から発しているかのように経験される感覚運動性の具体的認知から、主観的で象徴的なモードへと移行する――彼女には自分がそれを欲しているのだと、わかるようになるのだ。欲望の主体となるというこの能力を、彼女は象徴的に心に描くことができる。誰か他の人がこの種の志向性《インテンショナリティ》や原著者性を表現しているのを見ることによってだ。[17—20・23]私はアベリンとは違って、欲望の最初の対象となるのがママ——もっとも彼の挙げている例では、新しいきょうだいの誕生がそれを妥当に思わせるのだが——であることはあまりなく、むしろ外の世界であることの方が多いと考えている。その外の世界とのあいだで、子どもは情事を練習しはじめるのである。[130・訳注19]練習の中で世界は、初めて愛を向けたあの刺激的な他者の延長として経験されるようになる。最接近期《ラプロッシュメント》において子どもは、あの刺激的で抗しがたい魅力を持つ、外の世界を象徴する父親と情事を持つ。彼は、世界にアクセスし楽しむことのできる、自由の象徴なのである。

欲望の主体であるという感覚、主体性というものの原初的感覚は、単に欠損によってや、エディパルな象徴性に入っていくことによって与えられるのではない。父親あるいはそれに類する人物、つまりその子が初めて編み出そうとしているある種の原著者性や志向性を代表するような人物に対する、それまでに存在してきた象徴化的な《シンボライジング》（しかし完全に象徴的《シンボリック》というわけではない——いうなれば想像的な《イマジナリー》）関係性によって与えられるのである。同一化愛は特別な成り立ちを持っていて、それは他者から似通った存在として認識されたいと欲する愛である。同一化は単に理想を体内化するという事態ではなく、理想を体現しているその人を愛しつつ、その人と関係を持っているという事態である（フロイトが「ナルシシズムの導

訳注19　マーガレット・マーラーの示した子どもの「分離‐個体化」理論において、ものを認知したり直立歩行する能力がそなわってきた子どもが母親のもとを離れ自由に外界の探索におもむく時期は「練習期」と命名されており、この時期の子どもの様子は「世界との情事 love affair with the world」と表現されている。

入にむけて」[81]で描写したように)。この愛は実は、よいものの源に対する最初の愛よりも外側に向けられているが、これはフロイト[86]が同一化による絆《きずな》を対象に対する最初の絆と呼び、それを父親と関連づけた際にも、おそらく念頭に置いていたであろう事実である。それは他者を主体として認識することへむかう一歩である。もっともその目的は他者性をまるごと受け入れるというよりむしろ、その他者を体内化することであるけれども。こうした形の同一化愛は、父親に向かっているのが男児であれ女児であれ、同性愛的であると私は示唆した。それは同じであることを承認するためと、差異に橋をかけるため、その両方のために用いられているのである。

同一化愛を再接近期の父親にむすびつける中で、父親的人物像は単に母親を撃退し、母親以外の人を防衛的に理想化するためだけに用いられているのではなく、第二の人物へと愛を拡げるために用いられていることを私は強調している(ドメニチ私信)。父親あるいは誰であれ二番目の人物は、息子にとってだけでなく娘にとっても、自分は欲望の主体であるという子どもの感覚を支える上で有効なのだと私は強調した。また私は、男児が母親との同一化をそんなに性急に捨て去る必要はないことも強調した。さもないと分離の困難が、早すぎる防衛的拒絶につながってしまうのである。この防衛的な布置は、父親的人物像に行為者性や原著者性を象徴させるよりもむしろ、その魔術的で万能的な面を際立たせてしまう。またそれは、力強い父親と呑みこむ母親との、早計なエディパル・スプリッティングにつながってしまうのである。

こうした見方をすると父親への同一化愛は、フロイトが理解困難だと考えた現象、つまり女児の父親への向き直りも説明するかもしれない。しかしそれが示唆するところでは、この向き直りはもっと早い時期に、母親との関係を置き換えるものとしてというよりむしろそれに追加されるものとして、能動性をあきらめるというよりむしろ体内化しようとする動きとして起こる。確かにこの向き直りは、何が父親を母親とは違う存在にするのかを説明せず、すでに存在する違いの上に立脚し、世界、文化、「外の世界」に対して違った関係で向き合う父親という社会的な仮説の上に立脚している。それぞれの性別の親に採用されていそうなのは、どうやら解剖学的構造には関連のない、社会的役割ではないかとますます思えてくるのはそのためである。しかし解剖学的なものから解き放たれたとしても、われわれのジェンダー現象学に、男性的だとか女性的だとかいうわれわれの感覚に特徴を与えるのは、まさにそのような歴史的に長らく確立してきたポジションであることにわれわれははっきり気がついている。こうしたポジションの無意識的なマッピングが、差異にまつわる興奮と不安の情動的な経験を浸しつづけている。同一化と、力強い人物像に対する理想化愛においての前性器期的《プレジェニタル》な性愛的興奮との結びつきは、のちにロマンティック・ラブとして現れるものの多くの側面をすでに含んでいる。だから「ナルシシズムの導入にむけて」でのフロイト[81]の示唆が暗に示しているように、愛の対象の理想化はいつも、この同一化愛の置きかわった形であり、その意味で対象愛と同一化愛は、同じコインの表と裏なのかもしれない。

　しかしながら、性愛と同一化愛が初めて出会うとき、その布置は表裏の隠喩《メタファー》が示唆するよりもはるかに流動的である。相互排他性というエディパルな原理が打ち立てられる前に、ファスト[68]がオーバーインクルーシブと名づけたジェンダー分化の段階が存在するのだ。この時期プレエディパルな子どもたちは、もう一方の他者の身体について自分が学び知ったものを自分の中に体内化することによって、異なる性が持つものをすべて網羅しようとして両性的な同一化を形成し、かつそれをさらに練り上げていく。彼らの身体的な遊びや表現の中で、子どもたちは性別を越えた経験を思わせるようなことをする。自分はあらゆるものになれるし、あらゆるものを持てるのだと彼らは想像していて、この空想を通じて両方の性についての象徴を創りだす。初めは、XやYでありながら同時にそうでないことについての矛盾は、ほのかな影を落としている程度なのだ。彼らが性差の二元性システムとしての解剖学を知るようになるにつれ、性別を超えた同一化（the cross-sex identifications）が、徐々に目の敵にされるようになる。彼らは身体的差異の図式を認識しているにもかかわらず、自分は正反対のものを内部に保持できるのだとイメージする。だから男児が女性の再生産の能力や器官に対して羨望を表したり、女児が男性性器に対して羨望を表したりすることは、相互排他性の原理に従うようになるまで生じない。[原注6] この時点では、どちらの性にとっても去勢は、同一化を通じて、つまり対象である彼女や彼の持っているのと同じものを持つことを通じて、自分を対象につないでくれるものの喪失を意味するのである。

ずっと問われてきた問い[134]は、ファストが主張するように子どもは本当にこのプレエディパルなオーバーインクルーシブネスを断念して堅固で明確な性同一性を打ち立てねばならないのか、それともこの問題はもう少し違ったふうに概念化できるのかということである。メイ[134]、アーロン[6]、バッシン[8]は、両性的な完全性や反対の性が持つ諸能力への強い願望を子どもがあきらめることを表すのに、ファストが断念という言葉を使っていることに対して反対している。

私は『愛の拘束』の中にあったある種の矛盾を、認識していなかったように思う。私は次の点でファストに同意した。すなわち子どもはある種の、正反対の性との同一化を断念し、それが他者の特権であることを許容して、そうすることによって同性愛的な同一化を異性愛の基盤にするべく変形させるのであると。けれども同時に私は、性別を越えた同一化は根強く残り「引き続いてのちの柔軟性の基盤になってゆき、その結果その人の心の中ではジェンダー化された自己表象が、ジェンダーのない自己表象や反対のジェンダーの自己表象とすら共存するようになる」とも主張した。これは女性的な振る舞いをする異性愛の男性や、男性的に振る舞う同性愛者についてのフロイトの見解を思い起こさせる。対象選択はしばしば、放棄された同一化の変形として現れるというのはおそらく本当であろうが、話はそれだけではない。この矛盾はもしかすると、性的表象と無性的表象とをさらに区別していくことで解消されうるかもしれない、あたかも他者との性的な同一化だけが放棄されるというようにして――しかしそれではセクシュアリティが狭く過度に単純化された姿で描かれることになり、精神分析の総合指向的な精神とは相容れない。この矛盾は心的現実の重要な側面を反映していると仮定した方がいいのかもしれない。すなわち、エディパルな原理の支配と、プレエディパルなオーバーインクルーシブネスの持続のあいだの緊張関係をである。

言い換えれば、エディパルなものは、それに先立つオーバーインクルーシブなものを単に廃止してしまうだけではないのである。アーロン[6]は、お互いに取って代わりあう段階を考えるのではなく、共存するポジションを考えることを提案した。オーバーインクルーシブ期が完全にエディプス期に取って代わ

原注6　ファストは、男児も再生産能力をもっぱら羨望するという、ある種の対称性を強調している。しかし私は、膣や子宮を持っているという空想を抱く男性も存在するという、臨床的な証拠や子ども時代の証拠に衝撃を受けてきた。この主題について講義したところ、それに対するレスポンスとして私は、膣を持っているという空想を取り戻すにつれて望まない性的強迫行為が消退した男性たちがいるという話を聞かせてもらったことがある。

られると仮定するよりもむしろ、それは抑うつポジションと妄想分裂ポジションが振り子のように行き来するように、行き来するのかもしれないとアーロンは言う。だからわれわれはあるポジションにいるとき、ある種の要素群をもう一つ別のポジションにいる他者に帰属させると言えるのかもしれず、そういう要素群のことをわれわれは、自己と他者のあいだに自由に漂う属性と考えることができるのかもしれない。これらのポジションは相《フェイズ》特異的に発現するが、共存するようになるのである。そしてまた、性の区別と主体性とを結びつけて考えるラカン派の考えが想定しているように、オーバーインクルーシブな希求は本来的に精神病の兆候だという証拠もない。むしろ多くの個人は、もし名義的性同一化の持続性やエディパルなポジションの表象が保たれていれば、非常に異なった自己表象を許容できるのである。強度の曖昧性ですら、精神病の脱同一化と同じではない——というのも名義的性同一化は、互いに葛藤しあう不調和な複数のラインに対する、枠組みを提供するからである。

　葛藤を許容する能力、さらに言えば自我を分裂させ正反対のポジションをとる能力は、ある条件下では創造的な可能性をもつとともに、性の喜びとしては通常考えられているよりもずっとありふれたものなのかもしれない。ジェンダーに関して無害な形で自我を分裂させることは、重要な達成とすらいえるのではないかと考えたくなる。「私は自分があれでないとわかっているけれど、あれであるような感じがする」というように。それは互いに葛藤しあうわれわれの複数の希求を、自分のものとして認めつつも、その限界もまた受け入れさせてくれる。他者性との同一化は、必然的にわれわれをパラドックスへと投げ込む。私は、自分が同一化しているそのものでありながら、かつ同時に、それでないわけなのだから。[63] 私は他者性が体内化できないことを受け入れられねばならないが、同時にそれによって脅かされ

郵便はがき

料金受取人払郵便

本郷局承認

2074

差出有効期間
2019年10月
9日まで

113-8790

東京都文京区
本郷2丁目20番7号

みすず書房営業部
行

通信欄

(ご意見・ご感想などお寄せください．小社ウェブサイトでご紹介させていただく場合がございます．あらかじめご了承ください．)

読者カード

みすず書房の本をご愛読いただき，まことにありがとうございます．

お求めいただいた書籍タイトル

ご購入書店は

・新刊をご案内する「パブリッシャーズ・レビュー　みすず書房の本棚」（年 4 回 3 月・6 月・9 月・12 月刊，無料）をご希望の方にお送りいたします．

（希望する／希望しない）

★ご希望の方は下の「ご住所」欄も必ず記入してください．

・「みすず書房図書目録」最新版をご希望の方にお送りいたします．

（希望する／希望しない）

★ご希望の方は下の「ご住所」欄も必ず記入してください．

・新刊・イベントなどをご案内する「みすず書房ニュースレター」（Eメール配信・月 2 回）をご希望の方にお送りいたします．

（配信を希望する／希望しない）

★ご希望の方は下の「Eメール」欄も必ず記入してください．

・よろしければご関心のジャンルをお知らせください．
（哲学・思想／宗教／心理／社会科学／社会ノンフィクション／
教育／歴史／文学／芸術／自然科学／医学）

（ふりがな） お名前　　　　　　様	〒
ご住所　都・道・府・県　　市・区・郡	
電話　（　　　　）	
Eメール	

ご記入いただいた個人情報は正当な目的のためにのみ使用いたします．

ありがとうございました．みすず書房ウェブサイト http://www.msz.co.jp では刊行書の詳細な書誌とともに，新刊，近刊，復刊，イベントなどさまざまなご案内を掲載しています．ご注文・問い合わせにもぜひご利用ください．

たり破滅させられたりすることなしに、それを想像する力は持っていなければならない。同一化は、その他者の性質が、耐えられないほどの羨望や恐怖を喚起しないために許容されねばならない。（意識的であれ無意識的であれ）あらゆる性的空想やあらゆる同一化は、解剖学的構造の具象性とはまったく違う象徴性の水準を達成しなければならないことを、われわれは認識している。だから解剖学的に正しい同一化というものが、必ずしも心的分化のしるしではないことになる。セクシュアリティには具象的な理解よりもむしろ、隠喩的な理解が必要とされるのである。

さて、われわれはジェンダーに関して二つのスタンスのあいだを行き来しているという発想に戻ろう。オーバーインクルーシブな同一化に触れられていないと、エディパルな断念はどうしても、差異を本当に認識するというよりもむしろ、差異を拒絶し分裂することになり下がってしまうと言えそうである。[23] 実際エディプス期の分化というものは、精神分析理論でしばしば想定されてきたように最終的な到達点であるのではない。それはあまり現実的《リアリスティック》ではなく、差異の真価をきちんと評価した上での認識とそもそも一致してもいないような、相互排他性の原理に基づいている。これは驚くべきことではない、なぜならエディプス期の去勢不安は、プレエディパルな時期においてよりも差異というものをより明瞭にするが、より脅威的なものにもするからである。去勢は異なった段階においては、異なったものを意味する。プレエディパルな状況では、他者が持っているものを自分は持てないと認めることによって自己愛的な打撃がくるが、エディプス期では、もし他者が持っているものをあくまでも欲しがりつづければ、自分自身の器官も同一性も、ジェンダー化された身体も失うことになると恐れるのである。[68]

マイヤー[135]は示唆した。自分の生殖器を失う恐怖は、エディプス期の女児にとっても、男児にとってと同様に決定的なことであり、同性ショービニズムをともなう。つまり「みんなも私とまったく同じようでなくちゃダメ」と言い張り、他者を拒絶するのだ。興味深いことにマイヤーの提示している事例は、相互排他性をめぐるエディパルな不安と、異性愛の条件としてそれがどのように乗り越えられねばならないかを示している。ある女性患者は、自分にペニスが生えてきたが、卵入りのバスケットを落とし卵をこなごなに割ってしまうという夢を見た。夢はその患者がデートしていたある男性との同一化を反映しているように思われたが、そうした同一化を彼女はこれまでずっと激しく拒絶してきたのである。この男性的同一化《マスキュリン・アイデンティフィケーション》によって自分の女性的同一性《フェミニン・アイデンティティ》に加えられていた脅威を認められるようになると、彼女は彼により親しみを感じるようになり、（これまでは耐えがたく恐ろしいものだった）彼の持つ自分との違いを認められるようになった。

これがエディパルなポジションによって課される、典型的な挑戦である。すなわち、同じでないという危険な距離にどう対処すべきかという挑戦だ。〔その答えは〕他者と同じになるよりむしろ、他者を持つことによって、である。しかしエディプス期の子どもは初めはまだ、持つこともできない。だからエディプス期の第一ラウンドは必然的に、差異の不完全な受容で終わる。他者を持つことも、他者になることもなしにだ。引き続いて起こってくる、他者に対する解消しきれない羨望にもとづいた敵意は、われわれの文化では潜伏期の子どもたちにとりわけ目立って現れる。不完全な喪の哀悼《モーニング》は、攻撃性とショービニズムとなって現れるのである。

エディプス不安のもう一つの側面、この場合それは陰性エディプス的なものだが、それはホモフォビアのもととなっている。すなわち、もし他者の方が欲するべき対象をしつこく欲していたら、自分自身の性同一性[186]を失ってしまうのではないかという恐怖である。もちろんこういう信念は——同性愛をめぐる不安の基盤だが[40・41]——プレエディパルな信念に負けないくらい魔術的な思考である。プレエディパルな信念は、同一化の原始的感覚に基づいている。彼女と同じものを欲しがったら、僕は彼女になってしまうというわけだ。実際、ここで次のような二つの考えを区別するのは困難であることには留意せねばならない。すなわち、もし女の子（母親）が持っている能力を持ちたがりつづけたら僕は自分の持つものを失って女の子（母親）になってしまう、という考えと、もし女の子（母親）がするように父親を希求しつづけたら僕は女の子に変わってしまう、という考えだ。この二つの考えを結びつけることによって、エディパルなポジションは相互排他的発想に守られつつ、異性愛のシステムを確立するのである。

一般化すると、相補性がエディプス期の組織化原則《オーガナイジング・プリンシプル》になっており、ジェンダー相補性は理想として内在化されると言えよう[100]。個人が持ついろいろな欲望や同一化の複雑なリアリティに、どんなに反するものであってもだ。母親と父親が象徴しているとされる女性性や男性性の理想を体現することはまだできないし、他者の身体を愛の中で「所有」することもまだできない。つまりなることも、持つこともできないのだ。男性性の文化的理想は、母親との同一化を悼んだり昇華したりすることを妨げる。そのようにして母親を分裂し、これまでわれわれが見てきたような否定的片割れ《ネガティブ・カウンターパート》としての、おとしめられた女性性をどうしても必要とするようになるのである。言い換えれば、相互排他性に守られながら対象愛へと反転された同一化は、フロイトが女性性と男性性について記した二重の問題にゆきつく。すなわち女児は、父親との同一化を通じて獲得した、欲望する主体性をあきらめて受動的ポジションを取らねばならないし、男児は女という性に対して軽蔑的な態度を取ることによって、自分を女性性や母親との同一化から防衛せねばならないのだ。能動性と受動性は反対語になり、ついには矛盾のかたまりにゆきつく。

　しかしながら幸いなことに、対象愛と同一化愛の対立は、エディパルなポジションでの性的経験にとってのみクリアカットで組織化的《オーガナイジング》なだけである。[129] それはセクシュアリティの終点でも、すべてでもないのだ。しかしながらエディパルな組織化《オーガナイゼーション》はもっとも支配的な組織化であり、異性愛構造におけるジェンダー分岐と深く結びついている。この構造はフェミニズム批評家のジェーン・ギャロップ[94]が指摘したように、決定的なパラドックスを生じさせる。すなわちフロイトによって理論化された男根的な男性性は、持つか持たないかをめぐって組織化《オーガナイズ》されているがゆえに、それはまさに「女性性とカップルをなすことのできる男性性」ではないのである。実際ブリーン[30]は、自己完結の理想としてのファルスがいかにペニスを、ペニスと膣をつなぐ器官というよりむしろ身体的欲望の器官であるかのようにして、隠蔽してしてしまっているかを示している。このようにエディパルな相補性は、その愛の目標と、そのジェンダーの形式のあいだに矛盾を生じさせる。はたして男性的主体の能動性と受動的対象の女性性という組み合わせは、性愛生活にまちがいなく刻まれているものではあるものの、異性愛の唯一の基盤なのかということは、実際問うべき価値のある問いなのである。

　少なくとも、対象愛と同一化のエディパルな対置は、「そのようになること being like」と「愛すること loving」とのあいだの、唯一可能な関係性ではないと言える。同様に同一化愛と対象愛とは、しばしば考えられているほどまったく違う、対立したものではないかもしれない。このように考えてくると、異性愛と同性愛との区別は——名義的性同一化に頼っている社会的な水準とは対照的に、心的経験の水準では——はるかに曖昧なものだということになる。というのもライク・サブジェクトであることとラブ・オブジェクト[訳注20]であることは、しばしば関係性の持つ、補いあい絡みあう諸側面だからである。[106] 異性愛は必然的に相補性に基づいていると前提することも、またできない。これまで見てきたように、女児の同一化愛は、彼女の対象選択の基盤になるかもしれない。フロイトが自己愛についてコメントする中で記したようにである。他所で論じたことであるが、[17・20] 欲求不満におかれた同一化愛が、その女性がそうありたかったであろう男性に対する彼女の理想化愛に拍車を掛けるとき、それはしばしばマゾヒスティックな自己卑下の形をとる。しかしこれは男性についても同じように当てはまりうることで、その人が愛の対象とする女性は、到達できない父親理想の持つ諸側面を象徴しているかもしれないのだ。

　同一化は必ず対象愛に対立するのだと想定してしまうと、真の同性愛というものが考えられないものになってしまう。[151] 両性性《バイセクシュアリティ》という精神分析の概念は、それぞれの人間が異性愛の両方のポジションをとっている可能性しか許容せず、類が友を愛する可能性を決して言い出さないかぎりにおいていまだに同性愛を締め出していると、バトラーは指摘する。[40・41] 彼女の戦略はフロイトを基盤として、その逆を提案することである。実際彼女は、同性の親との同一化とふつう理解されているものは「断念した対象備給の沈殿」[84・訳注21]、タブー化された同性愛のメランコリー的な残留物と理解してよいかもしれないと論じる。[42] 言い換えれば同性愛は、両性的な《バイセクシュアル》同一化の現れというより、それに先立つものなのかもしれない。この主張

訳注20　ベンジャミンが前著『ライク・サブジェクト、ラブ・オブジェクト』で提出した概念。ベンジャミンはこの概念を用いて同書の中で、私と相手という二者関係があるとき、私が相手をどのようにとらえるのかについて考察している。ライク・サブジェクトは「私と同じような主体」、「ラブ・オブジェクト」は「愛の対象」という意味合い。

は、もしあらゆる同一化が、断念された愛から生じてきたのであれば妥当なのであろう。しかしながら、同一化が対象愛の派生物であると仮定する必要はないかもしれない。むしろわれわれは、同一化によるつながりの優位を、対象愛に並ぶかたちで理論化することができる。その場合には同一化は、単に喪失に対するメランコリー的な反応ということにはならないし、そして対象愛もまた、単に失われた同一化に対する解決法ということにもならないであろう。

このようにわれわれは、同一化と対象愛のあいだに逆の関係があり、一方が他方の「原因にな」ったり、あるいは一方が他方に先立つに違いないと仮定する必要はない。再接近期の父親への同一化愛のような、始原的《オリジナル》な同一化愛では、その二つのポジションはいまだ分裂していなかったと推測できるかもしれない。つまり、異なるものへの愛と、同じであることを求める渇望は、まだ矛盾したものとして現れてはいなかったのである。もし対象愛と同一化が対置させられることによって、唯一可能な構造としてエディパルなそれが構築されるだけなのだとしたら、異性愛と同性愛もまた、そこまで分極化したものとは思えなくなる。それぞれの性愛的なあり方を、同一化と対象愛の特定の組み合わせを含むものとして見ることができるのだ。

さて、そうするとここで精神分析理論が、反対の性との同一化、同性愛、原光景の否認をむすびつけて病理として規定した等式を解きほぐすことが可能になる。アーロン[6]は、原光景[訳注22]についてのクライン派の見方を再検討してはどうかと提唱した。つまり原光景は、多重的《マルチプル》な同一化の場として再概念化できるのである。原光景に関してより分化したポジションを達成したことの証拠は、異性愛や性器期的《ジェニタル》な相補性の受容ではなく、間主観的な三角関係性《トライアンギュラリティ》の獲得であろう。原光景は子どもに、誰と同一化するのか、誰になるのか、そして誰を持つのかを決断する難しさを突きつける。エディプス期においては、これは次のようなポジションを取ることを求めるであろう。もし私がXであるなら私はYを愛する、そしてまた逆に、もし私がYを愛するなら私はXなのだと。あるいは、もし私がYであるなら私はXを愛する、そしてまた逆に、もし私がXを愛するなら私はYであると。[訳注23] しかし間主観的な見地からは、三角形的な光景の重要性とは、子どもがそれを主体と対象として、参与者と観察者として、（それぞれが全体対象であるような）二人の他者のあいだの関係性の外から表象していることである。アーロンのロジックはこうだ。重要なことは、それぞれの親が分化されていて、子どもがその三角形のそれぞれの頂点を、別々の分離したものとして認識できていることである。ここで問題になっている間主観的能力とは、同じ関係性の中で、参与しながら同時に観察している能力である。これは分析的な試みにおいては決定的に重要なことであり、われわれのポジションについてのさまざまな見方を許容するような自我の分裂を可能にし、[訳注24] われわれがわがものとして引き受けられる範囲を拡げてくれる。

訳注21　ベンジャミンの原著で precipitate となっている単語は precipitate の誤りであろう。またフロイト[84] つまりスタンダード・エディションの Mourning and Melancholia の中にはこのままの表現はなく、バトラー[40] には '…a **precipitate of abandoned object-cathexes** and that it contains the history of those object-choices'. (p.19) というほぼ同じ表現があるため、そちらからの引用であろう。

訳注22　原光景とは、子どもが目撃したとする両親の性交場面のこと。フロイトは症例狼男の研究（一九一八）において、患者が一歳半のとき目撃したであろう原光景によって、母親のように父親に愛されたいという同性愛的願望を抱いたが、同時にそれを拒否し抑圧したと述べている。

訳注23　原著ではこの文の後半が 'if I love Y, I am X'. となっているが誤りであろう。

子どもをエディパルな分化へと進ませる決定的なものとは、XとYが自分のいない世界で関係性を持っているということ、そしてその関係性にはそのどちらかに同一化することを通じてしか入っていけないことへの気づきである。しかしながらキーポイントとなるのは、相手《パートナー》を分離した、あるいは別の存在としてイメージできることである。だから同一化するのがXであるかYであるか、同性か反対の性かということは、分化にとって決定的なことではない。Y（同じ）と同一化するよりむしろX（反対）と同一化することは、本来的に自分の親と脱分化することでもないし、名義的性同一化を否認することでもない。強迫的で倒錯的なシナリオによって組織化されたセクシュアリティは、性器期の原光景の攻撃や否認を表しているというのは本当かもしれないが、だからといって逆に性器期《ジェニタル》的な相補性に忠実ならそのような攻撃や否認と無縁だということにはならないし、そのような忠実さが分化したセクシュアリティの必要条件あるいは十分条件だということでもない。性器期的な異性愛を柔軟性のないエディパルな形で定式化することにこだわると、同一化や欲望におけるほかの要素群との関係を固定的に断ってしまうことにしかならないであろうし、そうなるとそういう要素群は、自己を危険にさらす攻撃として知覚されることになってしまうだろう。

われわれは相互排他性というこの原理が、多くの個人にとって決して強制的な仕方で働いてはいないことを見てきたと同時に、それぞれのこころは多様なポジションを保てることも見てきた——たとえばYが好きでかつYのように振る舞う人たちは、（X♯Yというような）単純な対立を受け入れている人たちよりも、（Y1、Y2、Y6-2といった）もっと微妙な分化をもとにして機能しているのかもしれない。フロイトが初めエディプス・コンプレックスとの関係で定式化した、対象選択と性同一化との結びつきは、一連の多くのジェンダー・ポジションのうちの一つであると結論づけてよいだろう。ジェンダーの複雑な混合物《アマルガム》――しばしばそれは矛盾しあう複数のポジションから構成されているが――、個人が自分の「同一性」とすべく採用しているそれは、対象選択と表裏の関係にあるような同一化のみを含んでいるのではない。同性愛的な選択は、単に異性愛のパターンの「逆」ではないのである。たとえばそれは必ずしも、異性愛に比べてより同一化愛に満ちているのではない。ではわれわれは、対象愛と同一化のあいだで続いてゆく関係性を、またのちの人生における同一化愛の運命を、どう考えればよいのだろうか？　エディパルな相補性が確立された後の、より早期のオーバーインクルーシブなあり方の統合は、ジェンダーの曖昧性が生きられることを許容するようなより高水準の分化に、どう貢献しうるのだろうか？　これら二つの問いは、関連しあっている。

エディパルな相補性を超えて

前述したことをふまえて私が提案したいことは、対象愛に並行して同一化的な傾向を保持することで、また違ったたぐいの相補性や、対立しあう差異に対する違った態度が創りだされるということである。

訳注24　原著ではここに（Aron & Harris, 1993）が参考文献として挙げられているが、参考文献リストにはない。あるいは Aron, L. & Harris, A.（Eds.）1993. *The legacy of Sandor Ferenczi*. Hillsdale, NJ: The Analytic Press. のことかもしれない。

以前に述べたように[23]、二つの形の相補性を区別することが必要である。より早期には、エディパルな形式は単なる対立でしかなく、望まれない要素を分裂し、他者の中へと投影することから成り立っている。無意識的には、他者のポジションは気づかれているが、自分の同一性感覚を脅かす非自己として表象されているのである。他者のポジションは理想化されたり軽視されているか、あるいは自己の持っているものの反映、言い換えればその容器と見なされている。ポストエディパルな相補性は同一化の諸要素を再統合するため、それらはより脅威的でなくなり、かつてほど正反対でなくなり、もはやその人の同一性を相殺してしまうものではなくなる。このポジションは他者として知覚されている誰かと性愛的な関係を保つために、決定的に重要なものである。差異を単に脅威的なものとしてではなくむしろ刺激的で楽しめるものと感じるために、その自己はかつての同一化の感覚をよみがえらせるような、他者との調律《アチューンメント》に耐えられなければならない。

さらに論を進める前に、ポストエディパルという言葉を発達の用語として使うことについて、少し述べておいた方がいいだろう。一般に臨床的な観点からは、考えておく必要があるのはポジションだけで、段階《フェイズ》についてはそうではない。けれども私が思うに、こうしたポジションは実際のところ、そもそも初めは順番に生じてくるのであろう。たとえばポストエディパルなものは、すでに組織化ずみのエディパルな対極性の超越を表しているが、そのためにはそれがより後に生じてくる必要があるし、実際われわれの観察でもその通りである。けれども批評家たち[55]は、発達的な順序《シークエンス》を少しでも仮定すれば規範性の問題が生じてしまうと恐れている[127]。コアテスは、規範性に対するポスト構造主義的な批判と、発達的な研究や思考の利用とを和解させようと努めている。「発達ライン」とは、達成が複数の領域にまたがって必然的に同時発生し密接に関連しあっていることを意味するが、彼女はその発達ラインを捨てて、しかし順序《シークエンス》というアイデアはあきらめずに残すことを提唱している（「子どもは、立ち上がり方を知らないうちは走り方を学べない。子どもは、性の識別ができるようになるまでは性の恒常性を発達させない」）。こうした意味で、異なったポジションは異なった貢献をなすのであり、またそれは必ずしも同時に生じない。実際、これは複数の異なる発達上の達成をそれぞれ分離し、それらがみなきちんと組み合わさるわけではないことを認めようという主張である。だから、私は両親の分離した関係性を視覚的に思い描くことの間主観的側面（「エディパルな排除」）を、特定の形での異性愛的同一化と同等視すべきではないと示唆しているのだけれども、それは自-他の表象の発達と、ジェンダーや性の対象選択とを分離しようとしているのである。発達についてコアテスが示しているより複雑な見方は、相互排他性の原理と異性愛的相補性のエディパルな結合についての重要な問いをまさに提起している。すなわち、これらはどうして相伴っているように見えるのだろうか？

確かにわれわれの文化では大部分の子どもたちが――対極性や相互排他性に固執し、黒か白か、男性か女性か、持つか持たないかといったことに固執して――エディパルな相補性のスタンスを一時なりとも取ったり、吸収したりせねばならないことが観察されるが、この観察が多くの人を、エディパルな相補性が発達の終着点であり、ポストエディパルなものは単なる副次的なものにすぎないという誤った考え方に導いてしまった。同じように、エディパルなものからの逸脱は何でも退行と見なされてしまう。私はジェンダーに対するスタンスを、習慣的思考と脱習慣的思考とを区別する、コールバーグ[118]の道徳性発達理論と比較してみるように提案してきた。このエディパルな分極化は、差異についての習慣的思考に相当すると言えるかもしれない。それはこの段階の子どもたちの道徳的、認知的発達にちょうど合っているのだ。コールバーグによると、脱習慣的思考は青年期から発達可能だが、こうした思考では法を字義通り読むのではなく法の精神を読むことができ、自分自身の判断を下すことができるという。

　こうした区別に相当するものはラカン派による区別、すなわち法（the law）をただ表しているだけの「小文字の」他者と、「**神** God」すなわち非顕現的存在であり**法**（the Law）そのものとされる「大文字の」**他者**との区別にもある。その二つの融合は、象徴的なものの崩壊を表すのだ。[197] 理想とそれを表すものとの分化を維持するため、こうした区別には、ものが、それが象徴するものそのものになってしまう象徴等価物[170・訳注25]を超越することが必要になる。こうした意味で真の象徴思考能力には、相補性の原則に対するより柔軟で、より絶対的でない関係性がともなっているのである。

　同様の観点からバッシン[8]は、ジェンダー関係における対極性の超越は象徴形成の中に表現されると主張している。彼女は性器期理論の用語を刷新することを提唱しているが、それによると青年期において持つ／持たないの対立を有する男根期は、正反対のものが再結合されうる真の性器期へと道を譲らねばならないという。投影同一化と違って象徴化は、対立する諸傾向を再結合する。[73・74] たとえば能動的と受動的、男根的《ファリック》とコンテイニングといった諸傾向をである。ポストエディパルな象徴化は、その両方の目標の満足を、禁じるというよりむしろつなぎ、[8] それらのあいだでの無意識的な行き来を、覆い隠すよりもむしろ表現する。この象徴機能のカギは、相補性における「失われた半身」との同一化の回復である。

　サミュエルズ[165]は、これと類似したユング派的な象徴の見方を提示しているが、それによると象徴は正反対のものどうしを和解させるはたらきをし、そうする中で畏怖と力の感覚に表現を与えるという。彼はピッチフォークの夢を見たある女性患者のことを例に出しているが、そのピッチフォーク[訳注26]とは女性的なカーブと男根的な先端との両方を持つ、ぞっとするほど恐ろしいにもかかわらず豊穣性に結びついてもいる乳首たちなのであった。このアイデアに関連したこととして、ある分析家は私に、ある女性の夢を報告してくれた。夢ではタンポンが何かパワフルなもの、男根的でありながら血の容器でもあるもの、豊穣でありながら汚く雑然としたものを、表しているように思われた。またわれわれが留意しておかねばならないこととして、正反対のものはいつでも和解させる必要があるわけではなく、分裂なしに受け入れることもできるのだ。このようにある種の象徴は、その「もの」の意味が持つ曖昧さを反映していたり、それを過渡的なものとしている。つまり、われわれはそれを男性的なものとも、女性的なものとも言い切れないのである。

ポストエディパルなオーバーインクルーシブネスが回復されると、異なる性的なポジションを同じ語りの中で、こころを脅かされずに表現できるようにもなる。つまりそれは、ジェンダーについてのある種の多様性を許容する。つまり一人ひとりの人間を多様な複数の自己を抱えたものとして見る分析家た

訳注25　symbolic equation. 真の成熟した象徴が生まれる前の、具象的な特徴を残した象徴のこと。たとえばこの概念を明確に概念化したクライン派分析家シーガルの挙げている例によると、バイオリンを弾くことについて、ある患者はバイオリンを弾く夢をみて、それがマスターベーションを表すものであったことをのちに洞察した（真の象徴）。しかしまた別の患者（統合失調症）は、それが人前でマスターベーションをすること「そのもの」であると感じて嫌悪感を示したという（象徴等価物）。

訳注26　干し草用の熊手。

ちに[37・39・59・143・155・訳注27]、近年信奉されるようになった多様性を許容するのである。[64] ひとは複数の異なったポジションを、一方の喚起が他方を脅かさないような仕方で、意識していることができるのだ。父娘関係についての小論[20]で私は、欲望の主体としての父親との同一化的絆を転移の中で明らかに求めていたある患者について書いた。この女性は十分に、ポストエディパルな相補性の領域で作業することができていた。同一化愛と対象愛、エディパルなテーマとプレエディパルなテーマは、彼女の象徴や語りの中で一つに収斂していた。彼女は母親から何とか分離しようとして、女性的なもののイメージと、弟や父親との同一化の両方から、助けを得ようとしていたのである。

ポストエディパルな象徴について実例をあげて説明するために、クリスマスに兄からもらったブーツを返さなくてはいけなかったという彼女の夢について言及しておきたいと思う。そのブーツはとてもスタイリッシュな、ちょうど分析家が持っていたようなブーツで、彼女にぴったりだった。しかし夢の中で彼女はそのブーツを返して大きいものと交換せねばならず、そちらは膝を覆うほどであまり合っていなかった。彼女はこのことから、彼女の母親がクリスマスに兄から贈られた財布を返してしまったことを連想した。その財布は小さすぎて、子猫のようにコケティッシュすぎた、つまり女性的すぎたのである。男根的な物体であり女性的なコンテイナーでもあるブーツは、まったきセクシュアリティを象徴し、自己の両性的な諸側面を具現化することができる。しかしながらここでわれわれは、男根を持つ母親《ファリック・マザー》と女性的な娘《フェミニン・ドーター》の分裂に気づく。母親は、性的な側面にも女性的な側面にも対立するように思われるのである。彼女は男根的なコントロールへの要求を表し、それは患者に呑み込むような、それが性的なものを否定するという意味で男根的な、ブーツを取ることを命じる——それはもう一つのものと対になれるべニスや膣というよりも、むしろ自己愛的な自己充足のイメージである。彼女は、母親は自分にペニスを持たせようとしたが、彼女が持たせようとしたのは「セクシー」なそれ（彼女の欲望の象徴）ではなかったと言う。対照的に、患者が崇拝していた兄は同一化愛の人物を、つまり母親からの彼女の分離を助ける人物を表すとともに、彼女を承認し、何が彼女に合うかを知っている人を表している。兄についての引き続いての連想で、彼が理想愛の人物であったことが明らかになったが、彼からの時折の拒絶は、彼女の誇りを深く傷つけていたのだった。しかし彼から一番頻繁に連想されるのは分析家やその他の年上の女性たちで、こうした女性たちはこれまで同一化の対象となるような欲望の主体を象徴してきた人たちであった。

同一化愛と対象愛との相互関係をさらに例示したい。しばらくのち、情熱のない夫から堅苦しく支配的な母親を連想したこの患者は、大学時代の元ボーイフレンドである、元気で情熱的ではあるが不実な若者と浮気を続けていた。彼女は次のようなことを想起した。大学のピクニックで彼女はフラ・フープ・レースに参加したが、ハイヒールのサンダルを履いていた。するとそのボーイフレンドは観戦席から、彼女に「靴を脱げ」と叫んだ。彼女はサンダルをかなぐり捨て、走れるようになったという。彼女はこのことについて、次のように述べた。私が彼に求めているのは、実のところ恋の相手ではないのだ

訳注27　原著にある（Slavin, 1996）は参考文献リストにはないが、おそらくSlavin, M.O. 1996. Is One Self Enough? Multiplicity in Self-Organization and The Capacity to Negotiate Relational Conflict. *Contemporary Psychoanalysis* 32: 615–625. であろう。

とわかっています。それでも彼から認めてもらうことは重要なのです、というのも彼は母とはちがって、彼のために私に競争を勝ち取ってほしいと求めたりはせず、彼自身の力で競争を勝ちとるのですから、と。だからこの男性に対する彼女の異性愛的な情熱には、同一化的な流れが含まれていたのである。それをひとたび認識すると彼女は、自分が自分自身の中に何を探していたのかを認識できるようになった。私は夫と別れるために彼に依存しているのだ、と感じるのではなくである。

　ジェンダーとのより分化した脱習慣的な関わりは、おそらくきわめてさりげない形で、ジェンダーの曖昧性と不確かさを含むようなそれである。それはある種の象徴思考を許すもので、そうした象徴思考においては、相補的関係の対極をなすものはもはや具象的でなく、外へと投影されることもない。分割の原則は保たれつづけているが、それはまた他者を単なる反対物として見なすよりむしろ似たものとして見なし、否定として見なすよりむしろ補完物として見なすような、同一化的なポジションとも常に絡み合っている。かつて述べたように[23]、脱習慣的な相補性はエディパルな形式によって否定された多様性と相互性を許容するものの、それはジェンダー分割という条件の「外」には存在しない。それはこれまで表象されたことがなかったり、あるいはそもそも表象不可能なまったく異なるものを発見できないし、また実際発見しない。むしろそれはその分割と関わりつづけながらその条件をつくりかえ、反対物どうしを組み直してはまた崩しして、その二元的ロジックを攪乱するのである。

　しかし、この組み直しのプロセスは相当の違いをもたらす。それは、エディパルな相補性を廃止してしまうことはないものの、それ自身の否定的緊張——自己にとっての他者とのあらゆる同一化を、完全に排除できるような相補的システムを構築できないこと——を梃子《てこ》にして、実際それを覆してしまう。

脱習慣的な相補性は、プレエディパルなオーバーインクルーシブネスに頼るとともに、分裂した対立物どうしを象徴的に橋渡しする心的能力に頼っている。それは分離と差異の必要性を躁的に否認するよりむしろ、それを認識した上での逸脱を許容するのである。

そのような躁的否認は結局、それが抵抗している当のものの必要性を、再確認するだけになってしまうだろう。すでに語られていることだが、[51] ブラウンやマルクーゼのような初期の急進的理論家たちは、差異を知る前の段階に紐づいている前性器期的な多形性を提唱する中で、不用意に家父長制のロジックを認めてしまった。彼らのユートピアはいつも母性的なものを未分化な世界や、父の法が差異を押しつける以前の世界と同一視し、そうすることによってローズも言うように、父性的原理の必要性を再確認している。個体化は望まれるというより、暗に押しつけられているのである。私の主張は、彼らの主張とは以下の点で異なる。すなわち私は差異を失うことなくオーバーインクルーシブなものを回復し、さらにエディパルな形での二項対立を乗り越えることは可能だと信じるのである。このような可能性が存在するのはまさに、差異がわれわれの欲望に必ずしも対立しているのではなく、染みついたものでもあるからである。自己は多様なポジションを保持しうる、いや実際には保持せねばならないのだ。多様性は差異に惹きつけられることによる効果と見ることができるとともに、進行中の同一化のプロセスによる効果とも見なしうる。もし同一化が、自分の好きなあらゆるものを始終体内化していったり「食い尽く」していく心的傾向を意味するとしても、それでもそれはわれわれの心のあり方の避けがたい一部分だ。自分を分極化した対立物の束縛から解き放つことは、**これ**《ワン》か**あれ**《アザー》かに固定されていない、より絶対的でない形で同一化群を確立することを意味する——それは、同一化を超えた過渡的な「第三の」場所に入ってゆくことを許容するのである。

エディパルな区分が万能性の放棄や限界の受容の端緒を開くのだという主張は――つまり**これ**か**あれ**かのどちらかとなることが、象徴界への唯一の入り口なのだという主張は――さらに問題含みで、本当らしく見えるけれども結局は誤りの主張に思われる。それは具象的なものと象徴的なものを十分に区別することに失敗しているため、絶えず性的差異の具体化（すなわち、女性的イコール受動的）に立ち戻る。それは、同一化によって可能になるような、象徴的形式を通じた差異の架橋という次元を欠いている。そうした象徴的形式は差異の描かれ方に深みを与え、それを単純なエディパル相補性以上のものに引き上げるが、こうした単純なエディパル相補性とは、常に「私が主であって、あなたが**他だ**」という無意識的な自己愛やショービニズムを隠し持ってきたような代物《しろもの》なのである。

性的差異のリアリティは、相互排他的な二元的ロジックが許容するよりも、はるかに多種多様である。そのロジックは、男性的／女性的という対立でものを考えるようにわれわれを縛ってくるが、それは基礎にある緊張《テンション》（あるいは上位のロジックと言うべきか）をぼやかしてしまう――それは二形性と多形性、二のロジックと多のロジックのあいだの緊張である。多形性のロジックにおいては、われわれは対関係に縛られず、差異は単純な相補性で成り立ってはいない。

これは、能動性と受動性を分裂するよりもむしろ緊張を持ちこたえることによって、（遠い将来、平行線どうしが出会う場所で）われわれが知っているようなジェンダー・カテゴリーが廃止される可能性があることを意味しているのだろうか？　私はどちらかというと、そういうことは起こりそうにないと思う。というのも分裂に向かう傾向は心的現実の基本的要素で、それが文化や社会生活における客観的な諸形式として現れていると思うからだ。問題は、自己における、またわれわれの理論におけるそのような分裂は、大規模な文化形成において具体化され固定化されて、**法**として認識されねばならないのかどうかである。理論の面では、そうした具体化の過程をワークスルーして、そこに隠されているものを詳しく検討していくことが可能だ。実践の面では、われわれはこうした具体化がゆるむのを、欲望を自由に働かせる中で経験するのである。

結論

それでは、能動と受動の対立に沿ったジェンダーの構築という最初に検討した問題を、もう一度最後に見てみよう。フロイトの分析ですでに見てきたように、「真の」女性性イコール受動性という等式は、エディパルなジェンダー・カテゴリーの構築において、決して小さくない役割を果たしていた。それは、異性愛的な相補性と同一視されている性差の原則を理論的に防衛するにあたって中心的なものであったし、今もそうでありつづけている。だから最後にもう一度だけ、逆転の行為に取りかかってみよう。少なくとも能動性と受動性という対極性の条件の、脱構築に取りかかれるようにである。

男児のエディパルな動きについての先の議論は、どのように男性の心が、その防衛的能動性の受け手として女性性を構築するかを示した。所有者性を欠いた能動性はその相手役として、倒錯的な形の受動性を必要とする。というのも結局受動性は、まったく異なる仕方でイメージすることもできるからだ。受動性は性的欲望や快と本来的に相容れないものではない——まったく逆に、もし興奮のレベルが適切でコンテインできる程度なら〔性的欲望や快に結びつくのだ〕。また同じように、なぜ主体性が受動性に結びついてはいけないのかと問うこともできよう――あるいはそれを言うなら、愛され賛美されることや、誰か他の人の自己愛にとっての主体／対象となること、相互的な同一化愛において相手のパートナーとなることと結びついてはなぜいけないのかとも。能動性を求める権利をいっさい放棄することなしに、単に能動的な恋人の対象となるだけというのではない仕方で、むしろそれぞれのポジションでの快をわがものとして所有する主体となるやり方で、受動性を楽しむことはできないのだろうか？

フロイトの図式が暗に示しているのは、刺激を受け（攻撃的なものであれ性的なものであれ）緊張を保持したり、それを内に向けたりしているポジションは不快だということである。すべきなのは押し出すことで、取り入れではないということだ。これはある種のタイプの受動性、つまり過度な刺激にさらされながら無力なまま放置されたり、あるいは見捨てられた中で思い焦がれていたりといった形で、受動性を外傷的に経験することを意味する。それは単なる欠如や不在を意味するのではなく、圧倒されるような緊張に直面し、また頼みにならず回避的で難攻不落な対象に対する満たされない欲望によって手に負えない興奮に直面しているのに、コンテインしてくれる他者が不在なことを意味する。こうしたタイプの受動性は究極的にはマゾヒズムに、つまりセクシュアリティや攻撃性の内向に関連づけられる。すなわちそれは、その関係の中ではお互いがただ一つの役割しか演じられないような、する人（doer）とされる人（done to）の関係であり、したがって、分裂の上に築かれた支配の関係である。無力さに対するこの防衛が女性性を創りだし定義づけるかぎり、フロイトの女性はマゾヒズムか欲望の断念かの選択に向き合わされるように見える。

このように、女性のとらえがたい欲望をめぐる問題は、われわれの出発点であった問いを再び喚起する。すなわち、主体であることとは何を意味するのだろうか、とくに欲望の主体になることとは？　かつて女性の欲望について書いた私は、[17-19] 女性の欲望の理解が、われわれの主体性という観念、とくに性的主体性という観念を定式化し直すのに役立つかもしれないと示唆した。ウィニコット[194]の考えを省察して、私は次のように示唆した。すなわち、性的主体性は欲動、すなわち男性的なものとされてきたそれを必要とするのみでなく、女性的なものとされてきたコンテイナーをも必要とする。能動的な父親との同一化のみでなく、能動的な母親との同一化をも必要とし、したがってまた内部性《インテリオリティ》やコンテインメントや他者と共にいることといった女性的で母性的な領域とされる機能とも関わる、原著者性の感覚との同一化をも必要とするのである。性的主体性は、欲望を排出することによってただちに空にしてしまうよりむしろ、欲望をわがものとして所有し興奮をコンテインし、それを（隠喩的表現だが）身体の「内側に」保持できることによっても同等に構成されていると言ってよい。実際エロスについてのあらゆる知の伝統は、身体の中に興奮を保持《ホールド》するこの能力に価値を置いている。他者の中への排出は一見能動的《アクティブ》に見えはするものの厳密に言えば反応的《リアクティブ》で、主体――すなわち、もう一人の主体とともに快を見いだすことのできる主体――の行為を特徴づけるべき所有者性を欠いている。われわれの知る男性性に特有のこの防衛的なスタンスが、大変安易に主体性と結びつけられていたという事実も驚くに値しない。

自己充足的な完全性と対象の支配《コントロール》を希求するこの防衛的な能動性は、ブリーンによって、ペニスというよりむしろファルスに関連して組織されるポジションとして位置づけられた。彼女の見解によれば、これに代わるポジションは「結びつけるものとしてのペニス penis as link」のポジションで、そこにおいて膣は知られており、二つの身体の結合が可能である。ブリーンはこれをエディパルなポジションと考えているものの、それはバッシン[8]や私が描写してきたポストエディパルな象徴的ポジションに、より合致しているのではないだろうか。実際私ならブリーンとは違って、膣の象徴化に含まれる、能動的なホールディングという着想の方をより強調するだろう。しかしながらブリーンの定式化によって私は、『愛の拘束』での主張を再検討する方向へ導かれた。同書で私は、女性の欲望を象徴化するにあたってファルスに対抗するために膣を用いてはならない、なぜならそれはファルスが覇権《ヘゲモニー》を握っている同じ象徴の水準でのことになってしまうからだと主張していたのである。むしろ、女性の欲望を、自己と他者のあいだの間主観的な空間を象徴するための内的空間の使用という観点から考えてはどうかと私は提案した。今なら私はむしろ、象徴的能動性のポストエディパルなポジションにおいては、膣は二つの主体／身体の結合が生じる空間を表すために象徴的に機能しうると言うだろう。膣のホールディング機能は、単なる受動的コンテイナーというよりも二者性を包容することの、また能動的ホールディングの特別な隠喩[26]に関わるものと見ることができるのである（注意：私は「できる」と言ったが、それは生殖器官が他の身体部位をしのぐ特権を持つとは、とくにまるごと全体としての身体が興奮を保持《ホールド》することにかけて持つ能力をしのぐ特権を持つとは思わないからである。もちろん生殖器官はこれまで明らかに、非常に大きな象徴力を蓄積してきたのではあるが）。

能動－受動というエディパルな対極性を超える中で、ファルスが象徴としてのペニスに転換されるだけでなく、膣もポストエディパルな象徴の位置を獲得する。膣は所有者性の性質、みずからの欲望や興奮をコンテインする性質を象徴できるようになるが、それなしでは能動的な主体性は防衛的な構築物へとなり下がってしまう。興奮のホールディングということは、男根的なそれと受容的なそれとにエディパルな分裂が生じる前の母親、制御と承認の構造をあわせもっていた頃の母親のことでもある。だからホールディングの隠喩、欲望の所有者性は、ジェンダー対極性を超えて、われわれをジェンダーの曖昧性へと連れ戻す。だから女性のセクシュアリティをこのように象徴化することは、能動性を防衛的に構築してしまうことを乗り越えるのに貢献することでもあるが、それはまた一方で母親を欲望する主体として思い描くことでもある（第1章ですでに述べたように）。これはまた女性を、必ずしも母親としてでなく、多様なポジションや関係性を有するものとして思い描く着想にも依っている――それは母子二者関係から引き出されたのではない母親観である。こうした表現で私は、父親やその他の誰であれを、能動的に欲望できる母親のことを言っている。女性的な受動性の表現としてでなく彼女自身の欲望の所有者性の表現として、また万能性から去勢された境遇への移行を反復する意味合いではなく欲望できる、そういう母親のことを言っているのである。

母親の、あの二極化したポジションへの分裂をひとたび問い直すと、われわれは主体性というもののもう一つのイメージを定式化できるようになる。このイメージにおいては、取り込みとか放出というような相補的ポジションを形づくる諸要素はより対立的でなくなり、より行き来や交替を繰り返すものになる。このように女性の主体性を取り戻そうとする努力は、初めは女性的なホールディングを利するために逆転を生じさせようとする行為なのであるが、主体になるとはどういうことかというその観念自体を変容しはじめる。この変容は原著者性を行為者性と同じくらい重要なものにし、そうしてそれを、単に表現するだけでなく受けとることを許容するような、また排出するばかりでなくわがものとして所有することも許容するような仕方で定義づける。母性的なものと父性的なものとのオーバーインクルーシブな同一化と同じように、かつては分裂していたこれらの要素を、能動と受動をともに抱えられるような仕方で緊張関係の中で共存させることは、自分ではないもう一人の主体を愛せるような主体性であるために、決定的に重要なことである。わがものとして所有するとともに行為できる主体性は――しばしのあいだは――ホイットマンと同じように、このように言うことができるだろう。「私である他者は、おまえに対して自分を卑下しなくてもよいし、またおまえもその他者に対して、卑下されてはならない」[訳注28]と。

訳注28　米国一九世紀の詩人ウォルト（あるいはウォルター）・ホイットマン（Walt (Walter) Whitman, 一八一九―一八九二）の詩集『草の葉』に収載されている「ぼく自身の歌」第五節からの引用。

第3章　他者という主体の影
——間主観性とフェミニズム理論

それに続いて生じたのは、リビドーをこの対象から撤収して新たな対象に遷移させるという正常な結果ではなく……自由になったリビドーは他の対象へと遷移させられず、自我の内に撤退させられた。しかしリビドーはそこで任意の使用に供されたのではなく、断念された対象への自我の同一化を打ち立てるために使われた。そのため対象の影が自我の上に落ちて……

——フロイト、一九一七年

周知のとおり、フロイトが同一化《アイデンティフィケーション》の理論を発展させたことは、次のようなことを理解する上できわめて重要な一歩となった。つまり一見自己の境界と見えるものには実は透過性があり、隔絶されているかに見える主体が、いかに自分の外にあるものを常に同化《アシミレート》しているかということだ。この気づきが持つ意味合いは多岐にわたるが、この他者性は自我に二つの方向から影を投げかけると言えるであろう。すなわち自我は本当には、独立した自己完結的なものなのではなく、実はそれが同化した対象によって作られている。また自我は他者を独立した外の実体、自我自身とは分離したものとして放っておくことができないが、それは自我がいつも他者を体内化しているか、あるいは他者に自己のようであれと要求しているからである。これらのことから、自己は非同一的《ノンアイデンティカル》であるということについて、二つの解釈が導き出せる。まず第一に、自己はつねに他者との同一化を途切れなく展開しておりまさにその同一化によって成り立っているのだが、それはとりわけ他者性が必然的にもたらす喪失やコントロール不能性を否認するためである。第二にそれ〔つまり自己〕は他者との関わりの中で互恵的に、他者からの承認に依存して成り立っているのであるが、その承認というものは、自己を変化させ同じでないもの《ノンアイデンティカル》にするような仕方で自己が否定されたり、他者から働きかけられたりすることなくしては得られないものである。どちらの考えも自己が他者に依存していることを示しているが、第二の考えだけが他者を自己の対象以上の存在としてとらえ、他者についての間主観的な見方をとっている。

自己についての間主観性理論は、次のような問いを投げかける理論である。すなわち自己が外部の他者と、それを同化することもそれに同化されることもなしに、同一化を通じて実際に関係性を獲得することはどうすれば可能なのか、またそれはそもそも可能なのかという問いである。この問いは――つまり他者を承認《レコグナイズ》することはどのように可能なのかという問いは、フェミニズムの多くの著作が取り組んでいる問題の、別の一側面とも考えられる。その問題とはすなわち、差異を尊重する、いやむしろ多様な複数の差異を尊重することは、どのようなポジションから可能なのかという問題である。差異の議論は主体についての疑問とこれまで密接に結びついてきたが、[177] そうした主体についての疑問は間主観的な理論化のまさに中核をなす承認《レコグニション》という観念そのものに対して、ある種の反対論を生じさせた。こうした反対論はぜひ検討されるべきであるが、それは間主観性についての精神分析理論を明確化するのに役立つからである。こうした挑戦は当然必要だ。というのも精神分析的な文献は、二人の人間が含まれるあらゆる相互交流《インタラクション》を間主観的と銘打ってしまう傾向にあり、[187] それでいて他者に対してと、対象に対しての主体の関係性の違いは無視されがちだからである。[22]

哲学の主体概念に対するこうした形での挑戦は、ポスト構造主義的な思想を、より早期の批判理論[訳注1]（特にフランクフルト学派関連のもの）と差別化するものであり、どうやらそれが両者のあいだに亀裂をもたらしたらしい。この亀裂はラカン派フェミニストと関係的なフェミニストとの分裂にもある面通じるものだが、私はこうした亀裂が両者を非生産的に特徴づけてしまうと思うので、これらの立場を生産的な対比へと持ち込み、差異の交渉《ネゴシエーション》へと持ち込むように努めたい。まずフェミニスト哲学者たち[15]のあいだで戦わされた論争を参照することから始め、しかるのちそれを用いて間主観的な着想にもとづく精神分析にとって決定的に重要だと私が信じる諸問題を明確にしたいと思う。その前に、この論争に出てくる用語に比較的なじみがないであろう精神分析関係の読者に向けて、手短な道案内をさせていただきたい。

フランスの哲学と社会理論、特に六〇年代や七〇年代の脱構築やポスト構造主義理論は、八〇年代までに北米で大変な影響力を持つようになったため、それは間違いなくフェミニズム思想と文化理論とのあいだに強い言説的結びつきをつくりだした。ここでこれらの思想集団間の違いを混同してしまうことが私の本意ではないが、[40・41] その母体《マトリクス》からはいくつか特定のアイデアが現れ、英国と北米のフェミニズム理

訳注1　一九二三年、ドイツ・フランクフルトの社会研究所に集ったホルクハイマー、アドルノ、ベンヤミン、フロムなどの「フランクフルト学派」と呼ばれる思想家たちの社会科学理論。新しい世代に後出のハーバーマスがいる。

論とカルチュラル・スタディーズの内部で起こった多くの議論を形成し、ポストモダニズムとフェミニズムについての討論へとつながっていった。[71・147] この母体の中心にあったテーマは本質主義《エッセンシャリズム》に対する批判、[92] つまり主体や歴史という自然《ネイチャー》に言及することによって政治的包摂や個人の自律性の規範的基礎を確保しようとするあらゆる試みに対する批判であった。この挑戦は、フランクフルト学派のような近代主義的な批判理論に見いだせるような、自律的個人たる考える主体というものに対するネオマルクス主義的フロイディアン的な批判に取って代わり、また実際にその欠陥を指摘した。それが主張したのは、ネオマルクス主義的フロイディアン的批判はブルジョワ的な主体の見かけ上の個別性の根底に横たわる物質的、社会的な相互依存と無意識的自然を暴きながらも、自然を権威の究極的な根源として温存することに甘んじている、ということだった。たとえばマルクーゼの著作においては、フロイトと大変似通ったように、文明によって抑圧されたものとしての自然の座をセクシュアリティが占めている。しかしポスト構造主義者フーコーの著作では、自然もセクシュアリティも精神分析によって明かされたのではなく、むしろ近代的言説によって産出されたのだとされる。[133・訳注2] この観点からいくと近代主義的な批判もまた「社会的」なものや「歴史」に、以前自然が占めていたのと同じ本質的《エッセンシャル》で普遍的な地位を占めさせたことによって、本質主義《エッセンシャリズム》を再び主張してしまったのだと言えよう。この意味で、明確な目的因をそなえた普遍史の普遍的主体としての労働者階級、というマルクス主義の概念は、今や「第二の自然」をこしらえ出そうとする試みと見なせるかもしれない。歴史や批判理論におけるこのような中心化された主体は、かつて自由主義理論が自然の位置に据えた自律的な個人というものを、その形式上の位置づけや属性をそのままに保ったまま、単に置き換えただけなのである。

フェミニズム理論にとって特に意義深いのは、デカルト的な意識は無意識というフロイトの概念によって覆されたが自我心理学によって再導入された、というラカンの主張である[126]——コペルニクス革命に続いて北米の反革命が起こったというわけだ。近代主義的な理論を超え、この解放論的で人間中心主義的《ヒューマニスティック》な自我の概念から離れるきわめて重要な一歩は、構造主義的、言語学的なスタイルで踏みだされた。すなわち主体というものは言語の中で作りだされるポジションであって、人間の実在する精神《マインド》をさすシニフィアン[訳注3]ではないことを立証したのである。精神分析とフランス現代思想が互いに同化しあうプロセスを通じて、所与の主体というものへの反対論が、自己あるいはこころの現象学にも移植された。ラカンにとっては言語学的なスタイルは、主体を言語の中に位置づける、つまり実際のところ「彼を」支配されているものとして見ることを可能にするとともに、アイデンティティや自我の単一性といった概念を拒絶することも可能にした。近代主義的な精神分析の思考は意識と無意識を分けたが、それは精神分析を単一の自我という観念から守ることにならなかったと主張して、ラカンは自我を疎外の中で創られたものであり、決定的に分裂《スプリット》したものとして定義づける立場を取っている[124]。

単一の自己という考え方に対するラカンの攻撃は、その標的《ターゲット》であった北米の自我心理学にほとんど影響を与えなかった一方で、フェミニズム思想には深く浸透した。こうしてフェミニズム対象関係論と、

訳注2　原著にあるRajchman, 1991は参考文献リストにはないが、おそらくRajchman, J. 1991. *Truth and Eros: Foucault, Lacan and the Question of Ethics*. Routledge. であろう。

訳注3　signifiant〈仏〉言語学用語。言語記号の表現面（音のイメージ、聴覚映像）をさすもの。それに対し言語の内容面（意味、概念）をシニフィエ signifié という。

ラカンや脱構築やポスト構造主義を志向する多くのフェミニズム理論とのあいだに、もう一つの著しい見解の相違が持ち上がった。けれどもそうした見解の相違は、八〇年代のフェミニズム精神分析内での論争を特徴づけていたとは思われるものの、それから多くのことが変化した。関係精神分析の分析家たちとラカン派やポスト構造主義の思想のあいだには、両者を隔てる明白な相違があるにもかかわらず、中心化された主体に対するこの挑戦に、多くの関係精神分析の分析家たちが共鳴するようになってきたのである。フェミニズム思想[158]や社会構成主義[108]に影響を受けて、関係精神分析の分析家たちは単一の自己や、客観的で賢明な主体といった古典的な精神分析の考え方に対して、類似の挑戦を行ったのだ[6・37・64・108・143・184]。主体〔概念〕に対するポストモダンの挑戦から生じた理論的対立を描き出すこれまでの定式化がどのくらい有用であったのかを問い直すには、今やちょうどよい頃合いと思われる。だから私は、ラカン派やポスト構造主義の思想の影響を受けたフェミニストたちによって提起されたいくつかの問題を取り上げ、批判理論にルーツを持つ関係論的なフェミニストという私自身の立場から取り組んでみることにしたい。

おそらく私の見解を、フランス現代思想と融合したフェミニズムからもっとも明確に分かつものは、私が具体的な他者を承認することについての問題を強調してきたのに対して、彼らが分裂した主体を、分散され脱中心化されたものとして脱構築することに専心してきたことであろう。けれども先ほど述べたようにこの二つの立場は、主体を問い直しつつ承認の問題を検討して、実り多い相互作用をなしうるものと思われる。というのもこの問い直しは、アイデンティティや同一化に本来的にそなわっている問題、すなわち差異を同化することの問題を詳細に検討してきたからである。だからそれは異なる他者を承認することの問題に、暗に結びついている。まずはベンハビブ[訳注4]とバトラー間の討論[13—15]を思い起こすことから始めたいが、それは批判理論とポスト構造主義のあいだの亀裂に沿う形で推移したように見え、またそれほどではないが対象関係論とラカン派理論のあいだの亀裂に沿って推移したようにも見えるものである。

ベンハビブ[13]は批判理論の伝統、特にハーバーマス[訳注5]の後期の仕事に与する人だが、「ポストモダン的な立場《ポジション》」が前提としているいくつかの点に照準を合わせ、その中でも主体に対する挑戦について中心的にとりあげている。[原注1] ベンハビブは、主体は言説《ディスコース》の結果生じるものだという論述の「強硬《ストロング》バージョン」に反対し、そのかわり同じ主張の「穏健《ウィーク》バージョン」を提唱するが、それは「主体をさまざまな社会的、言語的、言説的実践の文脈の中に据える」といったものである。そうすることによって彼女は「西洋の哲学的主体の伝統的な属性、つまり自己再帰性や、原則にのっとって行動する能力のような属性……要す

訳注4　セイラ・ベンハビブ（Seyla Benhabib, 一九五〇―）。イスタンブール出身の政治学者。

訳注5　ユルゲン・ハーバーマス（Jürgen Habermas, 一九二九―）。ドイツの哲学者、社会哲学者、政治哲学者。

原注1　この討論はある部分、次のような問いをめぐるものである。つまり、ちょうどフラックス[71]によって提唱された図式を採用するベンハビブがしているように、ポストモダン的な立場を「人間の死、歴史の死、形而上学《メタフィジックス》の死」といったことについての一連の命題としてまとめてしまってもいいのかという問いだ。バトラーはこうした一体化には強固に反対している。フーコーのポスト構造主義やデリダの脱構築や、イリガライのフェミニズム精神分析の仕事やリオタール（Jean-François Lyotard, 一九二四―一九九八。フランスの哲学者）の文化理論といった理論家間に存在する、はっきりした違いを切り詰めてしまうという理由からだ。これらの論文は雑誌 *Praxis* 上で初めて発表されたが、現在はそれぞれ別に出版された書籍で読むことができる（ベンハビブ[13,14]、バトラー[42]、そしてフレイザーとコーネルのコメント付きの *Feminist Contentions*）[15]。

るに、ある種の自律性や理性」(p.214) を救いたいと願うのだ。「主体は「言語におけるもう一つのポジション」[訳注6]といったものに還元できない」のであり、「言語の意義づけの方法を組み直す」自律性を持つと彼女は主張したいのである。さもないと、バトラーもそう主張しているように、主体は言語によって構築されているかもしれないがそれでも言語によって決定づけられはしないとは主張できなくなってしまう、とベンハビブは言う。

こうした主張の中でベンハビブは、ポスト構造主義の立場に対する決定的な反論を打ち出す。すなわち、言語や文化的コードによって「私」が構築されているのだとしてしまうと、「どんなメカニズムや力動が関わっているのか……ヒトの乳児はどのようにして、自己というものを定義づける文化的、規範的内容にかかわらず社会的自己になるのか」という問いが迂回されてしまうのではないか、という反論である(p.217)。主体と自己のこうした区別は決定的に重要なことである。けれどももっと問題なのは、ベンハビブが哲学的な主体という概念から十分に区別されていないような形の自己概念を、さほど問題がないもののように描き出している点だ。彼女は「流動的な自我境界をそなえ他者性によっておびやかされないような自律的個人、というモデルよりも望ましい自己感《センス・オブ・セルフ》というものを、明確に表現する」ことがわれわれにできるだろうかと問うている。ここでベンハビブは『愛の拘束』に言及しているが、これは私の立場でもあるという意味だろう。しかし私が同書においてもそれ以降にも強調してきたように、承認の動きの中では否定(negation)もまた同じくらい決定的な契機になっているのである。他者性の受容を求めるいかなる嘆願《アピール》もまた、承認から支配への避けがたい瓦解《ブレイクダウン》を免れられない。[原注2] ベンハビブの定式化は、バトラー以外の人たちからも示されてきた周知の反論を回避しているように思われる。すなわち、承認それ自体が許容範囲を踏み越えて、支配としての知（ヘーゲル哲学の合《ジンテーゼ》）になってしまいうるという反論だ。他者を承認するための条件を明確にするためには、自己のもっとも深層にある障碍を理解しなければならないし、この自律的で賢明な理性という理想がそうしたダイナミクスを覆い隠すために奉仕してきたことを、あるいはそうでないにしても実のところそれを助長するために奉仕してきたことを認めなければならない。

バトラー[42]はベンハビブに応えて、ある特定の話者を主体として権威づけ他の者を締め出すことの中にいつも権力は含まれているのであり、言説はその主体が取っている立場を、それればかりかその主体が反対している当の立場をすら、あらかじめ構築してしまっているのだと述べている。いわく仮想的な「私《アイ》」は、それにバトラー自身すらも「そうした立場なしには、考え語っている「私《アイ》」にはならないだろう……（なぜなら、たとえ）主体は前もって与えられたものであり言説はその主体の道具であるか反映

訳注6　ポストモダン的な立場を代表するものとしてベンハビブが同章の中で引用しているジェーン・フラックス（Jane Flax）の著作に由来する表現。

原注2　実際ベンハビブとバトラーは、対象関係論フェミニストの立場が何をもたらすのかという見解については一致しているようである（もっとも、その価値という点では不一致なのだが）。すなわち「自律的な公正の思考と、共感的なケア」のバランス（ベンハビブ）とか、あるいは「いつくしみと依存を男性的な領域へと、……自律性を女性的なものへと」統合するような「単一化された自己」の「両性具有的な解決[40]」といったように。しかしこれは私には、私の仕事についての単純化と思われる。私の仕事が目指したのは自律性を脱構築して、そういう対比は元をたどると自分の非依存を承認してもらうために依存するという逆説的な状況によって生じる分裂に由来するのであり、またそうして依存したはずの最初の他者《アザー》たる母親《マザー》を拒絶したことに由来するのだと示すことだったのである。

であるに違いないと主張する（立場ですら）、あらかじめ私を構成している一部分だからである［（ ）内原著者］」。バトラーは、自分の立場は行為者性《エージェンシー》を消し去ってしまうものではなく、その条件を明確化するものだと主張している。主体の確認、すなわちそれは何度も繰り返し構成され直しているという事実の確認は、「その行為者性のまさに前提条件となっているもの」を認識する手段であり、したがって主体を脱構築することはそれを「否定したり放逐してしまうことではな」く、ただ隠された権威や主体の背後で行われている排除の行為を明るみに出すことに他ならないのだと。彼女の主張の結論とは、「いかなる主体も、それ自身の出発点とはなりえない」（p.9–15）ということだ。ベンハビブが救いだしたがっている自律性それに無傷の再帰性は、主体が社会的に産出されていることの否認に基づくとともに、それを構成しているものを隠し抑圧する断絶に基づく幻想《イリュージョン》であることが明らかになった。フェミニズム理論が示したように主体は、いやもっと正確に言えば歴史的な男性的主体はいつも、自分が母性的なものに依存していること、必要とするものを従属させコントロールしていることの否認によって成り立ってきたのである。

フレイザー[72・訳注7]は討論でのコメントで適切にも、批判理論とポストモダニズムとのどちらかを選ぶ必要はない、なぜならそうした対比は誤った二律背反につながってしまうからだと示唆している。むしろそれぞれは互いに他方の抱える問題点を明確化することに奉仕できるのであり、それはちょうどバトラーとベンハビブでさえ、互いに相手の主張の弱点を明るみに出しているのと同様である。バトラーは自己と主体を縮約してしまうが、それはちょうど女性の「アイデンティティ」が単一の政治的主体とされるのと同じように、あたかも政治的、認識論な立場が完全に心理学的な自己の概念に対応するかのようだ。

解放をアイデンティティから自由になることと定義づけるだけあって、彼女は他者の問題をアイデンティティの問題より興味の薄いものに感じている。こうした傾向はたぶんアイデンティティ批評に特有のものであろうが、われわれが自分自身の同一化《アイデンティフィケーション》を通じて創りだす他者と、外側の具体的な他者とのあいだにあるものを永続的に見失わせることになりかねない。しかしフレイザーは、ベンハビブが自律的な主体という発想に回帰していることの方に、致命的な問題があるとしている。それは実際のところ彼女〔つまりベンハビブ〕が他所[14]で論じていることに、つまり自律性はそれ自体〔心の〕内外で他者を排除し支配することに基づいた言説上の理想でしかないと論じていることに、一致していないのである。

しかし、自律的な主体に対するこうした挑戦には、中心化された単一の自己という古い観念の脱構築以上のものを必要とするのではないかと私は思う。それには多様なポジションをとることができ他者を内へと含みこむことのできる、包摂的《インクルーシブ》な主体性という観念が必要だというベンハビブの意見に私も賛成だ。しかしベンハビブとは対照的に、私は否定的《ネガティブ》なるものを強調したい。つまり、万能こそが自己にとっての中心的な問題であり今までも問題でありつづけてきたのに、それは理性的な主体という立場からはワークスルーされるというよりむしろ否認されてきたことを強調したいのである。事実もし仮に他者が主体にとって問題にされないとしたら、主体はまたもや絶対的になってしまうだろう――他者を絶対的に切り離すか、同化してしまうかになるのだ。したがって、自己に対して他者が提示する否定性にはそれ独自の可能性があり、生産的ないらだちがあるのだ。これまで十分に検討されてこなかったことで

訳注7　ナンシー・フレイザー（Nancy Fraser, 一九四七―）。米国の政治学者。

はあるが。

合理主義者が、理性的に考える主体という観念に訴えることのさらなる危険は、われわれが引き起こす可能性のある暴力や惨事が、そこから締め出されてしまうことだ。つまりそれは、非理性を締め出してしまうのである。バタイユが[10・訳注8]（アドルノと[3・訳注9]似ていなくもないように）アウシュビッツの記憶に関する発言で提唱したように、主体への批判は理性を否定する必要はないが、その否定的契機をとらえなければならない。バタイユは[10]強制収容所についての省察の中で、理性から排除された他者というものを仮定してそれだけが真実を表すかのように言うことの問題性を指摘している。彼はむしろ次のように示唆する。「理性は本質的に、またおのずから、非理性が外からもたらすであろうものをもたらす。それはすなわち、それ自身の終わりのない問いかけである。……覚醒がそうであるような、疑いである。この覚醒とは何であろうか、もし仮にそれがまずアウシュビッツの可能性に、悪臭と和らがぬ怒りへの潜在的可能性に目覚めさせるのでなかったら？[訳注10]」。バタイユは、最大級の恐怖を押し隠すために道徳的合理主義を用いることについてこう詳述する。「ある種の道徳的非難の中には、現実逃避的な否認がある。人は一般に、こんなふうに言うものだ、こうした卑劣な行為は、そこに怪物がいなかったら起こらなかったろうにと。……ありうる可能性の中から、人は怪物を差し引く。人は言外に彼らを、ありうる可能性の範囲を超えているといって、責めているのである……」(p.15–19)。こうしたありうる自己、この怪物は、他者に対するあの暴力、あの嫌悪に向き合おうとするどのような自己の観念の中にも含まれるべきであり、それが差異の尊重や承認に向かおうとする動機を与える。

精神分析的には、われわれは暴力を万能の問題と関連づける。万能という言葉でわれわれは単に願望のことを言っているのではなく、一般には未分化なものと理解されている、ある種の精神状態のことを言っている。こういう状態にあるとわれわれは、他人がわれわれの望むことを望まなかったり、われわれの言うとおりにしたがらないことが受け入れられない。しかし逆説的なことに自己は、その拒絶された部分を他者の中に預けることに注力して、軽蔑されたものや耐えがたいもの――たとえば弱さや攻撃性など――を表すように他者を使うかもしれず、そうして必然的に他者を、反対物の役割へと追いやるかもしれない。[4] 主体は他者に、主体が望むものになれとか主体が望むことを望めと強いたり、また他者を主体自身に同化してしまったり、さもなくばそれを脅しに使ったりすることがあるが、暴力は主体の持つそうした比較的派手でない傾向の、延長線上にあるのだ。それは差異を同じであることへと還元してしまうことの延長であり、彼や彼女の他者性を消滅してしまわずには、他者を承認できないことである。[112]

同じであることへと他者を還元してしまうことなく差異を尊重しつづける義務、またその可能性についての疑問――「倫理的問い」――は、主体についての問いに論理的に対応するものとして現れてきた。[57] そのような疑問はわれわれに、道徳主義の究極的な現実逃避を、そして内なる怪物、**他者**を否認するよ

訳注8　ジョルジュ・アルベール・モリス・ヴィクトール・バタイユ（Georges Albert Maurice Victor Bataille, 一八九七―一九六二）。フランスの哲学者、思想家、作家。
訳注9　テオドール・W・アドルノ（Theodor Adorno, 一九〇三―一九六九）。ドイツの哲学者、社会学者、音楽評論家、作曲家。
訳注10　引用元では「覚醒」にあたる awakening はイタリック。「覚醒」はバタイユにとっての重要概念。

うな究極的な現実逃避を、避けよと命じる。これは理性的主体の諸防衛にありがちな危険であるばかりでなく、外なる**他者**との同一化を無批判に「よい」もののポジションとしてしまうような、排除の理論にとってもありがちな危険である。だから、主体に関して私が取り組もうとしている問題は、主体そのものに関連した問題であるのと同じくらい、それが産みだす特有の逆転に関連した問題なのである。そのような逆転は不可避であり、そうしたことの根底にある心的構造をわれわれが認識していないかぎり、非生産的なものになってしまうと私は考えている。

もし、語りの中での立場として主体が産みだされるという点が強調されて、自己が心理学的に産みだされる点を考慮することより優先されてしまうと、何が自己に差異を尊重できる余地を与えるのかを問えなくなってしまう。単にベンハビブのような批判理論方面からの理論家たちだけではなく、あらゆる理論家たちが、「主体」から社会的行為者性《ソーシャル・エージェンシー》を消し去ってしまうことに関する論点を取り上げてきた。[71・177] しかしここで私が憂慮しているのは、心的な行為者性《サイキック・エージェンシー》が消し去られてしまうことだ。[131] それはすなわち動機、ニードあるいは欲望の軽視であるが、そうしたものは具体的な他者、つまりニードや欲望を構成しているだけではなくそれに応えてくれる他者から切り離せないものなのだ。[原注3] 確かに自己という心理学的な観念は、語りの主体という発想と同じように、それ自体の限界を持っている。つまりどちらの観念も他者を追いやるために使われれば、誤った全体主義化を招いてしまうからだ。

けれどももし「行為の背後の行為者」[40]、行いに先立つ行為者あるいは自己という発想が退けられたら、自己を構成している心理学的関係性は崩壊する。それは〔つまり自己を構成しているそうした心理学的関係性は〕知あるいは歴史の主体をなすような認識論的、政治的な諸立場と、見分けがつかなくなってしまうのだ。「私《アイ》」は、「私は思う《アイ・シンク》」という言い方から派生した文法的フィクションである――事柄や考えや気持ちが「私に生じてくる《カム・トゥ・ミー》」と言うのではなくて――というバトラーの反論の仕方を例にとってみよう[40] (p.21)。それは自然発生的な哲学的自我に向けられたものであるが、精神分析的な自己の概念を取り逃してしまっている。精神分析的な自己の概念は常に「私に生じてくる」もの（たとえ異質に感じられるものであったとしても）という意味合いを含んでいる。それは必然的にそのような他者性から成っているのだ、たとえ自己の経験が「私《アイ》」というよりもむしろ「それ《イット》」として感じられるような[148]スキゾイド水準でなくてもである。自己は考えを「外側」からくるものとして経験することも、「内側」から来るものとして経験することもあるし、またそうでないこともある。またそうした中でそれをわがものとして認め、自分が行っていた分割を認めることもあるのである。

バトラーが『ジェンダー・トラブル』の中で主に主張していたのは、ジェンダーの表現の「背後」にはいかなるジェンダー・アイデンティティもないということであったが、これは解明的で、ジェンダー化されたポジションは多様であり非同一であることを気づかせてくれるものだった。しかしアイデンテ

原注3　「具体的な他者」という表現で私は、ベンハビブ[14]が言う意味での「一般化された他者」の反対、つまりニーズを備えた特定の歴史的な個人、ということを意味しているのではない。そうではなくてむしろ、抽象的な他者と対置されるような、現象学的な「リアルな」他者のことを言っている。抽象的な他者はいつも主体の否定として成り立っている、ちょうど女性が男性にとっての**他者**であるようにだ。そうしてこの抽象的な他者は、自己の望まれない部分、あるいは自分との関わりを否認された部分を表すような、精神分析的な分裂排除《スプリット・オフ》された他者に相当する。具体的な他者と抽象的な他者との区別は、私が強調しようとしている区別、つまり外側の他者と心内的対象すなわち内なる**他者**との区別の、基礎になっている。

ィティは、イコール自己ではない。自己は、アイデンティティとは違うカテゴリーである。自己には、非同一的でありながらそれでもある状態をコンテインして、ある感情を表現し、あるポジションに同一化したりあるポジションをとったりすることが可能である。アイデンティティ批判は、同一化を通じてさまざまなポジションをとる心的な主体性、すなわち「同一化《アイデンティフィケーション》の背後にいる同一化者《アイデンティファイヤー》」といったものの仮定を妨げない。「主体の形成には、「性《セックス》」という規範的な空想《ファンタズム》の産物との同一化が求められる。だがこの同一化は、おぞましいもの《アブジェクション》の領域をつくりだすような拒絶を通じて起こるのだ」というバトラー[43]の発言を考えてみよう。完全な受動態で、主体について書くことが可能なのはわかる。つまり主体を形づくられるものとして、排除的な母体によって作られるものとして、その性が実体化されてしまうようなものとして、またこういったことすべてが「同一化が実行されるにあたって課される規制」を通じて行われるようなものとして書くことがだ。しかしこのテキストの中には、同一化をする自己はまったく出てこないのである。

奇妙なことにバトラー[40・45]は、他所で同一化の形成におけるメランコリーというフロイトの概念を使っているが、こうした使い方は同一化する自己というものに頼っており、対象関係論のそれと同じである。しかしながらこのテキストではバトラーは、主体の世界とおぞましいもの《アブジェクション》の世界という言説上つくられた二分法を仮定しており、後者は排除を通じて形成されるという。この談話分析《ディスコース・アナリシス》は同一化という概念の使用を除外してはいないものの、〔主体とおぞましいもの〕どちらのグループにも心理学的な自己が要請され、それによってそれぞれがお互いの立ち位置に同一化したり脱同一化《ディスアイデンティファイ》したりしているという事実を無視しているようだ。ここでも主体《サブジェクト》やのけ者《アブジェクト》という政治的なポジションは、おのおのあるいは両方のポジションを取ることもある自己という観念とは、まったく異なるものとして理解されねばならない。さもないと自己はどのようにまたどうして、力動的なやり方で、危険に思える何かを除外しそれをのけ者としてしまうのかを問えなくなってしまう――これこそクリステヴァ[123・訳注11]が、また別の用語でテーヴェライト[190・訳注12]が、女性との関係で、それに棄却《アブジェクション》や恐怖の起源との関係で探究した操作《オペレーション》である。

このプロセスの理解に含まれる操作的《オペレーティブ》な概念――分裂《スプリッティング》の概念――は、ラカン派の思考においては、対象関係論の場合と大変異なった働きをしている。分裂についてのあらゆる厳密な精神分析的概念が、単一的で自己閉鎖的な意識というポスト・デカルト的な見方[193]に挑戦する一方で、ラカン[125]の戦略はその挑戦を、言語によって設けられた分割と疎外を通じてのみ主体は作用《オペレート》できるという事実の中に位置づけることであった。われわれは言語以前には自己に近づくいかなるすべも持たず、また言語を通じて形成されたのでない自己に近づくすべも持たないのである。したがって彼の議論の目的は、主体の服従《サブジェクション》、取り返しのつかない分裂というこの発想を通じて、主体の万能を打ち壊すことであった。それとは対照的に対象関係論のアプローチは、万能を、自我の防衛的行為としての分裂行為と結びつけることである。つまり主体は分裂させられているというのではなく、むしろ自己（あるいは自我）は分裂する、すなわち分裂という活動にたずさわっているというのである。自己によってたえまなく行われている能動的な心

訳注11　ジュリア・クリステヴァ（Julia Kristeva, 一九四一―）。ブルガリア出身のフランスの文学理論家、著述家、哲学者。

訳注12　クラウス・テーヴェライト（Klaus Theweleit, 一九四二―）。ドイツの心理学者、作家。主著『男たちの妄想』。

的防衛過程としての分裂という概念は、言説や言語や規範的習慣やその他主体に「影響」を及ぼすようなあらゆる構造によって構成された、分裂した主体あるいはアイデンティティという概念とは、異なった仕方で主体の問題を提示しているのである。

対象関係論の観点はクライン派の理論に起源を持つが、それは自己は絶えずダイナミックに、体内化や投影の行為（そこでは自己や他者の部分が分裂排除される）にたずさわっているというものである。[117・162] この理論はクリステヴァ[122]のアブジェクションというアイデアの元になっていると思われるが、そこでは自己は能動的に、「自己部分」と「拒絶された非自己部分」という二項対立の中でのけ者《アブジェクト》を創りだす。[原注4] 分裂の能力は言語使用能力のように、固有で生得的な、あらかじめ備わった心の資質と見なせるかもしれない。実際そうした意味では分裂は、防衛的なだけでなく組織化的《オーガナイジング》である。つまり境界をもうけ区別することによって、それは自己に直面してくるものを押しとどめ分け隔てて、自己が圧倒されないようにしているのだ。[6・148]「単一体《ユニティ》」と対置される概念である「分裂した主体」――それは対をなす相手である**他者**の虚偽性に頼って、それとは反対であるものとして自身の真実性を生じさせようとするのだが――とは違って、分裂という観念は、あらかじめ存在する単一体やあるいは単一体という理想、つまり分裂によってそのウソがあばかれるようなものの仮定を必要としないのである。

バトラー[42]が「みずからを成り立たせているはずの関係性を、「自分に」拮抗してくる外在物の領域として鋳直してしまうことによって否認する」ようなあらゆる類いの「主体」について警告を発するとき、彼女は能動的な形の分裂のことを論じている。ここで彼女が言っているのは、男性による母親の否認のことだ。けれども、自律的な主体は母親への依存の否認を通じて成り立っているというそのような仮定は、不可避的にさらなる暗黙の結論につながってしまうと私は主張したいのだ。すなわち鋳直してしまうという発想は、母性的な他者が否認とは無関係に、かつ否認に先だって存在していたかあるいは存在していること、そしてそれはパートナーであったしまた今もパートナーであることを前提としている。つまりそれはかつて、お互いがお互いを成り立たせるような、互恵的な関係性をむすんでいた具体的な他者であったということだ。[57・訳注13]コーネルはベンハビブおよびバトラーとの討論におけるコメントで、こうした帰結を実に明確にし、バトラーの見解がどのように他者の外在性を認めるという発想につながるかをはっきりと示しているので、彼女の主張についてはもう一度取り上げたいと思う。[原注5]この関係性を、不可知的で言語以前の歴史外の領域に位置づけるラカン派の理論とは異なり、間主観的理論は（部分的には可知的な）自己の歴史におけるこの関係性の、可能性と必要性から出発している。

原注4　自己から放り出されたものとしての、棄却された《アブジェクテッド》ものというクリステヴァの概念は、オブ－ジェクトでなくアブ－ジェクトで、分離の過程およびそこから分離したものの、両方を指している――それは主として、分離を通しておぞましいものとなった、母親の身体や自己の残余（たとえば糞便）である。分離の過程としての用法については『フロイトと愛』[123]を、また拒絶されたものとしてのアブジェクトをめぐる議論は『恐怖の権力』[122]を参照のこと。

訳注13　ドゥルシラ・コーネル（Drucilla Cornell, 一九五〇―）。米国の哲学者。

原注5　ラカン派の枠組みを使ってコーネルは、自我心理学批判としても本質的と私には見受けられるような立場に至っている。[22]つまり、内在化の行為は自我が他者の他性（alterity）を否認する手段だというのだ。だから、内在化は承認とは表裏の関係にあることになり、外的存在の破壊、生き残りそして承認という一連の流れが頓挫したときに起こるものということになる。しかしながら、ラカンが母親との早期の関係性を、知りうるものの外に位置づけている（あるいはそう読める）かぎりにおいて、彼女の主張は内的一貫性がないかもしれない。

まず根源的他者に対する関係性があって、それがエディプス期の母親拒絶の中で心的にも社会的にも否認されるというこうした歴史化された構想は、イリガライ[113]からチョドロウ[50]までさまざまな精神分析的フェミニストらによって定式化され、またラカン派の言葉でも対象関係論の言葉でも定式化されてきた。先だって存在した性愛的愛着《エロティック・アタッチメント》／同一化（実のところこれはバトラー[40・41・45]が同性愛に関して論じていることでもあるのだが）をこのように前提することによって初めて、具体的な他者を分裂排除《スプリット・オフ》され拒絶された部分自己に変容してしまうあの暴力的な心的行為が説明される。もしもわれわれが主体というものを、外的な他者に向き合ってこうした変容に活発に従事している自己という位置づけに戻したなら、どのようにして他者の影が（内在化された対象とは対照的に）主体の上に落ちるのかがわかるだろう。そうするためには、精神分析理論の心内的次元と間主観的次元を、明確に区別することが必要である。そのどちらかを採択し、他方を除去してしまうのではなくだ。それには他との関係における、両面性の保持が必要とされる。

心内的なことと間主観的なことの区別について考えてみよう。自我と対象という考え方と、自己と他者という考え方の違いは、ウィニコット[194]のした区別、すなわち同一化を通じて主観的にとらえられた対象と関係することと、外部のものとして知覚された対象を使用することとの区別におおよそ対応している。[訳注14] 対象が主体になす貢献を認めてはいるものの、心内的理論は主体を外的な他者に、つまり何であれ主体自身の投影や同一化の外にあるものに、十分には直面させなかった。そのために主体は、アイゲン[66・訳注15]がうまく言い表したように、取り入れと投影の「クモの巣張り web-spinning」に他ならないものとともに取り残されてしまった。このように心内的理論は、対象との関係を認識し、躁的防衛について洞察したにもかかわらず、自己閉鎖的な独立した自己というものに対する批判を生みだすことがなかった。

クライン派の理論では、もしも自己がよいポジションとわるいポジションとの緊張関係、羨望と償いの緊張関係をコンテインできれば、引き続いて「全体対象」との関係が生じてくるとされている。[訳注16] 他性(alterity)それ自体は、問題として設定されていない。

クライン派のこの立場を超える決定的な動きが、ウィニコット[194]の次のような認識であった。すなわち万能は「破壊」の過程なくしては打破されえないのであり、もし生き残りがなされれば、それは他者が外的なものとして存在することの承認につながりうるのだ。それを破壊と呼ぶことにしたのは、他者には生き残れない可能性があるからだとウィニコットははっきり述べている。こうした可能性には、主体にとって他者は決めつけえない、切り詰めえないものであるという含みがある。生き残るとは、自己による否定の行為——それはたぶん攻撃、従うことへの拒否、「おまえは私にとっては存在していない」

訳注14　英国中間派の精神分析家ウィニコットの理論。乳児は初め母親の提供する世話によって万能的状態にあり、最初の他者である母親を外部の存在とは認識していない錯覚の状態にある（「対象と（主観的に）関係している」段階）が、ときおり生じる母親のほどよい程度の失敗によって脱錯覚させられていく。そのさい乳児は心の中で母親に攻撃を向けるが、母親が自分の主観的な攻撃によっても破壊されないと（「対象の生き残り」）、母親が自分とは分離した外的対象であることに気づき、自分とは別個の主体としての母親を認識するようになる（「対象を使用する」段階）という。

訳注15　マイケル・アイゲン（Michael Eigen, 一九三六—）。米国の心理学者、精神分析家。

訳注16　メラニー・クラインの理論では、乳児は本来的に心的なイメージの世界で母親などの相手と関わり合う空想を抱いているが（心的対象）、それは初めは現実の全体的な一人の母親のイメージではなく、ばらばらの状態にある（部分対象）という。乳児は最初この母親の持つ乳房の生産性に原初的羨望を向けて攻撃しているが、徐々に攻撃の対象が一人の全体的母親であること（全体対象）、自分の攻撃が母親を損なってきたことに気がつくとともに、償いをしたいと望むようになり、妄想分裂ポジションから抑うつポジションに移行する。

〔といったメッセージ〕から構成されているだろう――に持ちこたえ、主体からのインパクトを報復も服従もなしに照らし返すことである。生き残った他者は他性を持つものとして、外的なものとして見られるようになる――つまりコントロールが及ばない、それでいて自己に対して決定的なインパクトを与えうる存在として。

個人の自己の歴史において、われわれは次のようなときに生じてくる破壊の問題を実際に目にすることになる。それは、重要な他者が子どもの行為を生き残れずに、むしろ懲罰的に復讐したり反応に失敗したり、また攻撃したりいなくなってしまうことを通じて、他者を思いやったり他者と共に感じたりする気持ちの出現をはぐくみそこねるときである。もっと深刻な生き残りの失敗は通常、早期の身体自我のレベルで実演《エナクト》されるが、それは悪い、怒った自己の投影が、たとえば具体的な身体的むかつきや実際の暴力といった、身体的な隠喩《メタファー》の中に表現されるのである。通常の失敗はしばしば言語のレベルに反映されるが、それは自我が外在化された悪い対象を締め出し、黙らせ、価値下げするときである。破壊性が生き残りでなく「道徳的強制力」による懲罰で応じられたとき、それは通例道徳的な審級の中に内在化される――フロイト[89]が「攻撃しようにも歯の立たない権威」に対する攻撃性を糧《かて》にする超自我について書いた記述にあるようにだ。まさにそのとき自己は、その超自我から逃れるか、超自我そのものとなるかの選択にぶつかる。すなわち他者がまだ手つかずの破壊性を引き出したことを責めるか、あるいはそれと同一化してしまうかの選択である。自己はこのようにして外的なものと限られた接触しか持たないまま、理想化と拒絶、同一化と投影とに支配されつづける。そしてこうしたことから、権威や救い主への服従や、あるいは（アイデンティティの問題を持ち出すなら）外在化された悪い対象に対抗するために立ち上げられた「道徳的な」アイデンティティへの従属が、生じやすくなったり、あるいは避けがたく生じてきさえするのである。

生き残りという概念からは、精神分析的な実践において決定的に重要なある違いが導き出される。それは投影同一化にもとづいた転移-逆転移と、模倣的共鳴（mimetic resonance）にもとづいた（無）意識的コミュニケーションの違いであり、前者で他者は自己部分を体現したものとしか感じられない一方、後者では二つのそれぞれ別の心が存在しているように感じられる。[166] というのもウィニコットの最終的な結論は、外側の他者だけが愛されうるということだからである。アイデンティティの解体を埋め合わせるものは、究極的には、愛すべき人を見いだすことの中にあるこの喜びだけだ。そして、ウィニコットもつけ加えたように、そこには常に廃物処理（waste disposal）の問題がある。[訳注17] というのも、自己閉鎖的なクモの巣張りの中に閉じこもりつづけたり、破壊性を抑えるために超自我に頼る（自己対象を心の中で攻撃することも、確かにないわけではない）ことも生じうるからだ。けれども具体的な外的他者だけが、閉じたエネルギー・システムを壊すことができるのであり、われわれに動かされうるけれども強制によって何かをしたりすることのない他者だけが、自己には耐えきれないほどのものをいくらか担ってくれるのである。われわれに他者が必要なことに疑問の余地はない――問題なのはただ、われわれは彼女を承認できるだろうか？　そして、もし承認できなければ彼女の他者性は損なわれてしまうことを、主人-奴隷問題[訳注18]はわれわれに明らかにしていないだろうか？[19]　ということだけである。

訳注17　ウィニコット、[194] p.91からの表現。

差異にまつわる困難をごまかしてしまうという理由で出されている、承認に対する反論はどうだろうか？　具体的な他者《アザー》／母親《マザー》の承認に対するこうした要請に円満な和解の神話を見る人たち[169]とは反対に、私は次のことを示唆しておきたい。つまり、外側の他者との関係ということに間主観的な力点をおくことによって、批判理論とポストモダンのフェミニズム思想双方の中でこれまで展開されてきた形での同一性批判がどれほど発展させられるかを示唆したいのである。同一性批判はしばしばフェミニズム思想の中で、本質主義拒否の一環として繰り返されてきた[177]。それはラカン派の言葉で定式化されてきたが、たとえばギャロップは次のように書いている。「……どのような同一性も必然的に疎外的、束縛的となる。しかし私は同一性からの解放を求めはしない。それはまた別の形での麻痺につながるであろう——すなわち、未分化さの持つ大洋的な受動性である。同一性というものはいつも、それを引き受けてはまたすぐに問い直すことが不断に必要なのだ[93]」。この立場はアドルノによる同一化と同一性への批判、絶対的な主体に対する彼の激しい非難を要約している。知るという行為が、いかに他者をそれ自身の中へと同化させることをもくろんでいるかを示したいとアドルノは願っていた。だから彼は「概念の全体性、主体の絶対的支配」について、次のように語っている。

> 結局のところ自分自身を同認するだけであるこの同一化の循環圏は、もともと自分の外に何も在ることを許さない思考によって描かれたものである。となれば、思考がその中に囚われているのは自業自得というものである。……弁証法の酵母である疎外の理論ですら、他律的な、したがって非合理的な世界に親しみたいという欲求を誤解し……異邦人、他者をどうしても愛せないという［故国を］思い焦がれ

ている主体のもつ太古の蛮風と混同し、併合と迫害への飽くなき欲望と混同している。[3]（p.172）

同一性をその座から退かせようとするアドルノの努力は最終的には、自己省察を通じた不断の否定を提供することしかできなかった。そしてこうした立場は批判理論においてであれ、のちの脱構築主義者バージョンにおいてであれ、考える主体の絶対主義や、同一化の過程に本来的にそなわる支配をあばくことに、もっとも勤勉であった。しかしながらアドルノの主体批判は、対象に対する彼の見方に縛られたままに留まり、間主観的に定式化されることは決してなかった。[16] 間主観性なくしては、省察の主体はそれ自身について省察することしかできないことになり、その主体から完全に独立した否定性を持つ他者からの介入によって起こりうる変容を説明できない。一方でハーバーマスはこの問題を認識し、ミードのものに近い間主観性の発想を定式化した。つまり三人称での自己省察にもとづく、発話による相互交流の中に位置づけられた間主観性である。しかしながらハーバーマスは、間主観性によればわれわれは、他者は生き残らないかもしれずまた承認には失敗が避けられないという結論に立ち戻らざるをえないことを許容できないのだ。彼がイメージする他者の立場の内在化では、外在性と、他者の同一化的な同化が区別されていない。[104] 実際アドルノもハーバーマスも、超自我を「越えた」ところにわれわれを連

訳注18　絶対的に独立した存在でありたい主人は、実は奴隷からの承認なくしては自己確認できないが、自分を承認してもらうためには、その前提として奴隷は主人のコントロールを超える独立した他者でなければならないというパラドックス。ヘーゲルが『精神現象学』の中で展開した「主人と奴隷の弁証法」からベンジャミンが抽出した論点。

れて行くような承認や省察のポジションというものを描きだすことには成功していないのである。

結局、ハーバーマス対アドルノというよく知られた顔ぶれを考えるとき、われわれはこのように言えるかもしれない。アドルノがわれわれに間主観性ぬきの同一性批判を残した一方で、ハーバーマスは間主観性への入場権を提供してくれたものの、主体の持つ破壊的な万能性に対する十分な注意は払っていなかったのだ。こうした場合、これらを総合したい誘惑にかられる。けれどもこれらの二理論をくわしく論じることが私の意図ではない。ここではただ次のことを強調しておきたい。すなわち、間主観性の輪郭を描く際には、他者が生き残れない可能性が十分にあることを心に留めておかねばならないのだ。だから同一性への批判、つまり生き残りが失敗に終わったときに、同一化や投影といったかたちで心内への囲い込みを行おうとする自己に向けられる批判は、なしで済ますわけにはいかない。間主観性を受け入れることは心内的なものを超越すること（止揚《アウフヘーベン》）にはならないのであって、むしろその部分的修正でありそれへの補足である[22]。

けれどもこの修正は、決定的に重要である。否定という間主観的なアイデアは、同一性批判を受け入れてはいるものの、それによって課されるジレンマから逃れる道を探している人たちにとってとりわけ意義あるものだ。そうした人たちは、非単一的な構築された主体という前提は受け入れるが、単に主体を脱中心化され分散されたままにはしておきたくない人たちである。主体の脱構築から生じてくる行き詰まりを乗り越えようとして、そのような批評家たちは[61・177]、主体の行為者性や解放はアイデンティティの否定性そのものから、多種多様な立場間の諸矛盾から出てくるのだと主張している。この見方に従えば、行為者性という概念はその源を、文化的に打ち立てられた主体の立場どうしのぶつかり合いに置くことによって救済できることになる――これはバトラー[42]もしていると思われる主張である。しかしたとえそうであったとしても、行為者性は、われわれの主体批判から救済されるべき唯一のものではない。だから内なる否定性と並んで、他者から与えられる欠かすことのできない否定性についても明確化しておくことは、まだまだ必要であると私は主張したい。自己閉鎖的な自己という概念を超えるためには、そして差異を取り戻し行為者性とともに他者性に対しても尊重を取り戻すためには、自己に対して他者が持つインパクトをわれわれは説明せねばならない。このインパクトは、断定不可能かつ主体自身の心の世界に還元できないような否定を、またそうであるがゆえにたとえ互いに関係しあい相互依存しあっているとはいえ、主体自身が作り上げた内なる**他者**ではないものを、提供するのである。

　他者の問題についての精神分析的な定式化は、ポスト構造主義や脱構築主義の思想が何度もそこへと立ち戻ってきた「倫理的な問い」にあたるものだ[27・57]。コーネル[57]は、そのつながりを次のように説明している。「他なる主体というものが現れてくるためには、**女性**は男性の心の空想構造にとっての**他者**なのだという認識が求められる。だから、他者の外在性が認識されるにあたって、フェミニズムは倫理的、政治的な意味を持っている」。主体が、彼の出生《リプロダクション》は他者《アザー》／母親《マザー》という存在に「続いて」生じたことなのだと認識したとしても、それは「主体の死ではなく、自我にとっての他なる主体の「誕生」なのだ」(p.154)。ここにまた、主体にとっては外なるものであるような所与の存在を想定する必要性があらわれてくる。そうしてはじめてわれわれは、相補的関係の対極にある、自身との関わりを否認された自己部分（空想の他者）として他者を位置づけることと、われわれに先立ちわれわれが必要とする「現実の」具体的な他者／母親を承認することとを、区別できるようになるのである。（実際にも、父親と母親は必然的にわれわれわれに先立つのであるから、母親の欲望はわれわれ自身より先にあるのだ。)

カスカーディ[46]も示唆しているように、承認の問題はまた常に平和か戦争か、勝利と殲滅を求めて闘うのか、それとも差異をめぐって交渉するのかという問題でもある。その問題——他者を同一化を通じて自己に同化させてしまうことなしに、主体は他者と関わり合えるのかという問題——は、コミュニティは他者がすでに同じになっているのでなくても、またこれから同じになるのでなくても、他者の参入を認められるのかという政治的問題に対応している。だから精神分析が万能を乗り越えることの問題ととらえてきたことは、このように常に尊重についての倫理的問題や、非暴力についての政治的問題につながっているのだ。

われわれは万能ということばで何を意味しているのか、そしてそれを一種の原初的な状態と仮定する必要はあるのかについて考えてみることは有益だろう(『愛の拘束』の中のスターンとパインの議論を参照)。もしも万能が主張されるのが、他者が脅威となる可能性を持っていることに自己が気づいたときだけだとすると、他者性と万能とは常に互いを構築しあう関係であることがわかる。万能というものは、もはや万能な状態ではなくなったときに、さかのぼって知られることしかできない。(私に対しての)分離した私が構築されたときにのみ、他者がそれを脅かす可能性が出てくる——実際私が他者のために構築されていていて、この構築が第二の他者によって疑義を挟まれるときですら。万能がその都度充電し直されるのは、自分のコントロールが及ばない他者に依存している事実に直面したときである。もちろんこうした直面化は、愛する他者へのニードという問題を越えて、世界一般に当てはまる。この世界の中で暮らすことによってのみ、われわれは他者にさらされ、他者との無意識的で不本意な同一化にさらされる（路上で物乞いをしている他者でなくても、テレビの中の他者と）。望むと望まざるとにかかわらず、世界はわれわれを異なる他者たちにさらす。それはすなわち、別個である彼らの存在自体がわれわれのコントロールの及ばなさを映しだしているだけでなく、これまで自己を守るために拒絶してきたものをわれわれの内に喚起してきかねないような、そうした他者である。拒絶してきたものとはつまり、弱さ、傷つきやすさ、衰え、それにおそらく性的な他者性、逸脱、不安定さといったもの――クリステヴァやバトラーの言う意味での、排除されたのけ者《アブジェクト》である。本当はわれわれには、同一化せずにいるだけの力がない。つまりわがものとして認めるに堪えないものは、ただ拒絶するしかないのである。

　また別の意味でも、われわれは同一化に囚《とら》われた存在である。なぜなら承認はどうしても間接的で、潜在的に疎外的な同一化の形をとってしまうからである。そうした同一化では自己は他者を理想と見なしたり、あるいは自己の一部と見なして、そうすることによって差異や外在性を破棄してしまう。[原注6] 対象は類似物か反対物として同化されるが、それは分裂をはらんだ単一体を形づくり、その中では自己と他者が相補的な役割を割り振られていて、それらはお互いに入れ替わることはあっても、決して一つには

原注6　同一化は次のようなものとして機能することがある。同じであることへの承諾として（アイデンティティ・ポリティクスにおいてのような融合、あるいは潜在的なショービニズム）。また、外的な存在であるがゆえにすでに失われてしまったか、これから失われる可能性があるような他者を体内化するためのものとして（打ち捨てられた対象関係の沈殿物としての自我）。そして、差異との同一化として。差異との同一化では、主体は自分とは異なるものにより近づくために、そのものの「ように」何とかしてなろうとする（理想との関係）。こうしたことはそれぞれ、他者の持つ外在性が認知される妨げとなってしまう。

まとまらない。しかし、こうした同一化プロセスからの脱出路は、たんに超自我へと逃げ込んで、そういう超自我の道徳的非難を理想化や拒絶に対抗するために使うことだけではない。あるいはまた、相補的状態のうちのさげすまれた側の半分、すなわち「される者 the done to」と単純に同一化したり、そちらを再評価したりすることでもない。そうすることは新たな道徳的命令、新たな規範性を作りだしてしまう。同一化は差異を否認したり破棄したりすることなしに差異を橋渡しする手段として奉仕できる可能性があるが、しかしこうした形での同一化がなりたつ条件こそ、まさに他者の外在性なのである。他者の持つ差異は、外側に存在しなくてはならない。つまりその差異は、そういう他者そのものに「なれ」という命令に感じられてはならないし、したがってその他者を自己に同化することによって防衛されてもいけないのだ。同一化によってのみでなく、他者の外在性にじかに直面することによって媒介される承認、という考え方が違いをもたらすのは、ここなのである。

破壊に生き残る他者の持つ外在性だけが、コントロールの及ばない、しかし同時に脅かしてくることもないものとしての他者を表象させうる――それは、暴力によって強いられた支配という社会的関係によっては、〔その出現が〕本来的に阻まれてしまうような形の否定だ。外在性の喪失は自己を耐えがたい孤独の中へ追い込んだり、あるいは自己と似た存在との融合へと逃げ込ませ、差異の破壊的な否認を命じてくるような同一性をつくりだす。投影-取り入れ的同化から脱出する早期発達上の抜け道は、結局のところ承認の正反対である否定を通じた道なのであり、それは再評価されるべきだと私は示唆してきた。だから私はウィニコットの破壊――他者を承認することに対する心的な拒否、外的なものの否定――という概念について詳細に論じ、承認は実際にもまた心的にも、破壊の象徴化プロセスにかかっている、つまり依存していると主張したのである。

　承認はいまや否定に依存しているというような、こうした言葉の入れ替わりによって、一瞬否定を支持する方向へ、この関係は逆転される。しかしこうした動きは今度は逆に否定と承認の緊張関係を、否定の承認に、他者のインパクトや意図の承認に依存するものにする。たとえば精神分析的な枠組みでは、患者の否定をキャッチし受け止めホールディングすることの必要性を、われわれは理解している。だから、否定にインパクトを持たせうるような、より上位の価値である承認という文脈自体の中でのみ、否定はより対等な言葉として再評価されうるのだ。この上位の機能が打ち砕かれてしまうのは、破壊としての否定に対する生き残りが失敗に終わったときである。つまり承認の瓦解と言えるのは、他者がその（否定から与えられた）影響を変化させたり認めたりできずに、そらしたり攻撃したり引きこもったりするだけになってしまう（つまり他者が「破壊されてしまう」）ときであって、それは純粋な否定とは異なる。

　したがって、承認／否定という対比は、相互承認／瓦解という対比と必ずしも同じでない。前者の緊張関係は、後者の内に存在しうる。差異にまつわるあらゆる交渉《ネゴシエーション》は否定を含み、攪乱と呼んでもいいような部分的瓦解にしばしばつながる。瓦解《ブレイクダウン》すなわち完全なる決裂は、否定と承認の緊張関係が再び築かれる可能性が閉じられてしまうときにのみ、自己にとっての他者の生き残りや他者にとっての自己の生き残りが決定的に終わってしまうときにのみ破局的となる。同じように承認には、完全な和解は必要ないのであって、とくに（アドルノの表現を借りれば）「強要された」和解などはまったく必要ない。むしろ「緊張しかつ不安定な――決して完全には止揚されず和解させられることのない」ものを必要とするのである。[27]

瓦解の相補的な反対物を、もとから存在した恒常性や緊張すなわち「定常状態」であるとは見なさない方がよい。むしろそれ〔そうした反対物〕は、乳幼児の相互交流を研究する中でそう概念化されたように、攪乱の修復と概念化された方が適切だろう。[191] しかしながら修復には、偽りの単一性を作り上げてしまう危険があり、今度はそれが不可避的に瓦解を引き起こし、それ〔つまり偽りの単一性〕に対する破壊性を解き放ってしまう。逆に瓦解の中で解き放たれたそうした攻撃性への恐れが、相補的関係の固定化や「偽りの和解」へとつながり、その閉塞状況によって瓦解と修復との真の弁証法が妨げられてしまうかもしれない。修復の経験は、破壊が持っていた創造的で分化促進的な側面に、過去にさかのぼって光を当てることができるが、それは強制的和解の外の空間に他者を置く効果を持つ。否定がそれとして認められないと、そこには矛盾に対して偽りの幕引きしかなされなくなり、他者を認めることの本当の試練を覆い隠すような防衛的な同一性が装われることになってしまう。この試練を受け入れることは〔他者を〕認めることの条件であって、その無価値化ではない。瓦解と修復を繰り返し経験することは、瓦解の後でも緊張関係をもう一度復活させる可能性があるに違いないと信じる自信を主体にもたせることになるのであり、実際そう信じる理由がわれわれにはある。[11] この自信によってこそ彼／彼女は、硬化した相補的関係にしがみつくのをやめ、差異をめぐる交渉にあえて取り組むことができるのである。[154] このような観点から、分裂や瓦解は、硬直化していたものを打ち砕くために必要な破壊性の契機と見ることができる。[67]

さらにわれわれは、分裂によってもたらされる理想化と拒絶をもとに築かれた、疎外された形での相補的関係は、避けえないものだと認識しておいた方がよいかもしれない。ベストの状況でもこうしたものは、承認と交互に生じてくる。したがって、分裂によって生みだされた幻想の関係にとりくんで象徴的に作業《ワーク》しプレイすることのできる能力こそが、承認をもう一度打ち立てる条件ということになる。[原注7] 分裂自体は問題ではなく、それが解消不能の相補的関係へと凝固してしまうことだけが問題なのだ。そうした相補性は、主体と彼の〔つまり主体にとっての〕他者とを、鏡像関係にある対立物どうし（よい／わるい、排除された／包含された）のように仕立ててしまうのである。だから分裂は、全体的自己（whole self）という何らかの規範的理想と対立的にとらえられる必要はなく、むしろ気持ちや考えの中にある矛盾に関わる際に、自己がまず手始めにとる形態としてとらえた方がよい。つまり分裂というその最初の形態は、外部の他者との関係の中で変化するかもしれないし、あるいはまた否認された自己部分の位置に、他者を引き下ろすかもしれないわけである。分裂についてのこうした見方の出発点となるのは、自己閉鎖的な単一体としての主体ではなくて、われわれが他者に独立した存在であってほしいと望むならわれわれが耐えなくてはならない矛盾である。

要するに異なる他者が尊重されるためには、承認 - 否定という二者間のヒエラルキーの中で、否定がしかるべき扱いをうける必要があるのだ。承認は「上位」語かもしれないが「優位」語ではない。それでも、互いに承認しあう能力を主体の持つ一側面として仮定しないと、異なる**他者**を尊重せよという要請（そしてそのネガである、黙らされることへの反発）には、問題含みの罪悪感すなわち自分自身の傷ついた

原注7　このように承認と従属が交互に生じるさまは、分析の第三主体《アナリティック・サード》についてのオグデン[150]〔原著では Ogden（1995）となっているが 1994 の誤り〕の論考の中に、見事に描かれている。

自己愛の他者への投影以外に根拠がなくなってしまう。それと同じように、差異を持つ自分をそのまま承認してほしいという**他者**の立場から出される要請にも、自己愛以外の根拠がないことになってしまうだろう。それは倫理的な問題を、抽象的で利己的な個人間競争へと引きずり下ろしてしまう。

もっとも微妙な形の緊張関係の瓦解は一つには、その**他者**が自分自身の自己愛を扱うにあたって、主体としての責任をとらなくてよい存在であるかのように見なされたときに起こる。たとえば虐待された**他者**が、主体を攻撃することによって完全な損害賠償を求めると、こんどは主体が被害者と同一化しその要求をのむことによって彼自身の罪悪感から逃れ、みずからの自己愛を守ろうとするような場合だ。その主体は、インパクトを受けつつ生き残るというよりも、むしろすり寄っている。この政治的な逆転移は、次のような感じだ。虐待歴のある患者との治療作業に取り組んでいる分析家が、ふと気づくと被虐待者の役を割り振られていて、攻撃者とサディスティックな同一化をした患者を相手にそれを無意識的に演じさせられているのである。分析家は攻撃者との同一化を免れようとしてこの〔役割の〕逆転を受け入れ、あらゆる苦しみに対して損害賠償をするよう駆り立てられるが、ついには潰れるか、仕返ししてしまうことになる。[60] だから分析家は、反撃することなくみずからの主体性を保持する道を見つけるべきであり、それをあきらめて偽りの償いをしてはならない。このことは関係精神分析の最近の議論において、主要なテーマになってきている。どうしても責任に非対称さが生じてしまうものだが、それでも分析家は一人の主体からもう一人の主体へという風に患者とコミュニケートできるような、何らかの手段を見つけなければならないのだ。たとえば患者から与えられた情緒的インパクトを、制御《コントロール》のきいたやり方で認めるなどしてである。[132] これは非対称性と相互性の、持続的な緊張関係を意味する。[6]

排除の状態が、すなわち主体の自己閉鎖的世界が崩壊した歴史上の実例は、おそらく南アフリカの白人のアパルトヘイト放棄であろう。アフリカ民族会議（ＡＮＣ）の戦術は、主体としての**他者**が介入し、自分たち自身の結束と承認によって、反対者たちからの迫害や承認拒否にもかかわらずある種の行為者性を獲得した好例である。ＡＮＣとマンデラは結果に対する倫理的責任を、それが白人政府によって付与される前から、対称的な権力関係が確立される前から引き受けていた。初期の変遷の中で起こったことの多くは、「殺《や》られたら殺《や》り返せ」流の力関係の逆転とはちがう別の選択肢を提供した。これが**他者**の及ぼしうる影響であるが、それはまさに自分が主体であることを**他者**があくまで主張しているからであって、単に相手方の主体性を攻撃しているだけではないから可能になることなのである。けれども差異や外在性が現れてくるのを可能にしたのは、アフリカーナー流の生活様式が破壊に耐えて生き残ることを見越せた、デクラークの能力によるものであったことも忘れてはならない。[訳注19]

他者を体内化して同じものにしてしまうという野蛮行為、破壊性のサイクルは、**他者**が介入したときにだけ緩和できると、間主観性という概念は仮定している。だから、どんな主体も他の主体に対して負っている一義的な責任は、その主体にとって介入してくる他者、生き残る他者になることなのである。この視点は、考える主体というものに対する批判を越えて、心理政治的な世界であらわれているアイデ

訳注19　ネルソン・マンデラは南アフリカにおける反アパルトヘイト運動に身を投じ、非暴力的手段を貫こうとしたことで有名。国家反逆罪で投獄されたが一九九〇年に釈放され、翌年にアフリカ民族会議議長に就任。デクラークと共にアパルトヘイト撤廃に尽力し、一九九三年にノーベル平和賞を受賞した。なおアフリカーナーとは南アフリカ共和国のオランダ系白人で、同国白人の六割を占める。

ンティティの問題へと入ってゆくことを可能にしてくれる。それは、相補的な力関係の単なる逆転と、固定化されたアイデンティティを突き崩して生き残りが生じるのを可能にするような具体的な否定との区別を可能にする——具体的な否定とは実際には、非暴力的な否定性のことである。

まさしくここに、語り《ディスコース》の主体と行為者《エージェント》としての自己を区別しなければならない理由がある。そのような自己だけが、自己や他者の中にある破壊性を、私でないもの《ノット・アイ》の中へと投影したり自己自身へと向け換えたりせずにわがものとして認める——コンテインする責任を引き受ける——ことができるのである。政治的な思考においても、その主体を構成しているもの（語り）の中に有害なものを位置づけてしまうような動きは、従属への気づきをはぐくむよりもむしろ、本当は自己に属しているものを分裂《スプリット》して外へと投影する傾向を高めがちである。

わがものとして認めることのできるそうした能力とともにこそ、承認の能力はあらねばならない。もし承認における相互性の必要を無視してしまうと、分裂した相補性の危険が生じる。たとえそれが非対称的なものであれ、互恵的な形をとるという条件をわれわれが受け入れないかぎり、主体の批判は逆説的なものになってしまう。というのもそうしないと主体は、排除され同化され承認されない他者の立場から必ず批判されることになるからである。しかし、ここが私の強調したい点であるが、もしこの他者すなわちそれ自身も同じように主体であるにちがいない者が、最初の者〔つまりもともとの主体〕と同じようにそのような承認ができないとしたら、彼／彼女は決して他者ではなく、権力をもくろむ主体のたくらみにしかすぎない。この結論を拒むということは、ただ分裂し相補的関係を逆転させ、「よい」ものとしての**他者**の立場から発言し主体は「わるい」と断言して、自分自身の中のわるい主体を否認してしまうことである。「よさ」と「わるさ」、他者の承認と否定というその両方を引き受けることのできる自己を仮定することが、他者を承認できない主体のありようを批判するための、唯一の基盤なのだ。

私のこうした立場は、主として精神分析理論の範疇内での仕事からきているが、これはデリダとレヴィナスの他性についての哲学的論争[57・62]に、きわめて密接に対応していることがわかった。そこで問題とされているのは次のようなことである。すなわち、他なるものを同なるものへと還元してしまうことは、他なるものを、絶対的に他であると宣言する（レヴィナス）ことによって避けられるのか、つまりそれを何とかコントロールしようとする本質的性質を持つ知というものの外部に、根本的な他性を位置づけることによって避けられるのか。あるいは、他なるものはもう一人の自分《オルター・エゴ》でもあって、それはまさしく一つのエゴであるからこそ私のエゴには還元不能なのだと認識することによって避けられるのか。この問題はデリダによって、還元不能の他性というレヴィナスの主張を批判する中で次のように取り上げられている。「他者がエゴとして承認されないなら、その他性のすべてが崩れ去るだろう」（p.125）と。他なるものが承認される条件は、その他なるものもまた主体であり、エゴであり、みずから否定を行うことができる存在なのだということである。コーネルが言うように「**他者**の奇妙さとは、**他者**も「私《アイ》」（つまり主体となりうるもの）であるということである。しかし「私《アイ》」でありながら、他者は「私《ミー》」（つまり客体として名指されるもの）と同じものでもある。こうした普遍性の契機がなければ、**他者**の他者性は架空の投影物へとあまりにもたやすく還元されるだけになってしまう」（p.57）。

したがって互恵性は、倫理的な関係性を考える上での条件として保たれねばならない。それはバーンスタイン[27・訳注20]が言うように、自己と他者の両方が「彼らの自己愛的なエゴイズムを越えるよう努めるという互恵的な義務にさらされている」関係性である。というのも「共通点と正確な相違点を探すということの*Aufgabe*（課題／義務）をお互いに認識していなければ、また「他者の」特異性をいつでも正当に評価しなければならないと自ずから意識する感性がなければ……われわれは人間のありようが持つ根本的な複数性を消し去ってしまう危険に陥る」(p.75) からである。承認という概念は、同一性の論理に抗して打ち立てられてきた「主体内部での」心内的否定と、間主観的な他者の否定それに他者による否定との両方を、どちらも考慮に入れることができるのであって、私はそのことをこれまで示唆してきた。それは規範的な同一性を再構築することなしに、主体‐対象単一体を作り上げてしまうことなしに、また自己や他者が透明に知られている状態を当然のこととする含みなしに可能なことなのである——これらのことは、承認に対してフェミニストたちが申し立てている異議なのだが。[195]

ヘーゲル流の承認の概念では承認のために差異が犠牲にされる、なぜなら両主体が**精神**《ガイスト》、歴史、国家あるいはコミュニティといった別形式の絶対的主体という、より上位の規定のなかに融和され吸収合併されてしまうからだと、これまで広く主張されてきた。しかしコーネル[57]は、差異を擁護するためにはヘーゲル流の承認の概念を保持することもまた必要であると主張する。もっともそれは、他者が自己のためにしか存在しないような状況である反映《リフレクション》とは区別されねばならないが、と。「差異への保護と配慮は、相互的な自己承認の可能性を損なうほどにまで行われるべきではない。もしその承認の意味を、現象学的な対称性と理解するならば」(p.57)

差異の保護というのは、実際には何を意味しているのだろう？ ヤング[195・訳注21]はコミュニティという理想を批判する中で、互恵的な承認によるお互いへの共感で他者性を乗り越えるという考え方は、顕著な差異を決して認めないような、均質化の理想を掲げているのだという。他者の他性はもはや還元不能なものとはされなくなり、完全に知りうるもの、同化可能なもの、内在化できるものとされる。他者についての透明な理解という発想は、透明な自己、すなわちそれ自身の否定性やそれ自身の無意識的な他者性といったもの、つまりクリステヴァがわれわれの内なる異人と呼んだものの存在を許さない自己というものを、暗黙の前提としている。[訳注22] ヤングは続けて言う。他者を完全に知り尽くすこととして承認をとらえる発想は、自分自身や自分の欲望をつねに知っている自律的かつ自己閉鎖的な主体、すなわち異なる多様なものからなる存在というより単一体、という規範を復活させる。またそれは共通の性質への同一化を、他者尊重の随一の基盤として肯定する。これは他者性への尊重を生むよりも、むしろショービニズムやナショナリズムを生むことになりやすい。もしくはそれは他者との逆転した同一化を、すなわち排除された他者を理想の位置にすえる自己否定を生むことになる。

政治的には相互的な間主観性の可能性は、ひっきりなしに繰り返される承認の失敗にもつながるような、まさにそうした差異あればこそ生まれるものであるし、また主体を緊張させる複数性あればこそ生まれるものでもある。心理学的には、他者の根本的他性や不可知性を認識していながらもそれでも他者を知ろうとする奮闘は、異なるアイデンティティ間のそれとして定式化されるばかりでなく、アイデン

訳注20　リチャード・J・バーンスタイン（Richard J. Bernstein, 一九三二―）。米国の哲学者。

訳注21　アイリス・マリオン・ヤング（Iris Marion Young, 一九四九―二〇〇六）。米国の政治哲学者。

訳注22　クリステヴァには *Etrangers à nous-mêmes*（英語版 *Strangers to Ourselves*. 邦題『外国人――我らの内なるもの』（直訳すると『われわれ自身にとっての異人』））という著書がある。

ティティ内の不一致や矛盾としても定式化されねばならない。というのも実はイデオロギー上の不一致は、アイデンティティよりはるかに優先するだろうからだ――すべてのアイデンティティが似たような考えを持つわけではない。そのようなアイデンティティと考えとの同一視は、考える行為そのものを単純化してしまう。（さまざまな差異はさまざまなアイデンティティから生じる、という考え方は、果たして下記のようなマルクス主義の曲解を繰り返していないかどうか自問してみなければならない。すなわちレーニン主義の諸政党はマルクス主義を曲解して、挑戦的な（「偏向した」）諸思想を、その提唱者たちの属する（「客観的な」）階級的地位のせいにしたのであった。）このことから、次のような自己の観念が必要になってくる。すなわち排除することによって、また部分をあたかも全体であるかのように取り違えることによって、継ぎ目のない意識の単一体を目指すといったことが必要とされないような自己だ。そして異なるさまざまな声を、非対称を、そして矛盾を許容し、アンビバレンスに持ちこたえる自己だ。

　こうした議論をふまえつつ、私は排除というテーマについて、もう一度批判的に見直しておきたい。というのもこのテーマは、フェミニズム思想の中でずっと主張されてきたからだ。ここで、主体は必然的にアブジェクトと対になる形で創りだされるのだというバトラーの主張を考えてみよう。彼女は言う。「主体というものは排除を通じて創りだされ、無効化された主体や、前主体《プレサブジェクト》や、アブジェクトされた人物像や、視界から消された人びとの領域を創作することを通じて創りだされるのであり[42]」、「主体は排除という操作によって形づくられる」（スコット、バトラー[42]内で引用）。バトラーは対語をもたない、包摂《インクルージョン》のない、承認を通して主体が形成されるということのない排除《エクスクルージョン》を前提としているようだ。けれども、それなら彼女が求める「争いや亀裂」はいったいどのように生じうるのだろうか、また差異を尊重せよという要求はどのように提示されうるのだろうか？　包摂という理想、政治に参加する他者の権利の承認という理想以外の何を基盤にして、また――排除された者の利己心や権力以外の――何を根拠にして、排除に対抗することができるのだろう？　当然この排除批判自体、差異を保護し包摂することを規範的かつ普遍的な要請にするために、事実上機能しているはずだ。そうでないはずはない、というのも現にそれは〔すなわちこの排除批判自体が〕問いに開かれているではないか。

まず合意を形成しておきたいのだが、精神分析理論の立場からいうと、排除というのは心的に「移しかえる」ことのみしか意味しえない言葉である。分裂排除された自己の部分、つまり内なる他者は、外的な、社会的な他者（排除されていることも、いないこともある）とイコールではない。排除されるというのは、主体のアイデンティティを強化するために拒絶され、自己の外へと放り出され、アブジェクトされたもののことを言っているのであって、実際に外部にいる他者のことではない。われわれのイメージするエネルギーの世界においてと同様に、そうした心の世界にも、保存の法則は当てはまる。つまり、一つの心的場所（「包摂」）から押しだされたものは、どこか別の場所へ行かねばならないのだ（「排除」）。同じように、人が外的世界で承認を拒んだものは、危険なほど脅迫的な内的対象として再び現れてくるのである。そしてこの内的対象は、今度はまた「外的世界」で、危険な他者として再現することもある。精神分析理論を受け入れるなら、これを基本的な「不可避性の法則」として定式化してもよいように思われる。つまり、われわれの心的世界を去るものはないのだ。排除がはたらく際に依っている条件を脱構築すると、いや包摂／排除という対比そのものからさえ、われわれは包摂を肯定することなしには排除を退けられないことが明らかになる。というのも、それは心的に不可能だからだ。

こころに基本的にそなわった性質から考えるなら、排除は錯覚ということになる。問題は単に、どんなタイプの包摂をわれわれは追求しどんなタイプの包摂から逃れ、またどんなタイプの包摂を批判しあるいは広め、思い描きあるいは否認したらよいかということである。それには心の中で起こっている同一化と投影という絶え間ないプロセスの存在を認めていることが欠かせない。他者の外的な他性を尊重し、そればかりか不可知性まで尊重せよという命令は、他者のポジションは自己にとって内的なものだという問題に突き当たる（内的な他性）。このポジションは、対象としてであれ他の主体としてであれ、「すでに」心の中で表象されているのである。そうして自己の中にあるこの他者の表象は、また今度は、ある特定の心的な関係性――愛／憎しみ、愛着／喪失、生／死――つまり不可避であり、よくてとらえ直すことができるだけの関係性に依存している。私が見たところでは、これが性同一化《ジェンダー・アイデンティフィケーション》についてバトラー[40・41・45]のとっている立場であり、そこでは性同一化は内在化された禁止のメランコリー的な残留物となる。悼みえないものや追いやれないものは、アブジェクトとして、拒絶された他者性として内側に保持されるのである。だから逆説的なことにただ包摂だけが、関わりを否認していたものを認めなおすことだけが、つまりわがものとして認めることだけが、その他者性に、自己の外にある外在性の領域という場を与えうるのであり、自己とは分離したものとしての承認を与えうるのだ。

主体に対する、排除やアイデンティティといった観点からの挑戦は、包摂を求める要求を避けがたく突きつけるが、それでもその要求は、またもやアイデンティティを固定化してしまう危険をはらんでいる。たとえそれが**他者**のアイデンティティだとしてもだ。実際排除という概念の系譜はどう見ても、バトラーが権力の策略と見ている普遍的規範そのものから発していると同時に、そういった規範から生じてきた反応からも発している。反応とはすなわち、「純粋な」理想や外側の権力《アウトサイド・パワー》を打ち立てたがる、他者性の特権的立場だ。だから私はこう主張したい。排除という尺度はそれ自体、規制をしかける反理想《カウンター・アイデアル》になりうる。それは排除された他者というポジションを、具体化された不変のアイデンティティのポジションとして確立し、そこを拠点にして排除を攻撃し、権力の正体を暴こうとするかもしれないのである。あたかもそれ自身はそうしたものとは無縁だとばかりに。同じように普遍性に対する攻撃も、逆転という行為からエネルギーを引きだして、反理想を立てようとする熱情によってみずからを煽り立てているのかもしれない。

包摂というアイデアも、承認の原則とおそらく同じ性質を持っているだろう。というのも包摂というアイデアはそれが否定に、つまりアイデンティティの解体に依っているのだと自覚しつづけていないと機能しないものだからだ。自身の避けられない失敗――分裂に、他者の否定に、排除に向かおうとする絶え間ない性癖――を悟ることによってしか、他者の承認は機能しえない。同じことがおそらく、包摂にも当てはまる。潜在的に懲罰的だったり排除的だったりするような、自己と他者についての理想を創りだしてしまうことを含めて、規範性《ノーマティビティ》の持つ危険は明らかだ。しかしこういった危険は、理想化し標準化《ノーマライズ》しようとする心の性癖を抑えつけても、避けられるものではない。つまり自己は理想化や排除をうながし、よいとわるいの分裂を助長するような同一化の過程に、どうしても巻き込まれてしまう性癖を持つのである。バトラーは排除という概念を試金石として利用しているが、それなら問題なく機能しうるとでもいうようだ。あたかも、それはまた別の理想に、つまり理想化されやすく権力の配備と化しやすい理想によりかかっていないとでもいうように。けれども、そうなりやすいとなぜいけないのだろうか？　われわれも賛同できると思うのだが、コーネルの『限界の哲学』を論じる中でバトラー自身みずから示唆しているように、[44]重要なのは理想なしですますことではなく、理想とのどんな関係にもともなう失敗や喪失を、そして理想と現実の違いという必然的な緊張関係を受け入れることなのだ。

　バトラーは問うている。どうしたらわれわれは、そうした緊張関係を受け入れた上で「果てしない奮闘の価値を〔究極の善として〕[訳注23]決定づけること」と、敗北感を確認し直して権力への意思をみずからに取り戻すために理想とのこうした関係を利用するような、奴隷道徳からくる不首尾とを区別できるだろうか。言い換えるなら、限界の哲学と、超自我の哲学との違い、再生を可能にする喪の哀悼《モーニング》と、いかなる政治的な行為者性も不可能であると考えるメランコリーとの違いとは何だろうか。バトラーの見解に私が見いだした主な矛盾は、次のようなものである。価値あるがしかし実現不可能な理想として、彼女は以下のものを挙げている。倫理的関係の条件としての、コーネルの「善」。政治の領域が対立によって活性化される条件としての、ラクラウの[訳注24]「解放」。そして彼女〔バトラー〕のアイデアである、「行為者性の言説的モダリティ」が達成される条件として、「意味の基盤としての主体を手放すこと」である。しかしもしわれわれが善や解放という理想を保っていられるのなら、多様性や差異の条件でありまた他者について不完全ながら知ることの条件である包摂的な自己という理想が保っておけないというのはなぜだろう？　なぜ理想ということになると、自己や主体といったものの場所がなくなり、言説性のみということになってしまうのだろうか？[訳注25]

　仮に包摂が、奮闘に値するが実現不可能な理想だとしても、この理想に内容を与えるような自己や政治形態の性質に関与しているものはまだ明らかになっていない。ここで私は手短に、次のような自己のアイデアを描き出してみたい。それは包摂にとって必要なものを備えているが、しかし排除を通じて創り上げられざるをえないアイデンティティにこだわらなくてよい自己である。対象関係論における自己の概念は、アイデンティティなしでの包摂の可能性を、また差異や矛盾に持ちこたえる自己を描き出した。しかしながらかつてアイデンティティが自我を基礎に置いていた場所に、他者との関係は今度は必然的に、アイデンティティなしに生きる自己を置かねばならなくなった。というのもすでに述べたように、自己はアイデンティティとイコールではないからである。同化も還元もせずに包摂するためには、自己閉鎖的なアイデンティティか、多様性《マルチプリシティ》といった観念で表される断片化した拡散かの二者択一を超えた考え方が求められる。どのような自己なら多様性に持ちこたえられるのだろうか、異なった他者との関係性がもたらすアイデンティティとは実のところ正反対であるような、そうした多様性に？

訳注23　この箇所はバトラー[44]を参照の上で訳者が補った。

訳注24　エルネスト・ラクラウ（Ernesto Laclau, 一九三五―二〇一四）。アルゼンチン出身の政治理論家。ポスト・マルクス主義者。

訳注25　バトラー[44]は、ラクラウの『解放をこえて *Beyond Emancipation*』とコーネルの『限界の哲学』について述べた文章である。すなわち、未来はこうなるとわかっていたら、それはあらかじめ閉じられてしまっている。けれども到達不可能な目標を掲げていると、それは閉じられたものにならない。これを利用してラクラウは、「解放」という到達不能な理想を掲げることで、そこから生じる対立によって政治が活性化されるのを期待する。また倫理的な善が完全に達成されることは不可能だが、まさにその不可能性によって倫理的な関係性が創りだされることをコーネルは期待している。そしてバトラーは、「中心であり意味の基盤としての主体というものを手放すことが、このかたずっと行為者性の言説的モダリティが達成されうる条件であったのであり、今もそうである」という（p.8）。

ここに、統合《インテグレーション》など偽りの和解だという哲学の批判の限界を見ることができるかもしれない。それは単一性とか一貫性《コヒアレンス》とかアイデンティティといった精神分析用語には規範的な問題があると指摘していたのである。そうした批判は——恐れや苦痛、喪失といった——具体的なものに言及することはない。一般にはそういったものが統合解体《ディスインテグレーション》を引き起こすので、統合がよいものに見えるのであるが。主体についての哲学の批判は、理論的に多様性や不連続性といったものが否認されていることと、ウィニコットが「存在しつづけること going on being」と呼んだ自己連続性の経験とを一緒くたにしてしまった。つまりふつうの不幸や神経症を、「精神病への転落」[71]（p.219）であるような苦悩と区別できなくしてしまったのである。精神分析的な自己のとらえ方をするようになると、われわれは苦悩といった経験に焦点をあてるべく、自分の視点を切り替える。統合というものを考え直し包摂についてのまた違った観念を持てるようになるには、自己には何ができるのかを、その破局だけでなく可能性を、考え直す必要がある。自己というものを具体的な他者との関係に差し戻すとき、われわれは自己を間主観性という、繊細で、閉じていない空間におく。差異と承認が互恵的に展開する可能性を秘めた空間、またそこからは創造的にも破壊的にもなりうる否定性というものが、決して排除できない空間に。

分裂を、心的緊張に持ちこたえることに置き換えたり、また自己や他者に対して相反する複数の態度を向けながらそれを許容できる力に置き換えようとする、そうした精神分析の努力は、規範性やアイデンティティ擁護といった遺産から解放される可能性を十分に持っている。けれども分裂排除された自己の側面を統合するという対象関係論の考え方は、必ずしも神話めいた統一性や、調和的なアイデンティティを意味しない。自己のことを、単に言説によって規制され産出されるものとだけ考えることは、こうした自己の否定性をふくむ空間を消し去ってしまうことになる。たとえ、精神分析自体の内部での規制的言説が及ぼしうる効果についてそのように自省することが、どんなに重要であるにせよだ。アンビバレンスを許容し、同じ対象に愛と憎しみの両方を感じられるようになるということは、愛と憎しみが総合された結果、愛が憎しみに勝つということではない。むしろ、それは憎しみが堪え忍ばれえたことを意味する。差異、憎しみ、愛の失敗が乗り越えられるのは、自己が単一化《ユニファイ》されるからではなく、分割されていることに自己が耐えられたからなのである。分裂排除されていた気持ちや遮断されていた野心が包摂に向かうのは、統一性を回復しようとする強迫に動機づけられてのことではなく、投影された怒りに対して腹立ちや怖れをさほど感じないですむようになりたいという願いや、喪失にさほど怯えなくなりたいという願い、また欲望していることについてあまり懲罰的にならないですむようになりたいという願いからである。

現代の多くの関係精神分析の分析家たちは、単一化された自己というより、多数の部分からなる多様な自己というものを心に描くことの大切さを思うようになってきた。自己の非連続性、矛盾、それに多様性についての発言は、現代の関係精神分析の分析家たちの書きものの中に数多くみられる（アーロン[6・7]、ボラス[31・32]、ブロンバーグ[37—39]、デイビーズ[59]、アイゲン[66・67]、S・ミッチェル[143・144]、パイザー[154・155]、リヴェラ[158]を参照）。しかしフェミニズム理論における議論とは違って精神分析の議論は、アイデンティティと多様性との対比ということにはそれほどこだわっていない。それはこの論点が、連結《リンク》を欠いた心の状態についての問題を、適切に表現していないからである。統一という発想の使用と乱用についてのもっとも興味深い考えは、解離状態をわずらう人びとについての考察からもたらされた。他者との経験が即座に、あるいは累積して外傷的となるとき、不安やさまざまな反応のあいだでおこる耐えがたい葛藤が、解離を引き起こす。[38・60・158・168・訳注26] 解離では、異なる自己状態の間の、移り変わりやあるいは不一致についての意識が遮断されてしまう。この場合自己は解離――つまりひどい苦痛や恐怖に直面したことによって築かれた、認識を阻む障壁《バリア》――のせいで、自身の多様性とのコンタクトを失っているとわれわれは理解しており、単一化された自己による葛藤の抑圧のせいとは理解していないのである。[158]

スティーブン・ミッチェル[143・訳注27]が主張したように、臨床的な立場から言うと、堅さ《リジディティ》も断片化も等しく症状である。高度の解離という特徴を持つ自己は、断片化して見えることも堅く見えることも、あるいは支離滅裂に見えることも組織化されて見えることもある。高度の解離を病気と認識することは、「移り変わり葛藤する自己の複数のバージョンをコンテインする能力」(p.105) よりも〔それらを〕消化し混合《ブレンド》することの方を、より理想的なこととしてありがたがることではない。ブロンバーグ[37・訳注28]が言ったように、「統合された自己」とか「本当のあなた《リアル・ユー》」というようなものはない。……健康は、統合ではない……〔それは〕複数のリアリティ間にある空間で、そのどれをも失わずに立っていられる能力であ」り、解離を内的葛藤で置き換えられる能力である (p.166)。だから断片化と多様性は、正反対とは言わないまでも、まったく違う。リヴェラ[158・訳注29]は解離と多重人格《マルチプル・パーソナリティ》を論じる中で、次のように主張している。すなわち統合は架空の単一性ということではなく、むしろ「解離のバリアが浸食されて、さまざまな矛盾しあう声たちや一人の人間のうちにあるさまざまな欲望を扱うことのできる、中心をなす意識へとつながることであり……それぞれ異なる視点を持ったさまざまな声を、黙らせることではない――そうではなくて、そうしたすべての声を「私」と呼ぶ能力、そのうちのどれかと、それがすべてだとばかりに同一化してしまわずにいる脱同一化の能力が、ますます育ってゆくこと」(p.28)であると。

脱同一化する能力は、理想とアイデンティティを義務的かつ強制的なものというより、分隔可能で流動的なものにするプロセスにおいて決定的なはたらきをしている。そのような心内的能力は、何を基盤にしているのであろうか?　この問題は単に、それぞれまったく異なる他者の表象群を一緒にしておく心的能力という観点だけからは論じられないのであり、そのような総合を耐えうるものにする精神分析的な交流という点からも論じられねばならない。個別のどんな物語についても、それをすべてだととらえてしまわずに脱同一化していられる自己の能力は、われわれには無垢な反射的能力とうつるかもしれないが、しかし実際にはそれは、自己と他者のある特殊な関係性に依存しているのである。脅威的な経験は分析的な他者との関係において、必ず行為《アクション》として再現し解決を迫ってくるが、関係精神分析的な理論にとっての中心的課題はずっと、こうした事態を理解することであった。自己へのそのような脅威は、他者とのあいだで起こった手に負えない体験と結びついている。だから治療的にはたらくのは、〔当時とは〕違ったふうにしつらえられた二者関係、つまり他者がその体験状況での自分の責任をちゃんと担っ

訳注26　原著ではここに(Stern, 1996)が参考文献として挙げられているが、参考文献リストにはない。あるいはStern, D. B. 1996. Dissociation and Constructivism: Commentary on Papers by Davies and Harris. *Psychoanalytic Dialogues* 6: 251-266. のことかもしれない。
訳注27　スティーブン・A・ミッチェル(Stephen A. Mitchell, 一九四六―二〇〇〇)。米国の精神分析家。関係精神分析の流れを生みだした。第2章で登場する女性精神分析家ジュリエット・ミッチェルとは別人。
訳注28　フィリップ・ブロンバーグ(Philip Bromberg)。米国の心理学者、精神分析家。
訳注29　マーゴ・リヴェラ(Margo Rivera)。カナダの精神科医、心理学者。

てくれるような二者関係の中で、そういう〔手に負えなかった〕体験を模擬的に体験することだけである。われわれが何とかして達成しようとするのは、受難の物語《ストーリー》の回復だけではなく、その物語の解体でもある。かつてはする者とされる者（doer and done to）の継ぎ目のない語り《ナラティブ》であったものを、新しい治療的関係の中で〔解体するのだ〕。こうしたことは生き残りを通して生じるが、それは報復と見捨てられの経験を、隠喩へと徐々に置き換えることとして理解できる。（これはしばしば文字通りの反復として感じられる。それも長い期間にわたる、治療者か患者のどちらか、あるいは双方による反復として。）この隠喩的な[123]能力によってわれわれは、考えや気持ちの現実に触れつづけながらも、それがことのすべてだと言い張ることなく、それらを自己の一部として認められるようになるのだ。

　隠喩への置き換えはどのように生じるのだろうか？　どのようなバージョンの物語についても、それをすべてだととらえてしまわずに脱同一化しておける能力、そしてアイデンティティを保留しておける能力は、まさに分析家の仕事の大前提である。それはまた被分析者《アナリザンド》が、分析家と同一化する部分かもしれない。通常、休暇に入る分析家は見捨てられるという患者の気持ちに同一化し、それを〔確かに存在する気持ちとして〕認めることができねばならない――「あなたは取り残される気持ちなのですね I know you feel left」――それも、自分自身をネグレクトや見捨てを行う悪い対象と本当に経験してしまうことなくである。〔分析家の中で〕この二重のポジションが定まるとそれは無意識に被分析者に伝わるが、こうしたことによってのみ被分析者は、分析家が彼女の非難にも生き残ったと感じ、みずからの喪失感を本当に許容できるようになる。このことによって他者／分析家は外在的な存在となれ、迫害的な内的対象と完全に同一視されなくてもすむようになる。もっと一般的に言うなら、生き残る他者とは、二重の同一化を擁する者（第1章参照）だ。つまり自分の立場を完全に捨て去ることはしないまま、かつ主体の立場も承認し、そうすることによって迫害的な側面から解き放たれるのである。しかしながらこの二重の同一化を生じさせるためには、直接的なコミュニケーションの中で、分析家の自己表出について患者に意識的にじっくりと考えてもらう必要があることも明らかになりつつある。

これまで示してきたように分析的な関係性は、ある種の間主観的空間をともなった体験を提供する。その間主観的空間とは、差異を橋渡しし、多様なポジションを保持し、自己あるいは他者のポジションを消し去ってしまうよりはむしろ非同一性に耐えることのために同一化が使われうるような空間だ。非同一的だったり二重の同一化をしていたりする自己のありようという発想が、排除と包摂という二元的原理に疑問を投げかけるのに役立つことはすでに示したとおりである。このように理解すると、排除というのは、主体が外部の他者たちを拒絶し黙らせた結果、彼らが同化されて内なる危険なアブジェクトとなることを意味している。また反対に包摂は他者を、それとの同一化も可能であるような、外側にいる外的存在にするけれども、それは自他がまったく同化されてしまうことにはならないような同一化だ。包摂はだから統合ではなく、差異を要請する。政治的にこれが意味するのは、差異のあいだでたえまなく生じる争いや矛盾に持ちこたえるという原則にほかならないのであり、これは主体についてまったく違う前提から出発しながらも、バトラーが提唱していることでもある。さまざまに異なる声たちが、競い合いながらも発話の主体という立場《ポジション》に登りつめると、それは自己を汚染したり再び呑み込もうとする脅威的なアブジェクトになるよりもむしろ、外部の他者という立ち位置をとれるようになる。

こうした形の包摂を受け入れることは、どんな声であれ（たとえそれがかつて排除されていた他者の声であれ）それを絶対化しようとしたり、あるいは他者を（たとえその他者自身が相手を黙らせようとする者であっても）黙らせようとしたりするような、全体主義的強要をはばむための前提条件だ。このことはまさに主体としての自己が、内なる他者の声も含めて、みずからのすべての声たちに発言を許すことができ、また実際に許しもする状態を意味する。他者をわれわれの内に持つことは、外なる他者の脅威を小さくする。だから外界の異人《ストレンジャー》はもはや、われわれの内なる異質なるもの《ザ・ストレンジ》と同一ではなくなる――それはもうわれわれ自身の影でも、われわれにおおいかぶさる影でもなく、別個の他者だ。その人自身の影が光の中で、はっきりと識別できるような、他者なのである。

補論　精神分析と女性
――ジェシカ・ベンジャミンの登場まで

北村婦美

精神分析家でありジェンダー論研究者でもあるジェシカ・ベンジャミンは、どのような歴史的流れの中に出てきた人なのだろうか。この補論では、ベンジャミンの思想をより深く理解するために、ベンジャミンの臨床と研究の場であるアメリカ合衆国を中心に、フロイト精神分析の誕生からベンジャミンが登場する一九八〇年代までの、精神分析と女性（およびジェンダー論）の関係を振り返ってみたい。

1　フロイトの精神分析

フロイトが精神分析療法を生みだすきっかけとなった初期の治療経験は、ほとんど女性ヒステリー患者たちとのものだった。実際、ヨーゼフ・ブロイアーとの共著であり精神分析創立の書とされる『ヒステリー研究』[1]に登場する五事例は、すべて女性患者である。

当初（一八九二年頃まで）フロイトは、催眠を使って抑圧されていた患者の外傷的記憶を意識野に導く（つまり思い出させる）ことによって、記憶と切り離され抑圧されていた情動が解放されて（カタルシス、除反応）ヒステリー症状が改善すると考えていた。また、何も思い浮かばないと言う患者の額を圧迫し、しゃべるまで何度もそれを繰り返し患者を説き伏せる「前額法」を用いることもあった（ルーシー・R嬢など）。いずれも治療者が強力に介入して抵抗を突破し、なかば強制的に想起を生じさせる手法である。

しかし、ある患者（エミー・フォン・N夫人）がフロイトに、彼女の話を絶えずさえぎることをやめ「彼女が私［フロイト］に言わなければならないことを、彼女に語らせるように」（前掲書）求めたことなどをきっかけに、徐々に患者自身に主体となって語ってもらう自由連想法へと移行していった（一八九二―一八九八年）。このように、フロイトの精神分析技法の発展の中で女性患者たちの役割は、完全に医師のコントロール下に置かれ操作的な手技を受けるという完全に受動的な役割から、みずからペースを作りみずから発話して自由連想してゆくという、より能動的な役割へと推移していったのだった。

またヒステリーという疾患に対してフロイトは、尊敬していた先輩であるフランスの神経科医シャルコーとある意味で対照的なアプローチを取っており、そのことが上記のような展開を生んだとも言える。すなわち、シャルコーは収容を主たる目的として建設されたパリの大病院サルペトリエールで、多くの女性ヒステリー患者たちを外から、主に視覚的に観察することによって研究していた。対するフロイトは、診察室に通ってくる女性ヒステリー患者一人ひとりの内面を、聴覚的に詳細に聞き取る自由連想法を用いるようになっていった。これは「見る」シャルコーと「聴く」フロイトという、対照的なアプローチの違いであると言えよう。

ここでこれらおのおののアプローチが持つ特色を考えてみると、「見る」ことは外的な症候を客観的にとらえられる強みがある一方、相手を対象化することの上に成り立つ面を持っている。一方で「聴く」ことは、相手の能動的語りを前提にしているために、患者の主体を立ち上がらせる潜在可能性をもっていると言える。

このように、フロイトが精神分析療法を創り上げてゆく道のりは、期せずして女性患者たちの主体的、能動的な語りを立ち上がらせる方向に向かっていたのである。

2 フロイトの女性論

けれどもその道のりは、一足飛びにはゆかなかった。フロイトの女性に対する見方には、現在のわれわれの目から見ると、どうしても一定の限界があったのだ。

女性の発達についてのフロイトの論述はさまざまな論文の中に散在しているが、それがまとまった形で講義の中に示されているのが『続・精神分析入門講義』第三三講「女性性」[9]である。これはフロイト精神分析の展開の中でも比較的後期に属するため、研究者たちの中ではフロイト女性論の最終的結論としてしばしば取り扱われているテクストでもある。ここからフロイト女性論の骨子を見てゆこう。

まずフロイトは、自分には女性性の問題に触れる十分な資格がないという控えめな態度を示した後、①解剖学的には元来男女双方に「両性性」が備わっているらしいと語りはじめる。しかし、②男女差というものが「能動性」「受動性」と分かちがたく結びついたものであると述べ、③女性性に一般に結びつけられる受動性から「マゾヒズム」に触れ、それを「真に女性的」なものであるという。そして④女児はもともと自分を「小さな男性」と認識していて、女性である母親を愛しているが、自分の女性器が男児の持つペニスを欠くことに気づくと、すでに自分は去勢されていると思い「ペニス羨望」を抱いて愛する対象を母親から父親に移し、性的刺激を受ける源をクリトリスから膣へと移行させるという。(当時すでに発生学は存在したため、フロイトはクリトリスが男根に相当するものという認識を持っており、また膣は男性器を受けるものということから受動的器官という含みがある。)

これは父親を愛し母親をライバルとする女児版の「エディプス・コンプレックス」の形をなしている。女児はこのままエディプス状況にとどまるため、その断念を迫られることによって成熟した超自我を獲得する男児に比べて「緩和的に形成された」[7]超自我しか持つことができないともフロイトは述べている。

ここから読み取れるフロイト女性論の特徴は①両性性、②受動性、③女性的マゾヒズム、④ペニス羨望の四つにまとめられるが、これらは①を除いてすべて、受動的であることが女性の本質的あり方であることを述べたものであった。

たとえばフロイトにはそもそも「男性性=能動性」「女性性=受動性」という図式が、どうしてもぬぐい去れない固定観念として存在していた。前出の『続・精神分析入門講義』第三三講「女性性」では、「……推察されますのは、皆さんが「能動性」イコール「男性性」、「受動性」イコール「女性性」ときめてかかっておられるという事実です。ですが、そういう見方はしないほうがいいと思います。そうしたところで、役に立つとは思えませんし、新しい認識が得られる見込みもないからです」と述べつつも、同じ講義の中で「ふつうなら男の子に特徴的な、より度合いの強い能動性というもの」とか「女性性への向き変わりを開始させる受動性への一歩」と述べるなど、男性性を能動性と、女性性を受動性と無条件に結びつけている様子がにじみ出ている。

「女性的マゾヒズム」についても、本来外向きであるはずの攻撃性が自分自身に向くのが「マゾヒズム」であるから、これはすなわち女性は攻撃性も受動的形態をとるということを述べているわけである。また、「ペニス羨望」の結果女児は性差から目を背けるか、男性的に振る舞おうとする（男性的抗議《マスキュリン・プロテスト》という）か、受動的となりペニスの代替物として父親から赤ん坊を得たいと望むかの道をとるといい、最後の受動的となる道こそが、女児の唯一ノーマルな発達であると結論づけたのである。

3　フロイトの女性論をめぐる論争

（1）フロイト存命中――一九二〇―一九三〇年代前半

a　フロイトの女性論への賛否

フロイトがこうした女性論を公にしたときから、周囲の分析家たちには賛否両論がわき起こった。基本的にフロイトの説を受け入れたのはランプル＝ド・グロート、マリー・ボナパルト、ヘレーネ・ドイッチュらであり、カレン・ホーナイやアーネスト・ジョーンズらはフロイトに反論した。とくにホーナイ[11]は、ペニス羨望論は男性の目から見た「男性心理学」であり、ペニスのみでなく母性にも優位性があって、男性が母性に抱く羨望も存在すると論じ、反対論を明確に打ち出した。ジョーンズ[12]も他の分野では基本的にフロイトに忠実であったが、女性論については反論の立場をとり、女性は「自分の本性とは異質の副次的な代理物で必死に自分を慰めようとしている、永久に絶望しつづける生き物」（引用者訳）ではないと主張した。

ここでユニークな立ち位置にいるのが、メラニー・クラインである。彼女はホーナイやジョーンズのようにフロイトに直接異を唱えることはせず、むしろフロイトの理論に従順に依拠しようとしていた。しかし、子どもを対象とした精神分析治療の中で見いだしたものを言語化し理論化するうちに、およそ三〇年かけて徐々に男根中心の理論から母性重視の理論へと移行していったのである。具体的にはクラインは、母親の持つ養いはぐくむ力に対して赤ん坊が抱く羨望や攻撃性、そこから生じる報復への恐怖といった子どもの心の世界を描写した。またペニス羨望というよりも、むしろそうした母親の能力への羨望が子どもにとっては第一義的なものだとした。すなわち、フロイトが子どもは男女とも初めはいわば「小さな男性」であるとしたのと対照的に、男児女児とも幼少期はまず女性である母親と同一化し、母親になりたいと願う時期（女性性段階《フェミニニティ・フェイズ》）があると論じたのである。

b　フロイトの最終結論と死、論争の終わり

こうした中で、女性論を発表したフロイト自身も、必ずしも自分の説に自信があったわけではなかった。たとえば「……全体的にみてこの点は認めねばならないだろうが、女の子の場合のこうした発達過程についてのわれわれの持っている知識は、なお不十分であり、穴だらけで朦朧としているのである」[6]と述べたり、成人女性のセクシュアリティを「暗黒大陸」[8]と表現するなど、女性についての自説に満足していないことをみずから認めていたのである。

すでに述べたように『続・精神分析入門講義』第三三講「女性性」はフロイトの女性論の最終結論と

言われているが、この本に書評を書いた女性分析家リビエール[17]も「フロイト自身、女性性の問題にまだ確信が持てていないのに、自分が抱いている疑念にきりをつけてしまおうとしている」と、かなり率直なところを言い当てている。

この講義を最後として、フロイトは女性性の問題については沈黙していった。ナチス・ドイツによるユダヤ人迫害が迫り、自分自身も、また自分の創始した精神分析も抹殺されるのではないかという重圧の中、彼にとってより重要であった精神分析の継承やユダヤ性といった他のテーマに関心が移ったためではないかとも言われている。一九三九年、フロイトは亡命先のロンドンで死去し、反対論の中心にいたホーナイも米国に移住して、女性性をめぐる論争の一幕目はここで終わりを迎えることになった。

c 結局のところ何がフロイトの限界だったのか

ここで歴史の流れからはいったん離れて、結局のところ何がフロイト女性論の特徴であり限界であったのかを振り返っておきたい。

一言で言うとフロイトの説明の枠組みは、「男根一元論」的な原理にもとづいたものであった。[*1]どういうことだろうか。この「男根一元論」という言葉の意味を、なるべく簡潔に説明してみたい。

まずすでに述べたように、フロイトの女性論には「ペニス羨望」「受動性」「女性的マゾヒズム」といった柱があり、それは「女性＝受動的なもの、客体」という含みを持ったものだった。これは裏を返せば、「男性＝能動的なもの、主体」ということである。

---

*1　実はすでに挙げたフロイト女性論の四つの特徴のうち、「両性性」だけは違っていた。詳しくは北村[20]参照。

この中核にあるのは、能動的なものが受動的なものに働きかけたり、それを観察したり、それについて語ったりするという形である。わかりやすくなるように、図式的に示してみよう。

能動、主体　→　受動、客体（対象）

（「→」は、「〜に働きかける」「〜を観察する」「〜について語る」といった意味）

こうした説明の枠組みは一般に「一者心理学」的なものと言ってよいであろうが、この矢印の両端には、いろいろなものを代入して考えることができる（西洋→東洋、白人→非白人、万能的な幼児→母親……）。つまり歴史的な文脈、民族的な文脈、発達的な文脈といったさまざまな文脈において、この「矢印」は見いだせるのだ。これがジェンダーの文脈で展開したのが、つまりこの矢印の両端に「男性→女性」が代入されたのがフロイトの男性、女性についての考え方であった。

たとえばフロイトのもっとも初期の説明概念の一つである「リビドー」を見てみよう。フロイトはリビドーを「男性的本性を有」するものと明言していたし、[5] フロイトが性愛のスタンダードと見ていたのは異性愛であって、同性愛ではなかった。[3] つまり「リビドー」というのは、男性から女性への異性愛的感情をモデルに想定された心的エネルギーだったと言える。またフロイトの中で「男根」というのは、「能動、主体」の側を印づける解剖学的なマークであり、象徴のはたらきをするものであったのだろう。

フロイトの説明の枠組みは「男根一元論」的だったと言われる。これを単なる女性たちからの非難の常套句としてでなく、もっと冷静にとらえてその意味合いを考えると、「男性‐女性という対をなす関係に、当時の一者心理学的思考が結びついたものを、男根という象徴を用いて表現したもの」だったと言えるのではないだろうか。

（2）フロイト亡きあと――一九三〇年代後半以降

a　ヨーロッパから米国へ――精神分析の一般化、単純化、規範化

再び歴史へと戻ろう。

一九三〇年代も後半になると、ナチス・ドイツのユダヤ人弾圧は日増しに厳しさを増していった。精神分析家にはフロイト自身をふくめユダヤ人が多かったから、そうした中で多くの分析家たちがヨーロッパから米国に亡命していった。

彼らの活躍もあり、かつてヨーロッパでは精神医学とは別の流れとして存在していた精神分析はいまや精神医学の中に取り入れられ、さらに自我心理学として主流化していった。一九四〇―一九五〇年代には精神分析療法は広く行われるようになり、米国精神分析協会においてもその過度な適応拡大が問題として議論されるまでになりはじめた。[18]

フロイトの女性論もまた同様に、一般人のあいだに単純化されて広まっていった。さまざまな一般書や雑誌記事の中に登場したり、また第二次世界大戦中に男性にかわる労働力として軍需産業にかり出された女性たちを戦後家庭に呼び戻すための論拠に持ち出されるなど、規範化され政治的に利用されることすら生じるようになったのである。[19]

このような行きすぎた単純化・規範化への反発として、フロイト女性論をめぐる論争の二幕目は始まることになる。

b　第二波フェミニズム運動（一九六〇年代）

第二波フェミニズム運動の火付け役として知られるベティ・フリーダンは、一九六三年『フェミニン・ミスティーク』[10]を発表した。この中で彼女は「「フロイトの精神分析」の影響」と題して一章を割いている。そして「フロイトの発見がすばらしいものであり、文化の発展に重要な貢献をしたことは、誰も否定でき」ず、その実践が非常に効果的であることを疑わないと評価しながらも、「しかし……私はフロイトの女性論を今日の女性にあてはめることを疑うのである」と述べ、フロイトの女性論がいわゆるヴィクトリア的文化背景の中の女性に妥当するものであっても、それを現代の米国女性にそのまま当てはめることは間違いだと主張した。

実はフリーダンの本をよく読むと、彼女は精神分析自体を批判しているというよりも、むしろそれを通俗化し単純化して利用する行為を批判しているのだが、一般にはこの時代精神分析は女性運動家たちに、総じて敵視されるようになっていった。そうした批判の中には、精神分析（その多くは通俗化されたものなのだが）が神経症の原因を、母親の養育の失敗から来るかのように論じていることに反発するものもあった。

しかし奇妙なことに、そういうフロイト批判自体の中にも、フロイトの男根一元論的な理論形成にはフロイトの支配的な母親アマリーの生育史的影響があったと論じる者が現れたりもした。[2]つまり精神分析的な説明のスタイルというものは、もはやフロイト精神分析を批判する批判者自身の内面にも染みついて、引き剥がせないものとなっていたのである。

C　精神分析と女性運動——融和への動き（一九七〇年代）

このように女性運動家たちにとって、精神分析を敵視するだけではもはや展望が開けない時期が来ていた。そうした中に現れたのがジュリエット・ミッチェルとナンシー・チョドロウである。

ジュリエット・ミッチェルは英国の大学で英文学を教えていた教官であり、かつ六〇年代には女性運動にも関わっていた活動家であるが、一九七四年『精神分析と女の解放』[16]を出版し大きな反響を呼んだ。この本はフロイト精神分析の男根一元論そのものを、現実社会にある家父長制を反映したものとしてとりあげ、逆にその家父長制自体を批判しようとした著作と言われている。目的はどうあれ、本書にはフロイト等による精神分析理論を女性運動家たちに紹介するくだりが多く含まれており、精神分析と女性運動の融和を試みたもっとも初期の仕事とされている。

またナンシー・チョドロウは、人類学や社会学分野の研究者として精神分析理論を取り入れ『母親業の再生産』[4]を書いた。ジュリエット・ミッチェルが同じ精神分析でも男根一元論的なフロイトの精神分析を取り上げた一方で、チョドロウは母性に着目し同一化を人格形成の重要なメカニズムととらえるなど、クライン派に代表される対象関係論的な精神分析の考え方を立論に用いた点が特徴的である。チョドロウによれば、（その当時の）母親は働く父親からも親戚からも離れた郊外で、子どもと差し向かいの孤独な育児をせざるをえない。そのため母親が子どもの成育におよぼす影響は絶大になる。母親は異性である息子を、自分とは根本的に異なる存在と認識して育てるから、息子は分離を促され独立的になる。一方娘の方は、母親の同性として暗に分離を奨励されずに育つため、分離に深刻な葛藤を持つようになる。つまり母親自身が、こうした性差を「再生産」している面もあるという。本書は「現代社会学」誌上で同分野の過去二五年間もっとも影響力のあった一〇冊の一つに選ばれるなど、長期間にわたり非常に大きな反響を呼んだ。[15]

興味深いことにミッチェルもチョドロウも、これらの理論書を書いたのちに実際の訓練を受けて精神分析家となっており、いわば精神分析を外側から理論として活用するだけでなく、内側からより体験的に理解しようとする方向へと向かっている。

d　第二波フェミニズム運動への反動

どの時代にも女性運動への反動の動きは存在したが、そうした動きの一つとして七〇年代米国でもっとも売れた書籍の一冊が、クリストファー・ラッシュの *Haven in a Heartless World: the Family Besieged*[13]（直訳すると『非情な世界における避難所――包囲される家庭』）である。ラッシュは『ナルシシズムの時代』として日本語にも翻訳された *The Culture of Narcissism*[14] の著者としても知られた人であるが、この二冊は基本的に共通したロジックで書かれている。

ラッシュによると、かつては強い父親のもと健康な超自我が育ち子どもは理想的な市民に育っていた。しかし女性運動によって母親が強くなりすぎたため家庭における父親の権威は失墜し、子どもは母親の影響下に置かれるようになり、父親の権威は内在化されず自己愛的なパーソナリティが増えたのだという。フェミニストは家庭を男性にとっての「私生活における避難所」でなく、もっと逃れられないたぐいの、戦場のような「ビジネス、政治、外交問題」にしてしまったとラッシュは嘆いている。[2]

女性運動の意義はもちろん十分理解できるものの、これらの本が米国で相当に売り上げを伸ばし広く読まれたという事実自体は、それとして受け止められる必要があるだろう。ラッシュのロジックが妥当かどうかには疑問が残るものの、これらの本からは追い詰められた男性たちの苦しさもまた同時に感じ取れる。

このようにいわゆる第二波フェミニズム運動とそれに対する反動の動きは、より一般の男性や女性の意識の中にもジェンダーの問題を意識させ、私的な生活場面にも持ち越される持続的な緊張状態を作り出した面がある。それは論争として顕在化する場合も潜在的なものにとどまる場合もあるだろうが、ラッシュの表現するような戦場のイメージを喚起する、いわば「ジェンダーの戦争」とも呼べる緊張状態なのである。

4　ジェシカ・ベンジャミンの思想——ジェンダーの戦争はなぜ終わらないのか

そうした中で続く八〇年代に登場したのが、本書の著者ジェシカ・ベンジャミンである。

彼女は第二波フェミニズム運動とその反動が、しばしば男女互いの権利を主張しあう応酬合戦に陥ってゆくさまを見ながら、その一方に加わって敵陣を論破するのではなく、この戦い自体がなぜ終わりなく続いてゆくのか、そのメカニズムをより精緻に考えようとした精神分析家であった。

このベンジャミンの思想については、「解説」の中で引き続き詳しく紹介してゆこう。

解説

北村婦美

本書は、米国の精神分析家ジェシカ・ベンジャミンによる*Shadow of the Other: Intersubjectivity and gender in psychoanalysis*（Routledge, New York, 1998）の全訳である。副題からもわかるとおり、本書はいわゆる「ジェンダー論」の一つであるには違いないのだが、訳者が本書をぜひ日本語で紹介したいと考えたのは、それがこれまでとはまったく異なるスタンスで書かれていた本だからであった。

私たちはいま男性であること、女性であること、あるいはそういう従来的な枠組みに完全にはあてはまらないと感じることを含めて、望むと望まざるとにかかわらず、男女という枠組みをめぐる困惑や疑問や論争と無縁に生きてはいない。けれども多分私たちの多くは、そうした困惑や疑問や論争とできれば無縁に生きたいと思っている。なぜならそれらと無縁でないということは、私たちのもっとも身近で個人的な、ささやかな生活圏が乱され、平和でなくなることを意味しているからだ。

女性たちは、女性の権利を拡張するために闘わなければならないのだろうか？　男性たちは、それに対してすでに所有している諸々のものを守るために、当然反撃に出なければならないのだろうか？　そうしてまた、既成の男女の枠組みに完全には当てはまらないと感じている人たちも、自分たちの存在にある名称を与え、その名を名乗り出て権利の拡張に努力しなければならないのだろうか？

こうした権利拡張の要求どうしがぶつかりあう状況をもし「ジェンダーの戦争」と呼ぶなら、ベンジャミンが本書で試みていたのは、その戦いに参加していかに効率的に敵陣を論破するかということではなく、この戦いの状況自体に光を当て、なぜそれが終わりのない応酬に陥ってしまうのかを冷静に考察することであった。

1　著者について

ジェシカ・ベンジャミン（一九四六―）は、現在アメリカ合衆国のニューヨークで個人開業中の精神分析家である。ニューヨーク大学の博士課程修了者向け教育研究プログラム（New York University Postdoctoral Psychology Program in Psychoanalysis and Psychotherapy）での指導にも長らく携わってきた。

彼女がアメリカのウィスコンシン大学の学生であった頃は、ちょうど学生運動がもっとも盛んだった時代にあたり、反戦運動・フェミニズム運動にも参加していたという。同大学で文学士号（ＢＡ）を取得後、ドイツのフランクフルト大学で社会学、哲学、心理学を学び修士号を取得。さらにニューヨーク大学にて社会学を学び、博士号を取得した。当初、精神分析を理論としてのみ学んでいるときにはこれに批判的だったが、みずから精神分析療法を受ける中でそのプロセスを信頼するようになったといい、自身分析家になるトレーニングを開始し、精神分析家資格を取得した。大学時代にダニエル・スターンの乳幼児精神医学にも関心をもち、博士後研究員としてアルベルト・アインシュタイン医学校のベアトリス・ビービーらとともに乳幼児研究に携わった。私生活では本書の謝辞にもあるとおり、二人の息子さんたちの母親でもある。

2　ベンジャミンの思想――なにが注目に値するのか

（1）これまでの精神分析――男と女、子と母、治療者と患者

精神分析を創始したのはオーストリアの精神医学者ジグムント・フロイトであることは広く知られている。また、彼が精神分析の中心概念とした「エディプス・コンプレックス」についても、その名を知る人は一般にも多いかもしれない。

ただ、不思議なことに彼のこの理論が、人口の半分を占めるはずの女性についてのものでは基本的になく、男の子の心の発達についての理論であることや、女の子の心の発達についても補足的に論じられてはいるものの、フロイト自身それを正しい答えであるとは信じていなかったことについては、広くは知られていないかもしれない。こうした女の子の発達論つまりフロイトの女性論は、女性の特徴を「ペニス羨望」や「受動性」などとしているように、男性（男の子）を主体の立ち位置におき、女性（女の子）を客体（対象）の立ち位置におく「男根一元論的」な理論構成であったと言われている（補論「精神分析と女性」参照）。

またフロイトにかぎらず、これまでの精神分析理論では、母親の姿が受動的なものとしてしか描かれ

てこなかった。つまり母親は、子どもの発達の背景をなす「環境」、あるいはその環境を用意する者にすぎなかったのであり、ほとんどの場合主体的であり能動的でありうるものとは見なされていなかったのである。

その一例がマーガレット・マーラーによる「分離‐個体化」理論である。この理論は、生後すぐの赤ん坊が自閉期、共生期、分化期、練習期、再接近期などをへて生後三才くらいまでにどのように「個体化」してゆくかを説く理論であり、一九六〇年代から一九七〇年代にかけてライフサイクル論や境界性パーソナリティ障害の病因論および治療論の理論的基盤を提供し、一世を風靡した重要な理論であった。しかし、この理論では母親は、基本的に幼児によって「不在に耐え」られる存在であったり「内在化」される存在というような、受動的な役回りしか与えられていなかった。いわば「分離」し「個体化」していく子どもに上手に「置いてゆかれる」ことが、母親の役割だったのである。そこでは関係性の成熟に焦点が当てられているというよりも、むしろ子どもが個人としてつまり「一者」として、「分離」し「個体化」していくことに焦点を当てた描写がなされていた。

また、フロイトに代表される旧来の精神分析理論では、治療者を観察者かつ「知る者」の立場に置き、患者を観察される客体かつ「知られる者」の立場に置くスタンスが基本であった。比較的有名なのが、分析的治療者を転移を映し出す真っ白なスクリーンであるべきとした「ブランク・スクリーン」概念であるが、ここには「知られる」客体である患者を、どこでもない位置から客観的に観察している、透明な「知る」主体としての治療者という図式が透けて見える。

男性と女性、子と母、治療者と患者――これらおのおのの対《つい》関係における旧来の精神分析理論を通覧したとき、共通して浮かび上がるのは「主体と客体（対象）」という一者心理学的な基本姿勢である。そのどれもが（女性に対しての）欲望する「男性」、（母親に対しての）分離 - 個体化する「子」、（患者に対しての）知によって分析する側である「治療者」をそれぞれ能動的主体の側においた、一者心理学のスタンスで貫かれている。こうした時代にアメリカで隆盛を誇った自我心理学の「自我 ego」という名称にも表れているように、それは究極的には「一人の人間がどのように環境や周囲の人間を利用し、うまく折り合いをつけながら最終的に自分の欲望を満たすか」という問いの立て方から出発した説明の体系であった。

けれども実際には、人間にとって「自分とはちがう意志や感じ方を持った、自分と同等の権利を持つはずの、主体としての他者」をそれとして認め尊重できることが、発達的には非常に重要な課題であるはずだった。この認識はおそらく、今日的な課題として注目されるようになった自己愛パーソナリティについての問題意識とも無縁ではないだろう。

つまり旧来の一者心理学的な枠組みでは（たとえば分離 - 個体化理論が「背景としての母親から離れ一人の個人になる」子どもに焦点が当てられた構成を持っていたように）、それまで背景にすぎなかった他者が自分と同じ権利を持つ主体として認識できるようになるという「共感の力」の発達は、論じられにくかったのである。

（2）ベンジャミンの新しさ

本書の著者であるベンジャミンはこうした問題意識の中から、さきほど述べた「自分とはちがう意志や感じ方を持った、自分と同等の権利を持つはずの、主体としての他者」をそれとして認め尊重できること（相互承認 mutual recognition）を、人間の成熟にとって重要かつ必要なこととして打ち出している。そして、それを理論的に裏づけられるような精神分析を作っていこうと呼びかけている。

それは「一つの主体と、それをとりまく他者（いわばモノ的な、それ自体感情や意思を持つことを真剣には想定されていないような客体的な他者）」という描かれ方をする一者心理学的精神分析ではなく、二つの主体を想定する二者心理学的精神分析である。

具体的にはこうした動きは、主にアメリカを中心として同時発生的に各所から生じ、現在大きな動きとなっている「関係精神分析」とも重なっているため、ベンジャミンは関係精神分析の代表的論客の一人とも位置づけられている。彼女は関係精神分析の流れを生みだした立役者であるスティーブン・ミッチェル（二〇〇〇年死去）、現在も関係精神分析のもっとも主要な論客の一人として活躍しているルイス・アーロンとも、建設的な議論を闘わせる親しい間柄でありつづけてきた。

本書でベンジャミンは、男性医師フロイトが女性ヒステリー患者らを相手にする中で編んできた精神分析理論が、男性を主体かつ能動とし、女性を客体かつ受動とする意識の中でこの一者心理学的精神分析を創り上げてきたことを描き出している（第1章）。続く第2章ではさらに、より一般的な男性性‐女性性という対関係が、男性性を主体の側に置く能動‐受動の関係から成り立っていることや、母子関係において背景化されていた母親が実は能動的な側面を有する主体として見直しうること、さらには男‐女、母‐子という二組の対関係が、どのように絡み合ってジェンダーをめぐる一つの構造を作り上げているかを解き明かしている。

3　これまでのジェンダー論との違い

こう説明してくると、ベンジャミンもまた「男性中心主義を告発する」好戦的フェミニストの一人なのだな、という受け取られ方をするかもしれない。確かに一時代前の女性運動では、女性の置かれた苦境を縷々《るる》訴え、男性中心的な社会のあり方をあばき、女性の権利を強固に主張するという論調がほとんどであったように思われる。

しかしベンジャミンが根本的に違うのは、そうしたこれまでの論法では問題の解決にはならないことを、はっきりと明言していることである。

彼女は最初の代表的著作『愛の拘束』[2]の冒頭で、次のように述べている。

従来の精神分析学の思想に挑戦するというのは、フェミニストたちの一部が信じているように、フロイト派の性的ステレオタイプや「偏向」は、社会的に構築されたものだと主張すれば済むということではない。同時に、男と違って女は「穏やかな生きものだ」と主張することで、フロイトの人間本性観に反論すれば良いという問題でもない。私は、ジェンダー対立というフェミニズム批評のやり方を採用しつつも、フェミニズムが批判している二元論を、時としてフェミニズム批評自身が強化することにもなっていると、はっきり認識している。

男性性をおとしめ女性性や母性を持ち上げるような主張（男性と違って「女性は自然、平和」だといった主張）をしたり、男性中心主義を打開するために女権拡張を訴えても、それはこれまでの上下関係を転覆し逆転させようとする働きかけにすぎず、上下関係という構造そのものは変わらない。それはまたバックラッシュを呼び込み、それに対するあらたな戦いを呼び込んでしまう。つまり互いに「どちらが上に立つか」という基本的姿勢そのものは変わらず、あるときは味方側が、あるときは敵側が上に立つというシーソー・ゲームをしているにすぎないというのである。

私たちがなさねばならないのは、どちらかの味方をすることではなく、二元的構造自体にずっと焦点を当て続けることである。（前掲書）

転移‐逆転移関係の中で精神分析家が患者との情緒の波に巻き込まれたとき、分析的治療者は患者と自分とのそれぞれに心の中で身を置きながら、二人を巻き込んでいる波の正体を見極めようとする。分析家ベンジャミンはそれを、男性と女性という「ジェンダーの戦争」においても行おうとしているのである。

ひとの成熟が最終的にどうしても必要とする「相互承認」の力こそが、「ジェンダーの戦争」を終わらせるためにも必要であるとするこのベンジャミンのスタンスは、従来の女性運動に存在していた一方的、好戦的な戦略とははっきりと異なっている。それはより冷静かつ緻密に、生じている状況そのもののより深い次元に目をこらし、対立を乗り越える共通の基盤を切り開くものだ。

（なお、ジェシカ・ベンジャミンが登場するまでの精神分析とジェンダー論の関係の歴史を確認しておきたいという方には、本書に所収の補論「精神分析と女性」をご参照いただきたい。）

4　本書『他者の影』について

（1）ベンジャミンの仕事

こうしたベンジャミンによる二者心理学的精神分析への試みは、精神分析の世界でも高く評価されている。たとえば治療場面における「主体‐客体」、「能動‐受動」のシーソー関係を描写し精神分析の二者心理学的ゴールとは何かを描いた論文 Beyond Doer and Done to: An Intersubjective View of Thirdness[4] は、精神分析専門誌のインターネット上アーカイブであるPEPの Most Popular Journal Articles[10]（昨年一年間の検索頻度ランキング）において、ウィニコット、メラニー・クライン、ダニエル・スターンといった精神分析界のビッグ・ネームたちによる歴史的論文に続き、第七位という位置についている。彼女の仕事が女性たちや関係精神分析の理論家たちだけでなく、男女を問わずさまざまな学派に属する臨床家を含む広い精神分析コミュニティにおいて、現在大きな関心を呼んでいることがわかる。

上記以外にもベンジャミンには多くの論文があるが、単著は以下の四冊である（二〇一八年六月現在）。すでに邦訳されている初の単著『愛の拘束』[2] は、職業的な自立もすでに果たした女性が、男性に支配され男性の性的玩具として扱われることにみずから熱中してゆくさまを描いたフランスの小説『O嬢の物語』（一九五四）を用いて、人間の心の中にある支配と被支配の布置と、それが文化的に男性性と女性性へと固定されるメカニズムを解き明かしていく秀作であるが、ベンジャミンの旗幟《きし》はこの初めての著作で、すでに鮮明に打ち出されている。繰り返しになる部分もあるが、もう一度確認しておこう。

すなわち、彼女はこれまでのフェミニズムの主流が「支配の問題を、男の攻撃性の犠牲にされる女の痛みのドラマの面ばかりで捉えてきた」ことを指摘し、しばしば被支配の側に置かれてきた被害者としての女性たちの持つ本当はすばらしい属性といったものを賞賛して「今まで過小評価されていたものを称揚し、今まで過大評価されていたものをおとしめ」る戦略をとってきたという。しかしそうした戦略は、ときに女性の側に生じうる自発的な服従については「もし女が支配関係に参画していることを認めてしまうならば、責任の重圧が男から女の方に移行し、道徳的勝利が女から男へと移行してしまうのではないかと怖れ」るがあまり、こうした「現象の分析に尻込み」してきたのだと指摘する。その上で、こうした状況を変えていくためには、男性の理想化を批判するのみでなく「その反動としての女らしさの一方的な賞賛」をもきちんと批判しなければならないと述べて、支配と被支配の二元的な構造自体に焦点を当てつづけ、それを冷静に解析し理解する必要性を明確に打ち出している。

続く『ライク・サブジェクト、ラブ・オブジェクト――承認と性差についての小論』[3]は、まだ邦訳されていない論文集だが、従来の一者心理学的なフロイトの本能論のみでなく、二者心理学的に治療者と患者によって織りなされる精神分析的な治療場面をとらえようとする間主観性理論、関係精神分析の新しい思潮が加わることの必要性を、臨床における治療者患者関係や男女関係、親子関係を視野に入れて多方面から論じた、七章からなる労作である。

本書『他者の影』はこのベンジャミンの三冊目の著作であり、いわば前作での多方面からの考察が著者の中でさらに統合され、三章にまとめて語られたものとなっている。（なお筆者が本書を訳出中の二〇一七年に、すでに紹介した論文 Beyond Doer and Done to[4] の改訂版を巻頭に収載した *Beyond Doer and Done To: Rec-*

ognition Theory, Intersubjectivity and the Third が発刊された。）

（2）『他者の影』各章の内容

前述したように、本書は全三章から構成されている。それぞれの章の内容を見てゆこう。

a　第1章　身体から発話へ、精神分析の最初の跳躍——フロイト、フェミニズム、そして転移の変遷

精神分析は、ジグムント・フロイトとヨーゼフ・ブロイアーの共著である『ヒステリー研究』[6]から始まったと言われている。本書には精神分析理論が生み出されるきっかけとなった五人のヒステリー患者の治療が紹介されているが、そのうちもっとも詳細に論じられている代表的な患者が「アンナ・O」であった。当時は守秘義務のため偽名で紹介されていたこの女性は、実は著名な女性解放運動家でありケースワーカーの先駆けともされるベルタ・パッペンハイムその人であったことが、本人の死後明らかになっている。この第1章は、フロイトとブロイアーの『ヒステリー研究』出版一〇〇年を記念して行われたカンファレンスでの講演をもとに書かれたものである。

タイトルにも示されているように、ここで筆者はかつて「アンナ・O」として描かれた女性運動家パッペンハイムと精神分析の創始者フロイトを軸に、フェミニズムと精神分析が同じ時代をどのように関係しあいながら、大きな流れとしては同じ方向へと進んできたかを描いている。

単純化を怖れずに言うならばその流れは、主体と客体、能動と受動、男性と女性、する者（Doer）とされる者（Done to）という相補的な二者関係のあり方（complementarity）から、互いが互いを主体として認められる相互的なあり方（承認、相互性）の必要性が認識されるまでの流れである。

アンナ・Oことベルタ・パッペンハイムは、家父長的な家庭の中で、父親に従順な「娘」という受動的立ち位置におかれ、主体としての話者でないspeechlessな存在として生活する中で、ことばにならないことを身体症状で表す病とも言えるヒステリーを発症した。彼女は男性医師ブロイアーによる献身的治療を受けたが、その過程で彼の子どもを妊娠したという妊娠空想を抱くに至り、治療を打ち切られたと伝えられている。その後も精神科病院を転々としつつ療養を続けたが、最終的には当時弱い立場に置かれていたユダヤの女性たちを守るための運動を、先頭に立って切り開く女性運動家となった。つまり受動的な父の娘、男性医師にすがる女性患者であったアンナが、能動的な活動家へと変化を遂げたのである。

一方精神分析の創始者フロイトは、当初は『ヒステリー研究』で紹介されているブロイアーの治療と同じように、患者を催眠状態にしておいて語らせ症状を取ろうと試みたり（「除反応」）、暗示を与えたりする治療を行っていた。しかし患者からの抵抗にあったり、転移性恋愛などの転移現象[*1]に直面し、技法上の必要に導かれて、催眠から自由連想[*2]へと進んでゆくことになった。ここでは患者は、初め催眠をかけられる側の完全に受動的な存在であったのが、最終的にみずから語り起こす能動的存在となっている。

このように見てくると、アンナ・Oが歩んだ道もフロイトが歩んだ道も、いずれも期せずして主体的話者としてのことばを持たなかった受動的存在が、能動的存在へと進む道のりとなっていることが見えてくる。

またフロイト以降も続いてきた精神分析の発展の流れをたどるなら、治療者と患者の関係性も、治療者が一方的に働きかける能動的存在としてあるあり方から、それぞれを一個の主体としてとらえようとする間主観性理論、関係精神分析へという流れが浮かび上がってくる。

この第1章はこうした大きな歴史的流れを、精神分析、フェミニズム、男性治療者と女性患者、父と娘（これはヒステリー発生の主要な布置である）という、それぞれのテーマと共鳴させながら描き出していく小論である。

もともと講演として伝えられた文章であるため、読者に語りかけるような「です・ます」体で訳出してある。また具体的な歴史的事実を下敷きにした話であるため、著者の主張のエッセンスがつかみやすい。ベンジャミンを初めて読む方には、まずこの第1章からお読みいただくとわかりやすいのではないかと思う。

b　第2章「内容の不確かな構築物」――エディパルな相補性を超える、ジェンダーと主体

「内容の不確かな構築物」とはどういう意味だろうか？

一見したところわかりにくいタイトルであるが、これはフロイトが男性性と女性性の起こりについて自説を述べた有名な論文[8]の中で、「純粋な男性性や女性性とは内容の不確かな理論的構築物にとどまる」と書いたくだりに出てくる表現である。つまり、もともと人間はある程度の両性性をそなえており（つまり男性性と女性性をあわせもった状態で）、純粋な男性や女性といったものは理念上の存在にすぎない、と

*1　患者が幼少期に重要な人物とのあいだに持った人間関係を、治療場面において治療者と繰り返す現象のこと。

*2　患者に思い浮かぶことをすべて言葉にして語るよう努めてもらい、治療者は時に解釈をはさむほかは基本的に助言や指示を一切与えずに聞いてゆく、精神分析治療の基本をなす方法。

いう意味だ。

この解説の前半でもすでに述べたように、フロイトは「男らしさ」「女らしさ」とは何かを何度も考えては、そのたびに頓挫していた。論じている最中に何度も「男性は能動」「女性は受動」と言いかけては、いやそう決めつけてはならないとみずから撤回したり、赤ん坊を授乳している母親ははたして能動なのか受動なのか、と考え込んでしまう。[9] そのように、わかったようでいて具体的に定義してみろと言われると、誰もが迷路に迷い込むのが「男らしさ」「女らしさ」である。

これまでこのフロイトの迷いぶりは、多くのフェミニストたちに、彼が男性性と女性性について十分説得力のある説を用意できなかった証拠として引用されてきただけだった。しかしベンジャミンはまさにこのフロイトの迷い方の中に、「男性性」「女性性」というものが具体的な内容（つまりエッセンシャリズムで言うところの「本質」）を持たない、いわば空の枠組みであること、それにもかかわらずいつも対関係をなすことで強固に存在しつづけている構造であることを見抜いている。またフロイトが、受動的な存在であるはずの女性に属する母親が、確かに「能動性」を有していることに戸惑った事実の背後に、男性と女性、母と子という対関係を有機的に結びつける重要な鍵を見ている。いわばフロイトは直感においては間違っていなかったのであり、彼の迷いは必然であったのだ。

どういうことだろうか。具体的にベンジャミン[*3]の説を見てゆこう。

ベンジャミンはまず、性差の発生をファルスとの関係で説明しようとするラカン派からの流れと、母親との関係から説き起こす対象関係論的なフェミニストらの流れがあることを振り返り、彼女自身は基本的には母親から説き起こす流れをとることを示唆する。

ごく単純化していうと、男児は母親に育てられ母親と同一化する部分を持つ状態から出発して、母親とは正反対のものになろうといったん母親的なものをすべて否定し、男性的なあり方を打ち立てようとする。男児は無力な赤ん坊の頃に形成された、万能で能動的な「母親」のイメージを内心恐れ、再び赤ん坊のように受動的で無力な立ち位置を取らされることを恐れている。そのため自分を受け止めてくれるパートナーとして、能動的で支配的とも感じられていた母親とは違い、それ自身としての意志や能動性を持たない受動的な「女性」を求める。一方、自分自身も母親から分離したいと思っていた女児は、男性の求めに応じて受動的ポジションをとり、男性とペアをなすいわゆる「女性」になる。このように見てくると、「女性」とは定義づけられる何らかの属性・内容すなわち本質を持つものというよりも、いわば「母親」のネガとして成立した構築物であることになる。

また、幼少期（エディプス期より前、つまりプレエディパルな時期）の子どもは、男性の持つ特性や女性の持つ特性について、相互排他的な認識をもともと持っていない（たとえばペニスを持つことと赤ん坊を生むことが両立可能と考えていたりする）。いわば男性にも女性にも同時に同一化（クロス・アイデンティファイ）している。けれども年長から小学校低学年くらい（エディプス期）になると、過剰に相互排他的に男女の区別をつけようとするようになる。これまで男性性や女性性の発達についての議論は、こういう段階を最終的なゴールと見なしていたところがあった。

しかしベンジャミンは、実はこういうエディパルな心性が最終ゴールではなく、より成熟した段階

---

*3　もともと勃起した男根を意味するが、ラカン派では重要概念として抽象的意味合いで用いられている。

（ポスト・エディプス期）があるという。その段階では性差について、より柔軟性のある考え方ができるようになる。たとえば男性なら（もちろん自分は男性であるという性自認を持ったまま）ある程度女性的な心性が理解できるし、女性なら一時的に男性的な心性を楽しんだり、そうしたファンタジーを持ったりということがありうる。臨床的にもこうしたことは多く観察されており、適応上もその多くが病的なものではない。むしろ自分の中にある異性的なものを恐れ、完全に排除しようとする場合の方が病理的なこともある。

このようにジェンダーの発達には、幼い頃のクロス・アイデンティフィケーションが、性差の区別に過剰に厳密となる時期を通って、もう一度より高次のクロス・アイデンティフィケーションにもどるという流れがあるのである。

c 第3章 他者という主体の影——間主観性とフェミニズム理論

小児科医でありながら精神分析家としても大変独創的な業績を残した英国人に、ドナルド・ウィニコットがいる。彼は数知れない母子を観察してきた自身の経験から、生まれたばかりの赤ん坊が母親に世話される中からどのように自分独自の心の世界を創り上げてゆくのかを考察して、さまざまなアイデアを独自の表現で書き残してきた。ベンジャミンが多くを学んだ分析家の一人がこのウィニコットだが、彼には「対象の破壊と生き残り」という重要な考え方がある。ウィニコットの文章は一見平易なことばで書かれているようでも、隠喩と逆説に満ちていて本当は難解なのだが、ここではわかりやすさを優先してあえて図式的に説明してみる。

いわく、赤ん坊は初め、母親から不足なく世話されている段階では、欲求不満が生じないためにそもそも自分のニーズというものを自覚せず、自分と同じ主体性を有した他者（一次的養育者、たとえば母親）がそこにいるとも気づかない。しかし欲求不満の状況に立ち至ると、最初はそれを母親の単なる失敗とはとらえられず、いわば何かからの悪意ある攻撃として感じとって、想像の中でその他者（内的対象）に「消えてしまえ」とばかりに攻撃を加える。しかしそこで母親が赤ん坊を拒絶したり報復的な罰を加えたりせず、以前とほぼ変わらない態度を取りつづけられれば、赤ん坊はそれが自分の万能的な空想とは関係なくそこに存在する何かだということに気づく。こうして対象は、赤ん坊の攻撃にも「生き残る」。人間はこうした体験を通して初めて、そこに自分の万能的な空想をこえた、意のままにならぬもう一個の主体としての他者が存在するのだと気づくという。

これをふまえてベンジャミンは言う。人間は喪失やコントロールを失う恐怖を否認するために、自分の想像の中で思い通りになるような、自己の延長のような他者を必要としているところがある。しかし逆に、完全に自分の思い通りになるロボットのような他者では、自分の存在をその他者自身の意思で心から承認してくれる、手応えのある他者にはなりえない。つまり人には他者を自分の思い通りに動く存在にしたい願望がある一方で、そうした操り人形の他者では自己を確認することはできないという「承認のパラドックス」があるのだ。ベンジャミンは哲学者ヘーゲルの「主人と奴隷の弁証法」にこうした承認のパラドックスを読み取り、問題を明確に提示するためにこれを引用している。

従来の一者心理学的な精神分析理論に対して、二者心理学的な観点での理論構築をめざす間主観性理論や関係精神分析（これまで説明してきたようにベンジャミンもその流れにいる）の根本的な問いは、自分と同じようにやはりその人なりの主観的世界をもち、しかし自分とは異なる別の主体である他者を、どうしたら人間は実感をともなった形で、本当に認識（承認）できるようになるのか、という問いである。

この第3章の特徴はこうした基本的テーマを示しつつ、精神分析家の専門家集団には属さないバトラーやベンハビブといった社会学系の思想家や哲学者たちと、共通の議論の土台を作ろうとしているところである。専門分野が違うとどうしても、用いられている専門用語にも意味上のずれが生じてしまい、それが互いへの誤解を招いてしまう。そのためベンジャミンは、とくにアイデンティティや主体といった重要な概念について、それが精神分析家の抱く「こころ」観とどのように異なっているのかを、本論で詳細に説明している。具体的には対象関係論的な精神分析の世界観における「私」は、取り入れられたさまざまな対象がゆるやかにつながりながら、意識されたり意識されなかったりしつつ、一つの「私」の中に同居しているイメージなのである。

ところで「他者という主体の影 the shadow of **the other subject**」という本章のタイトルは、何を意味しているのだろうか。

フロイトの論文「喪とメランコリー」[7]には、「対象の影（the shadow of **the object**）が自我の上に落ちる」という有名なフレーズがある（第3章冒頭の引用部分）。実際の別れや死別、失望によって重要な相手を心理的に失うことを、精神分析のことばで「対象喪失」という。精神分析でいう「対象」とはモノでなく人物を意味しているので、対象喪失とは基本的に、自分にとって重要な誰かを失うことを意味する。このとき、失った相手を悼みつつもそこから一定期間で回復するのが、正常な人間心理としての「喪」の過程である。しかしときに激しく自己非難し、外的なものごとにまったく関心を失い、そこからなかなか回復できない病的な状態が発生することがある（重篤で妄想的な症状をともなうタイプの「うつ病」とイメージしてもよい)。これを「メランコリー」という。「喪とメランコリー」は正常な喪の過程と、病的なメランコリーの違いをフロイトが考察した論文である。それでは前者と違って、後者の心では何が起こっているのだろうか。フロイトの結論はこうである。

実はメランコリー患者の自己非難は、失った相手を「私」(論文中では「自我」)の中に取り入れ(いわば「喰ってしまい」)、それに対して別の「私」の部分が非難を向けている状態である。つまり、失った相手と「私」の一部が同一化しているのだ。対象が「私」の中に入り込み、それに影響を与えている。このことをフロイトは、「対象の影が自我の上に落ちる」と表現したのである。

これはフロイトが同一化という現象に着目した、エポックメイキングな論文であった。なぜならこの発想が、のちに精神分析の中の重要な理論モデルの一つである「対象関係論」に発展していったからだ。対象関係論とは、人の心にはさまざまな「対象」が棲んでおり(「内的対象」という)、メランコリーの場合以外にも、人は幼少期からさまざまな対象を活発に自分の心の中に心的に取り入れたり、別の人に投影したりしているという事実を明らかにしていった理論である。これは現代、精神分析に基づいた治療を行っている臨床家たちのほとんどが、相当に依拠している理論と言ってよい。

「喪とメランコリー」では、自我の上に落ちるのは「対象の影」であるが、ベンジャミンによるこの章のタイトルでは「他者という主体の影」になっている。つまりフロイトの一者心理学的な(この第3章本文中の表現では「心内的(intrapsychic)な」)世界観では、主体にとって自分と同じようにみずからの意志や感情を持った他の主体として見られてはいない、単なる客体的な対象として表現されているものが、二者心理学的な間主観的・関係精神分析的世界観では、自分と同じように独自の考えや感情を持つ、もう一つの主体として表現されているのである。

これは、他者が「私」の影でしかないのでも、「私」が他者の影でしかないのでもなく（そういう一者心理学的状況ではなく）、他者はその人自身の影を持つもう一人の人間なのだと認識できる、二者心理学的、間主観的、関係精神分析的な境涯を示す、この章の最後のくだりから取られたフレーズである。このフレーズはさらに簡潔化され、本書全体のタイトルにも用いられている。

*

最後に、本書を訳出することになった経緯について簡単に述べておく。訳者は精神科医として精神分析に学んできた者であるが、フロイトに始まる精神分析での女性の位置づけに日ごろ疑問を感じている臨床家が多いにもかかわらず、このテーマについて活発に議論を重ねてきた海外の同業者たちの仕事が日本ではほとんど紹介されないことを寂しく感じてきた。その中でベンジャミンの著作に出会い、より普遍的な精神力動からジェンダーという現象をとらえる態度や、その精緻でありながら大胆な思考に感銘を受け、ぜひ本書の訳出をと志した次第である。なお、引用箇所については可能なかぎり既訳を参考にした上で訳し直し、原文の文意を明らかにするため訳者が言葉を補った箇所は〔　〕で示した。

出版を快諾していただいたみすず書房の皆様、とくに編集を担当していただき、たえず的確な指摘でリードして下さった田所俊介様に、心より感謝いたします。

索　引

さ

た

な

は

ら・わ

A-Z

文　献

1 Abelin, E. L. 1980. Triangulation, the role of the father and the origins of core gender identity during the rapprochement subphase. In *Rapprochement*, ed. R. F. Lax, S. Bach, & J. A. Burland. New York: Aronson, 151-170.

2 Adams, P. 1982. Mothering. *m/f* 8: 40-52.

3 Adorno, T. W. 1966. *Negative Dialektik*. Frankfurt: Suhrkamp.（木田元，徳永恂，渡辺祐邦，三島憲一，須田朗，宮武昭訳『否定弁証法』，作品社，1996）

4 Altman, N. 1995. *The Analyst in the inner city: Race, class, and culture through a psychoanalytic lens*. Hillsdale NJ: The Analytic Press.

5 Appignanesi, L. & Forrester, J. 1992. *Freud's Women*. New York: Basic Books.

6 Aron, L. 1995. The internalized primal scene. *Psychoanalytic Dialogues* 5 (2): 195-237.

7 ———. 1996. *A Meeting of Minds: Mutuality in Psychoanalysis*. Hillsdale NJ: Analytic Press.

8 Bassin, D. 1997. Beyond the he and she: Postoedipal transcendence of gender polarities. *Journal of the American Psychoanalytic Association*. Special Supplement: 1997.

9 ———. 1997. Suppl. 44: 157-190.

10 Bataille, G. 1991. Reflections on the executioner and the victim. *Yale French Studies: Literature and the Ethical Question* 79: 15-19.

11 Beebe, B. & Lachmann, F. 1994. Representation and internalization in infancy: Three principles of salience. *Psychoanalytic Psychology* 11: 127-165.

12 Belenky, M. F., Clinchy, B. M., Goldberger, N. R., & Tarule, J. M. 1986. *Women's Ways of Knowing*. New York: Basic Books.

13 Benhabib, S. 1992a. Feminism and the question of postmodernism. In *Situating the Self*. New York: Routledge.

14 ———. 1992b. The Generalized and the concrete other. In *Situating the Self*. New York: Routledge.

15 Benhabib, S., J. Butler, N. Fraser, & D. Cornell. 1995. *Feminist Contentions*. New York & London: Routledge.

16 Benjamin, J. 1977. The end of internalization: Adorno's social psychology. *Telos* 32: 442-64.

17 ———. 1986a. The Alienation of desire: Woman's masochism and ideal

love. In *Woman and Psychoanalysis*, ed. J. Alpert. Hillsdale NJ: Analytic Press, 113-138.

18 ———. 1986b. A Desire of one's own: Psychoanalytic feminism and intersubjective Space. In *Feminist Studies / Critical Studies*, ed. T. de Lauretis. Bloomington: University of Indiana Press, 78-101.

19 ———. 1988. *The Bonds of Love*. New York: Pantheon.（寺沢みづほ訳『愛の拘束』，青土社，1996）

20 ———. 1991. Father and daughter: Identification with difference—a contribution to gender heterodoxy. *Psychoanalytic Dialogues* 1（3）: 277-299.

21 ———. 1992. Reply to Schwartz. *Psychoanalytic Dialogues* 2（3）: 417-424.

22 ———. 1995a. Recognition and destruction: An outline of intersubjectivity. In *Like Subjects, Love Objects*. New Haven: Yale University Press.

23 ———. 1995b. Sameness and difference: An "overinclusive" view of gender constitution. In *Like Subjects, Love Objects*. New Haven: Yale University Press.

24 ———. 1995c. The omnipotent mother: A psychoanalytic study of fantasy and reality. In *Like Subjects, Love Objects*. New Haven: Yale University Press.

25 Bernheimer, C. & Kahane, C. 1985. *In Dora's Case: Freud-Hysteria-Feminism*. New York: Columbia University Press.

26 Bernstein, D. 1990. Female genital anxieties, conflicts, and typical mastery modes. *International Journal of Psychoanalysis* 71: 151-165.

27 Bernstein, R. 1992. *The New Constellation*. Cambridge: MIT Press.

28 Bion, W. 1962b. *Learning from Experience*. In *Seven Servants*. New York: Aronson, 1977.（福本修訳「経験から学ぶこと」『精神分析の方法 I セブン・サーヴァンツ』，法政大学出版局，1999）

29 ———. 1967. *Second Thoughts*. New York: Aronson.（松木邦裕監訳，中川慎一郎訳『再考：精神病の精神分析論』，金剛出版，2007）

30 Birksted-Breen, D. 1996. Phallus, penis and mental space. *International Journal of Psychoanalysis* 77: 649-657.

31 Bollas, C. 1989. *Forces of Destiny: Psychoanalysis and Human Idiom*. London: Free Association Books.

32 ———. 1992. *On Being a Character*. New York: Hill and Wang.

33 Braidotti, R. 1991. *Patterns of Dissonance*. New York: Routledge.

34 Brennan, T. 1989. Introduction. *Between Psychoanalysis and Feminism*. London & New York: Routledge.

35 ———. 1992. *The Interpretation of the Flesh: Freud and Femininity*. New York: Routledge.

36 Breuer, J. & Freud, S. 1895. *Studies on Hysteria*. In Standard Edition of the Complete Psychological Works of Sigmund Freud, Vol. 2. London: Hogarth, 1957.（芝伸太郎訳「ヒステリー研究」『フロイト全集 2』，岩波書店，2008）
37 Bromberg, P. M. 1993. Shadow and substance: A relational perspective on clinical process. *Psychoanalytic Psychology* 10 (2): 147–168.
38 ———. 1995. Psychoanalysis, dissociation, and personality organization. *Psychoanalytic Dialogues* 5: 511–528.
39 ———. 1996. Standing in the spaces: the multiplicity of self and the psychoanalytic relationship. *Contemporary Psychoanalysis* 32: 509–536.
40 Butler, J. 1990a. *Gender Trouble*. New York & London: Routledge.（竹村和子訳『ジェンダー・トラブル――フェミニズムとアイデンティティの攪乱』，青土社，1999）
41 ———. 1990b. Gender trouble. In *Feminism/Postmodernism*, ed. L. Nicholson. New York: Routledge.
42 ———. 1992. Contingent foundations: Feminism and the question of "Post-modernism." In *Feminists Theorize the Political*, eds. J. Butler and J. Scott. New York: Routledge.
43 ———. 1993a. *Bodies That Matter*. New York: Routledge.
44 ———. 1993b. Poststructuralism and postmarxism. *Diacritics* 23: 3–11.
45 ———. 1995. Melancholy gender / refused identifications. *Psychoanalytic Dialogues* 5: 00.
46 Cascardi, A. 1992. *The Subject of Modernity*. Cambridge: Cambridge University Press.
47 Casement, P. J. 1991. *Learning from the Patient*. New York: Guilford Press.（松木邦裕訳『患者から学ぶ――ウィニコットとビオンの臨床応用』，岩崎学術出版社，1991）
48 Chasseguet-Smirgel, J. 1976. Freud and female sexuality. *International Journal of Psychoanalysis* 57: 275–286.
49 Chodorow, N. 1978. *The Reproduction of Mothering*. Berkeley: University of California Press.（大塚光子，大内菅子訳『母親業の再生産――性差別の心理・社会的基盤』，新曜社，1981）
50 ———. 1980. Gender, relation and difference in psychoanalytic perspective. In *Feminism and Psychoanalytic Theory*. New Haven: Yale University Press, 1989.
51 ———. 1985. Beyond drive theory: Object relations and the limits of radical individualism. In *Feminism and Psychoanalytic Theory*. New Haven: Yale University Press, 1989.
52 ———. 1994. Heterosexuality as a compromise formation: reflections on

the psychoanalytic theory of sexual development. *Femininities, Masculinities, Sexualities*. Lexington: University of Kentucky Press, 1994.

53 Christiansen, A. 1993. Masculinity and its vicissitudes. Paper presented at Seminar on Psychoanalysis and Sexual Difference, New York, New York Institute for the Humanities at New York University.

54 Cixous, H. & Clement, C. 1975. *La Jeune Nee*. Paris: Union Generale d'Editions, 1975.

55 Coates, S. 1997. Is it time to jettison the concept of developmental lines? *Gender and Psychoanalysis* 2 (1): 35-54.

56 Coates, S., R. Friedman, & S. Wolfe. 1991. The etiology of boyhood gender disorder. *Psychoanalytic Dialogues* 1: 481-524.

57 Cornell, D. 1992. *Philosophy of the Limit*. New York: Routledge.（仲正昌樹監訳，澤里岳史，堀田義太郎，西山雄二ほか訳『限界の哲学』，御茶の水書房，2007）

58 ————. 1995. Rethinking the time of feminism. In *Feminist Contentions*. New York: Routlege.

59 Davies, J. M. 1996. Linking the "pre-analytic" with the postclassical: Integration, dissociation, and the multiplicity of unconscious process. *Contemporary Psychoanalysis* 32: 553-577.

60 Davies, J. & Frawley, M. 1994. *Treating the Adult Survivor of Sexual Abuse*. New York: Basic Books.

61 de Lauretis, T. 1986. Issues, terms, and contexts. In *Feminist Studies/Critical Studies*. Bloomington: University of Indiana Press, 1-19.

62 Derrida, J. 1978. Violence and metaphysics. In *Writing and Difference*, trans. A. Bass. Chicago: University of Chicago Press.（合田正人，谷口博史訳『エクリチュールと差異』，法政大学出版局，2013）

63 Dimen, M. 1991. Deconstructing difference: Gender, splitting, and transitional space. *Psychoanalytic Dialogues* 1 (3): 335-352.

64 ————. 1995. The third step: Freud, the feminists, and postmodernism. *American Journal of Psychoanalysis* 55: 303-320.

65 Dinnerstein, D. 1976, *The Mermaid and the Minotaur*. New York: Harper & Row.（岸田秀，寺沢みづほ訳『性幻想と不安』，河出書房新社，1984）

66 Eigen, M. 1981. The area of faith in Winnicott, Lacan, and Bion. In *The Electrified Tightrope*. Northvale NJ: Aronson, 1993.

67 ————. 1993. *The Electrified Tightrope*. Northvale NJ: Aronson.

68 Fast, I. 1984. *Gender Identity*. Hillsdale NJ: The Analytic Press.

69 ————. 1990. Aspects of early gender development: Toward a reformulation. *Psychoanalytic Psychology* 7 (supplement): 105-118.

70 First, E. 1988. The leaving game: I'll play you and you'll play me. The emergence of the capacity for dramatic role play in two-year-olds. In *Modes of Meaning: Clinical and Developmental Approaches to Symbolic Play*, ed. A. Slade and D. Wolfe, 132-160. New York: Oxford University Press.
71 Flax, J. 1990. *Thinking Fragments: Psychoanalysis, Feminism, and Post-modernism in the Contemporary West*. Berkeley: University of California Press.
72 Fraser, N. 1995. False antithesis: A response to Seyla Benhabib and Judith Butler. In *Feminist Contentions*. New York: Routledge.
73 Freedman, N. 1980. On splitting and its resolution. *Psychoanalysis and Contemporary Thought* 3: 237-66.
74 ———. 1985. The concept of transformation in psychoanalysis. *Psycho-analytic Psychology* 2 (4): 17-39.
75 Freud, S. 1896. Further remarks on the neuro-psychoses of defence. In Standard Edition, Vol. 3: 162-185.（野間俊一訳「防衛 - 神経精神症再論」『フロイト全集 3』，岩波書店，2010）
76 ———. 1900a. The Interpretation of Dreams. Standard Edition, Vol. 4. London: Hogarth, 1953.（新宮一成訳「夢解釈 I，II」『フロイト全集 4, 5』，岩波書店，2007，2011）
77 ———. 1900b. Letter to Fliess, October 14. In *The Complete Letters of Sigmund Freud to Wilhelm Fliess 1887-1904*, ed. J. M. Masson, 426-27. Cambridge: Harvard University Press, 1985.（河田晃訳『フロイト フリースへの手紙——1887-1904』，誠信書房，2001）
78 ———. 1905. Fragment of an analysis of a case of hysteria. In Standard Edition, Vol. 7: 3-124. London: Hogarth, 1953.（渡邉俊之，草野シュワルツ美穂子訳「あるヒステリー分析の断片「ドーラ」」『フロイト全集 6』，岩波書店，2009）
79 ———. 1912. The dynamics of the transference. In Standard Edition, Vol. 12: 97-107. London: Hogarth.（須藤訓任訳「転移の力動論にむけて」『フロイト全集 12』，岩波書店，2009）
80 ———. 1914a. Remembering, repeating and working through. In Standard Edition, Vol. 12: 145-156. London: Hogarth.（道籏泰三訳「想起，反復，反芻処理」『フロイト全集 13』，岩波書店，2010）
81 ———. 1914b. On narcissism: an introduction. In Standard Edition, Vol. 14: 67-102. London: Hogarth, 1957.（立木康介訳「ナルシシズムの導入にむけて」『フロイト全集 13』，岩波書店，2010）
82 ———. 1915a. Instincts and their vicissitudes. In Standard Edition, Vol. 14: 109-140. London: Hogarth, 1957.（新宮一成訳「欲動と欲動運命」『フロイ

ト全集 14』, 岩波書店, 2010)
83 ————. 1915b. Observations on transference love. In Standard Edition, Vol. 12: 157-171. London: Hogarth, 1958.(道籏泰三訳「転移性恋愛についての見解」『フロイト全集 13』, 岩波書店, 2010)
84 ————. 1917. Mourning and melancholia. In Standard Edition, Vol. 14: 237-258. London: Hogarth, 1957.(伊藤正博訳「喪とメランコリー」『フロイト全集 14』, 岩波書店, 2010)
85 ————. 1920. The Psychogenesis of a Case of Homosexuality in a Woman. In Standard Edition, Vol. 18: 145-172. London: Hogarth, 1955.(藤野寛訳「女性同性愛の一事例の心的成因について」『フロイト全集 17』, 岩波書店, 2006)
86 ————. 1921. Group psychology and the analysis of the ego. In Standard Edition, Vol. 18: 67-144. London: Hogarth, 1955.(藤野寛訳「集団心理学と自我分析」『フロイト全集 17』, 岩波書店, 2006)
87 ————. 1923. The Ego and the id. In Standard Edition, Vol. 19: 1-66. London: Hogarth, 1961.(道籏泰三訳「自我とエス」『フロイト全集 18』, 岩波書店, 2007)
88 ————. 1925. Some psychical consequences of the anatomical distinction between the sexes. In Standard Edition, Vol. 19: 248-260. London: Hogarth, 1961.(大宮勘一郎訳「解剖学的な性差の若干の心的帰結」『フロイト全集 19』, 岩波書店, 2010)
89 ————. 1930. Civilization and its discontents. In Standard Edition, Vol. 21: 59-197. London: Hogarth, 1953.(嶺秀樹, 高田珠樹訳「文化の中の居心地悪さ」『フロイト全集 20』, 岩波書店, 2011)
90 ————. 1931. Female sexuality. In Standard Edition Vol. 21: 225-246. London: Hogarth, 1961.(高田珠樹訳「女性の性について」『フロイト全集 20』, 岩波書店, 2011)
91 ————. 1933. New introductory lectures on psychoanalysis: Femininity. In Standard Edition, Vol. 22: 112-135. London: Hogarth, 1961.(道籏泰三訳「続・精神分析入門講義」『フロイト全集 21』, 岩波書店, 2011)
92 Fuss, D. 1989. *Essentially Speaking: Feminism, Nature and Difference*. New York: Routledge.
93 Gallop, J. 1982. *The Daughter's Seduction: Feminism and Psychoanalysis*. Ithaca, NY: Cornell University Press.
94 ————. 1988. Penis/phallus: same difference. In *Thinking Through the Body*. New York: Columbia University Press.
95 Gabbard, G. 1995. Contertransference: The emerging common ground. *International Journal of Psychoanalysis* 76: 475-486.
96 Gerson, S. 1996a. Neutrality, resistance, and self-disclosure in an intersub-

jective psychoanalysis. *Psychoanalytic Dialogues* 6: 623–645.

97 ――――. 1996b. A shared body of language. *Gender and Psychoanalysis* 1: 345–360.

98 Gill, M. 1994. *Psychoanalysis in Transition*. Hillsdale NJ: Analytic Press.（成田善弘監訳，杉村共英，加藤洋子訳『精神分析の変遷――私の見解』，金剛出版，2008）

99 Gilligan, C. 1982. *In a Different Voice*. Cambridge: Harvard University Press.（岩男壽美子監訳，生田久美子，並木美智子共訳『もうひとつの声――男女の道徳観のちがいと女性のアイデンティティ』，川島書店，1986）

100 Goldner, V. 1991. Toward a critical relational theory of gender. *Psychoanalytic Dialogues* 1（3）：249–272.

101 Green, A. 1986. *On Private Madness*. Madison CT: International Universities Press.

102 Greenberg, J. 1996. Psychoanalytic words and psychoanalytic acts: A brief history. *Contemporary Psychoanalysis* 32（2）：177–184.

103 Greenson, R. 1968. Dis-identifying from mother: its special importance for the boy. *International Journal of Psychoanalysis* 49: 370–374.

104 Habermas, J. 1992. Individuation through socialization: George Herbert Meade's theory of subjectivity, in *Postmetaphysical Thinking*, trans. W. Hohengarten. Cambridge: MIT Press.

105 Harraway, D. 1985. A manifesto for cyborgs. *Socialist Review* 15（2）: 65–107.

106 Harris, A. 1991. Gender as contradiction: A discussion of Freud's "The psychogenesis of a case of homosexuality in a woman." *Psychoanalytic Dialogues* 1（2）：197–224.

107 Hillman, U. 1992. Bertha Pappenheim: Psychoanalyse-Frauenbewegung-Sozialarbeit. In *FrauenStadtbuch Frankfurt*, WEIBH.

108 Hoffman, I. 1991. Reply to Benjamin. *Psychoanalytic Dialogues* 1（4）: 535–544.

109 Hoffman, L. 1996. Freud and women's subjectivity. Paper delivered at the New York Psychoanalytic Institute, February 1996.

110 Horney, K. 1924. On the genesis of the castration complex in women. In *Feminine Psychology*. New York: Norton, 1967.

111 ――――. 1926. The flight from womanhood. In *Feminine Psychology*. New York: Norton, 1967.

112 Irigaray, L. 1985. *Speculum of the Other Woman*. Ithaca, NY: Cornell University Press.

113 ――――. 1991. The bodily encounter with the mother. In *The Irigaray*

reader, ed. M. Whirford, 34-46. Oxford: Basil Blackwell.

114 Jordan, J.V. 1992. The Relational Self: A New Perspective for Understanding Women's Development. *Contemporary Psychotherapy Review*, Vol. 7, Fall 1992.〔原著の Reference には掲載されていないが訳者が補った〕

115 Kerr, J. 1993. *A Most Dangerous Method: The Story of Jung, Freud and Sabina Spielrein*. New York, Random House.

116 Klein, M. 1928. Early stages of the Oedipus conflict. In *Contributions to Psychoanalysis*. New York: McGraw Hill, 1964.（西園昌久，牛島定信責任編訳，柴山謙二訳「エディプス葛藤の早期段階」『メラニー・クライン著作集 1』，誠信書房，1983）

117 ———. 1946. Notes on some schizoid mechanisms. In *Contributions to Psychoanalysis*. New York: McGraw Hill, 1964.（小比木啓吾，岩崎徹也責任編訳，狩野力八郎，渡辺明子，相田信男訳「分裂的機制についての覚書」『メラニー・クライン著作集 4』，誠信書房，1985）

118 Kohlberg, L. 1981. *The Philosophy of Moral Development*. San Francisco: Harper and Row.

119 Kohut, H. 1977. *The Restoration of the Self*. New York: International Universities Press.（本城秀次，笠原嘉監訳，本城美恵，山内正美共訳『自己の修復』，みすず書房，1995）

120 Kojeve, A. 1969. *Introduction to the Reading of Hegel*. New York: Basic Books.

121 Kris, A. 1994. Freud's treatment of a narcissistic patient. *International Journal of Psychoanalysis* 75: 649-664.

122 Kristeva, J. 1982. *Powers of Horror: An Essay on Abjection*. New York: Columbia University Press.（枝川昌雄訳『恐怖の権力――〈アブジェクシオン〉試論』，法政大学出版局，1984）

123 ———. 1986. Freud and Love. In *Tales of Love*. New York: Columbia University Press.

124 Lacan, J. 1977a. The mirror stage as formative of the function of the I. In *Ecrits: A Selection*, trans. A. Sheridan. New York: Norton.（宮本忠雄訳「〈わたし〉の機能を形成するものとしての鏡像段階」『エクリ 1』，弘文堂，1972）

125 ———. 1977b. The signification of the phallus. In *Ecrits: A Selection*, trans. A. Sheridan. New York: Norton.（佐々木孝次訳「ファルスの意味作用」『エクリ 3』，弘文堂，1981）

126 ———. 1988. *The Seminar of Jacques Lacan: Book I, Freud's Papers on Technique; Book II, The Ego in Freud's Theory*. New York: Norton.（ジャック－アラン・ミレール編，小出浩之，小川豊昭，小川周二，笠原嘉訳『フロイトの技法論 上』，岩波書店，1991；ジャック－アラン・ミレール編，小出浩之，鈴

木國文，小川豊昭，小川周二訳『フロイトの技法論 下』，岩波書店，1991）
127 Lesser, R. 1997. A plea for throwing development out with the bathwater: Commentary on Benjamin's "In Defense of Gender Ambiguity." *Gender and Psychoanalysis* 2. In press.
128 Lewes, K. 1988. *The Psychoanalytic Theory of Male Homosexuality*. New York: Simon & Schuster.
129 Loewald, H. 1976. The waning of the oedipus complex. In *Papers on Psychoanalysis*. New Haven: Yale University Press.
130 Mahler, M., Pine, F., & Bergmann, A. 1975. *The Psychological Birth of the Human Infant*. New York: Basic Books.（高橋雅士，織田正美，浜畑紀訳『乳幼児の心理的誕生——母子共生と個体化』，黎明書房，2001）
131 Mahoney, M. & Yngvesson, B. 1992. The Construction of subjectivity and the paradox of resistance: Reintegrating feminist anthropology & psychology. *Signs* 18: 44-73.
132 Maroda, K. 1995. Projective identification and counter-transference interventions: since feeling is first. *Psychoanalytic Review* 82: 229-248.
133 Martin, B. 1982. Feminism, criticism, and Foucault. *New German Critique* 27: 3-30.
134 May, R. 1986. Concerning a psychoanalytic view of maleness. *Psychoanalytic Review* 73: 175-193.
135 Mayer, E. 1985. Everybody must be like me. *International Journal of Psychoanalysis* 66: 331-348.
136 McDougall, J. 1986a. Eve's reflections: On the homosexual components of female sexuality. In H. Meyers ed. *Between Analyst and Patient*. New York: Analytic Press.
137 Menaker, E. 1942. The Masochistic factor in the psychoanalytic situation. In *Masochism and the Emergent Ego*, Northvale, NJ: Aronson, 1996.
138 Meyers, D. 1994. *Subjection & Subjectivity*. New York: Routledge.
139 Mitchell, J. 1974. *Psychoanalysis and Feminism*. New York: Pantheon.（上田昊訳『精神分析と女の解放』，合同出版，1977）
140 ———. 1982. Introduction 1 to *Feminine Sexuality: Jacques Lacan and the Ecole Freudienne*, eds. J. Mitchell and J. Rose. New York: Norton.
141 ———. 1991. Commentary on "Deconstructing difference: gender, splitting, and transitional space." *Psychoanalytic Dialogues* 1: 353-359.
142 ———. 1995. *Unpublished Colloquium*. New York University, January 1995.
143 Mitchell, S. 1993. *Hope and Dread in Psychoanalysis*. New York: Basic Books.（横井公一，辻河昌登訳『関係精神分析の視座——分析過程における希望

と怖れ』，ミネルヴァ書房，2008）
144 ———. 1996. Gender and sexual orientation in the age of postmodernism: the plight of the perplexed clinician. *Gender and Psychoanalysis* 1: 45-73.
145 Moi, T. 1985a. Representation of patriarchy: Sexuality and epistemology in Freud's Dora. In *In Dora's Case: Freud-Hysteria-Feminism*, eds. Bernheimer & Kahane. New York: Columbia University Press.
146 ———.1985b. *Sexual/Textual Politics*. London: Methuen.
147 Nicholson, L. 1990. *Feminism/Postmodernism*. New York: Routledge.
148 Ogden, T. 1986. *The Matrix of the Mind*. Northvale NJ: Aronson.（狩野力八郎監訳，藤山直樹訳『こころのマトリックス――対象関係論との対話』，岩崎学術出版社，1996）
149 ———. 1987. The transitional oedipal relationship in female development. *International Journal of Psychoanalysis* 68: 485-498.
150 ———. 1994. *Subjects of Analysis*. Northvale NJ: Aronson.（和田秀樹訳『「あいだ」の空間――精神分析の第三主体』，新評論，1996）
151 O'Connor, N. & Ryan, J. 1993. *Wild Desires and Mistaken Identities*. New York: Columbia University Press.
152 Pappenheim, B. 1912. Die Frau im kirchlichen und religiosen leben. In Wagner, L., Mehrwald, S., Maierhof, G., Jansen, M. 1994. *Aus Dem Leben Judischer Frauen*. Kassel: Archiv der Deutschen Frauenbewegung.
153 Person, E. S. & Ovesey, L. 1983. Psychoanalytic theories of gender identity. *Journal of the American Academy of Psychoanalysis* 11: 203-226.
154 Pizer, S. 1992. The negotiation of paradox in the analytic process. *Psychoanalytic Dialogues* 2: 215-240.
155 ———. 1996. The distributed self: Introduction to Symposium on "The Multiplicity of Self and Analytic Technique." *Contemporary Psychoanalysis* 32: 499-508.
156 Racker, H. 1968. *Transference and Countertransference*. London: Maresfield Library, Karnac, 1982.（坂口信貴訳『転移と逆転移』，岩崎学術出版社，1982）
157 Renik, O. 1996. The perils of neutrality. *Psychoanalytic Quarterly* 65: 495-517.
158 Rivera, M. 1989. Linking the psychological and the social: Feminism, poststructuralism and multiple personality. *Dissociation* 2: 24-31.
159 Rose, J. 1982. Introduction 2 to *Feminine Sexuality: Jacques Lacan and the Ecole Freudienne*, eds. J. Mitchell and J. Rose. New York: Norton.
160 ———. 1985. Dora: Fragment of an analysis. In *In Dora's Case: Freud-*

Hysteria-Feminism, eds. Bernheimer & Kahane. New York: Columbia University Press.

161 ――――. 1986. *Sexuality in the Field of Vision*. London: Verso.

162 Rosenfeld, H. 1971. Contribution to the psychopathology of psychotic states: The importance of projective identification in the ego structure and the object relations of the psychotic patient. In *Melanie Klein Today*, Vol 1, ed. E. Spillius. London: Routledge, 1988.（松木邦裕監訳，東中園聡訳「精神病状態の精神病理への寄与――精神病患者の自我構造と対象関係での投影同一化」『メラニー・クライン・トゥディ①』，岩崎学術出版社，1993）

163 Rubin, G. 1975. The traffic in women: Notes on the political economy of sex. In R. Reiter（ed.）*Toward an Anthropology of Women*. New York: Monthly Review Press.

164 Ruddick, S. 1989. *Maternal Thinking*, Boston: Beacon.

165 Samuels, A. 1985. *Jung and the Post-Jungians*. Routledge.〔村本詔司，村本邦子訳『ユングとポスト・ユンギアン』，創元社，1990；原著の Reference には掲載されていないが訳者が補った〕

166 Sandler, J. 1993. On communication from patient to analyst: Not everything is projective identification. *International Journal of Psychoanalysis* 74（6）: 1097-1108.

167 Santner, E. 1996. *My Own Private Germany: Daniel Paul Schreber's Secret History of Modernity*. Princeton: Princeton University Press.

168 Schwartz, H. 1994. From dissociation to negotiation: A relational psychoanalytic perspective on multiple personality disorder. *Psychoanalytic Psychology* 11（2）: 189-233.

169 Scott, J. 1993. The tip of the volcano. *Society for Comparative Study of Society and History*, 438-451.

170 Segal, H. 1957. Notes on symbol formation. *International Journal of Psychoanalysis* 38: 391-397.（松木邦裕訳「象徴形成について」『メラニー・クライン・トゥディ②』，岩崎学術出版社，1993）

171 Shapiro, S. 1996. The embodied analyst in the Victorian consulting room. *Gender and Psychoanalysis* 1（3）: 297-322.

172 Showalter, E. 1985. *The Female Malady: Women, Madness and English Culture, 1893-1980*. New York: Penguin.

173 Silverman, D. 1987. What are little girls made of? *Psychoanalytic Psychology* 4: 315-334.

174 Simons, M. & Benjamin, J. 1997. Simone de Beauvoir: An interview. *Feminist Studies* 5: 332-345.

175 Simons, M. 2000. *Feminism, Race, and the Origins of Existentialism:*

Beauvior's Second Sex. Rowman & Littlefield Pub Inc.〔原著の Reference では「印刷中 in press」となっていたが，訳者が補った〕
176 Skolnick, N. & Warshaw, S. eds. 1992. *Relational Perspectives in Psychoanalysis*. Hillsdale NJ: The Analytic Press.
177 Smith, P. 1988. *Discerning the Subject*. Minneapolis: University of Minnesota Press.
178 Spezzano, C. 1993. *Affect in Psychoanalysis: A Clinical Synthesis*. Hillsdale NJ: The Analytic Press.
179 ———. 1996a. The three faces of two-person psychology: Development, ontology, and epistemology. *Psychoanalytic Dialogues* 6: 599–622.
180 ———. 1996b. Fusions and ruptures: Responses to Cooper's further remarks. *Psychanalytic Dialogues* 6: 909–916.
181 Sprengnether, M. 1990. *The Spectral Mother: Freud, feminism, and psychoanalysis*. Ithaca NY: Cornell University Press.
182 ———.1995. Reading Freud's life. *American Imago* 52: 9–54.
183 Stern, D. 1985. *The Interpersonal World of the Infant*. New York: Basic Books.（小此木啓吾，丸田俊彦監訳，神庭靖子，神庭重信訳『乳児の対人世界――理論編，臨床編』，岩崎学術出版社，1989，1991）
184 Stern, D. B. 1992. Commentary on constructivism in clinical psychoanalysis. *Psychoanalytic Dialogues* 2: 331–363.
185 Stoller, R. J. 1968. *Sex and Gender*. New York: Aronson.
186 ———. 1973. Facts and fancies: An examination of Freud's concept of bisexuality. In *Women and Analysis*, ed. J. Strouse, 340–363. Boston: G. K. Hall.
187 Stolorow, R. & Atwood, G. 1984. *Structures of Subjectivity: Explorations in psychoanalytic phenomenology*. Hillsdale NJ: The Analytic Press.
188 Stolorow, R., Brandschaft, B., & Atwood, G. 1987. *Psychoanalytic Treatment: An Intersubjective Approach*. Hillsdale NJ: The Analytic Press.
189 Target, M. & Fonagy, P. 1996. Playing with Reality: II. The development of psychic reality from a theoretical perspective. *International Journal of Psychoanalysis* 77: 459–479.
190 Theweleit, K. 1987. *Male Fantasies*, Vols. 1 and 2, trans. Stephen Conway. Minneapolis: University of Minnesota Press.（田村和彦訳『男たちの妄想 1, 2』，法政大学出版局，1999，2004）
191 Tronick, E. 1989. Emotions and Emotional Communication. *American Psychology* 44: 112–119.
192 Weir, A. 1996. *Sacrificial Logics: Feminist Theory and the Critique of Identity*. New York: Routledge.

193 Whitebook, J. 1994. Hypostatizing Thanatos: Lacan's analysis of the ego. *Constellations* 1（2）: 214-230.
194 Winnicott, D. W. 1971. The use of an object and relating through identifications. In *Playing and Reality*. London: Tavistock.（橋本雅雄訳「対象の使用と同一視を通して関係すること」『遊ぶことと現実』, 岩崎学術出版社, 1979）
195 Young, I. M. 1990. The ideal of community and the politics of difference. In *Feminism/Postmodernism*, ed. L. Nicholson, 300-323. New York: Routledge.
196 Zizek, S. 1991. *Looking Awry: An Introduction to Jacques Lacan Through Popular Culture*. Cambridge: MIT Press.
197 ―――. 1995. *Unpublished Colloquium*, Columbia University.

補論　精神分析と女性

1 Breuer, J. & Freud, S.（1895）*Studies on Hysteria*. S. E. Vol. II. The Hogarth Press.（芝伸太郎訳「ヒステリー研究」『フロイト全集 2』, 岩波書店, 2008）
2 Buhle, M. J.（1998）*Feminism and its Discontents: A Century of Struggle with Psychoanalysis*. Harvard University Press.
3 Butler, J.（1990）*Gender Trouble*. Routledge.（竹村和子訳『ジェンダー・トラブル――フェミニズムとアイデンティティの攪乱』, 青土社, 1999）
4 Chodorow. J.（1978）*The Reproduction of Mothering: Psychoanalysis and the Sociology of Gender*. The Regents of the University of California.（大塚光子, 大内菅子訳『母親業の再生産――性差別の心理・社会的基盤』, 新曜社, 1981）
5 Freud, S.（1905）Three essays on the theory of sexuality. S. E. Vol. VII. The Hogarth Press.（渡邉俊之訳「性理論のための 3 篇」『フロイト全集 6』, 岩波書店, 2009）
6 Freud, S.（1924）The economic problem of masochism. S. E. Vol. XIX. The Hogarth Press.（本間直樹訳「マゾヒズムの経済論的問題」『フロイト全集 18』, 岩波書店, 2007）
7 Freud, S.（1925）Some psychical consequences of the anatomical distinction between the sexes. S. E. Vol. XIX. The Hogarth Press.（大宮勘一郎訳「解剖学的な性差の若干の心的帰結」『フロイト全集 19』, 岩波書店, 2010）
8 Freud, S.（1926）The question of lay analysis. S. E. Vol. XX. The Hogarth Press.（石田雄一, 加藤敏訳「素人分析の問題」『フロイト全集 19』, 岩波書店, 2010）
9 Freud, S.（1933）Femininity. In new introductory lectures on psycho-analysis. S. E. Vol. XXII. The Hogarth Press.（道籏泰三訳「続・精神分析入門講義

第33講 女性性」『フロイト全集21』，岩波書店，2011）
10 Friedan, B.（1963）*The Feminine Mystique*. W. W. Norton & Company.（三浦冨美子訳『新しい女性の創造』，大和書房，2004）
11 Horney, K.（1926）The flight from womanhood: the masculinity-complex in women, as viewed by men and by women. *International Journal of Psychoanalysis* 7, 324-339.
12 Jones, E.（1935）Early female sexuality. *International Journal of Psychoanalysis* 16, 263-273.
13 Lasch, C.（1977）*Haven in a Heartless World: the Family Besieged*. Basic Books.
14 Lasch, C.（1979）*The Culture of Narcissism: American Life in an Age of Diminishing Expectations*. Norton.（石川弘義訳『ナルシシズムの時代』，ナツメ社，1981）
15 Laslet, B.（1996）Reviewed work: the reproduction of mothering: psychoanalysis and the sociology of gender. by Nancy J. Chodorow. *Contemporary Sociology* 25, 305-309.
16 Mitchell, J.（1974）*Psychoanalysis and Feminism*. Allen Lane.（上田昊訳『精神分析と女の解放』，合同出版，1977）
17 Riviere, J.（1934）New Introductory Lectures on Psycho-Analysis: By Sigm. Freud, M.D., LL.D. (The Hogarth Press and the Institute of Psycho-Analysis, London, 1933. Pp. 240. Price 10 s. 6 d. net.). *International Journal of Psychoanalysis* 15, 329-339.
18 Wallerstein, R. S.（1995）*The Talking Cures: Psychoanalyses and the Psychotherapies*. Yale University Press.
19 有賀夏紀『アメリカ・フェミニズムの社会史』，勁草書房，1988.
20 北村婦美「フロイトの女性論再考——新しい両性性理解の可能性」，精神分析研究，60巻，163-179頁，2016.

解　説

1 Baruch, E. H. & Serrano, L. J.（1988）*Women analyse Women: in France, England and the United States*. New York University Press.
2 Benjamin, J.（1988）*The Bonds of Love: Psychoanalysis, Feminism and the Problem of Domination*. Panthenon.（寺沢みづほ訳『愛の拘束』，青土社，1996）
3 Benjamin, J.（1995）*Like Subjects, Love Objects: Essays on Recognition and Sexual Difference*. Yale University Press.
4 Benjamin, J.（2004）Beyond doer and done to: an intersubjective view of thirdness. *Psychoanalytic Quarterly* 73, 5-46.

5 Benjamin, J. (2018) *Beyond Doer and Done To: Recognition Theory, Intersubjectivity and the Third*. Routledge.

6 Breuer, J & Freud, S. (1895) *Studies on Hysteria*. S. E. Vol. II. The Hogarth Press.（芝伸太郎訳「ヒステリー研究」『フロイト全集 2』，岩波書店，2008）

7 Freud, S. (1917) Mourning and melancholia. S. E. Vol. XIV. The Hogarth Press.（伊藤正博訳「喪とメランコリー」『フロイト全集 14』，岩波書店，2010）

8 Freud, S. (1925) Some psychical consequences of the anatomical distinction between the sexes. S. E. Vol. XIX. The Hogarth Press.（大宮勘一郎訳「解剖学的な性差の若干の心的帰結」『フロイト全集 19』，岩波書店，2010）

9 Freud, S. (1933) Femininity. In new introductory lectures on psycho-analysis. S. E. Vol. XXII. The Hogarth Press.（道籏泰三訳「続・精神分析入門講義 第 33 講 女性性」『フロイト全集 21』，岩波書店，2011）

10 “Psychoanalytic Electronic Publishing” HP, Most Popular Journal Articles: http://www.pep-web.org/index.php（最終閲覧日 2018 年 6 月 4 日）

11 “Psychology’s Feminist Voices” HP, Profile Jessica Benjamin: http://www.feministvoices.com/jessica-benjamin/（最終閲覧日 2018 年 6 月 4 日）

著者略歴

（Jessica Benjamin, 1946-）

ニューヨークで活躍する精神分析家．ウィスコンシン大学卒業後，ドイツのフランクフルト大学等で哲学・心理学・社会学を学んだのち分析家となった．個人開業のかたわらニューヨーク大学の博士課程修了者の指導も行う．著書 *The Bonds of Love: Psychoanalysis, Feminism, and the Problem of Domination*（Pantheon, 1988；『愛の拘束』青土社 1996），*Like Subjects, Love Objects: Essays on Recognition and Sexual Difference*（Yale University Press, 1995），*Beyond Doer and Done to: Recognition Theory, Intersubjectivity and the Third*（Routledge, 2017）．

訳者略歴

北村婦美〈きたむら・ふみ〉1996年京都大学医学部卒業．精神科病院・総合病院精神科勤務を経て，現在太子道診療所精神神経科，東洞院心理療法オフィス．2006-2007年シドニーにて精神分析を学ぶ．訳書 マックウィリアムズ『パーソナリティ障害の診断と治療』（2005）シミントン『分析の経験——フロイトから対象関係論へ』（2006 以上いずれも共訳 創元社）スターン『母親になるということ——新しい「私」の誕生』（創元社 2012）ほか多数．

ジェシカ・ベンジャミン

他者の影

ジェンダーの戦争はなぜ終わらないのか

北村婦美訳

2018年11月9日　第1刷発行

発行所 株式会社 みすず書房
〒113-0033 東京都文京区本郷2丁目20-7
電話 03-3814-0131(営業) 03-3815-9181(編集)
www.msz.co.jp

本文組版 プログレス
本文印刷・製本所 中央精版印刷
扉・表紙・カバー印刷所 リヒトプランニング
装丁 大倉真一郎

ISBN 978-4-622-08743-4
[たしゃのかげ]